AKADEMIE FÜR RAUMFORSCHUNG
UND LANDESPLANUNG

ARBEITSMATERIAL

Europäische Raumordnungspolitik

Regionales Management und Marketing

Anforderungen an die Fortschreibung des
Landesentwicklungsplans Baden-Württemberg

Die Deutsche Bibliothek - CIP-Einheitsaufnahme

Europäische Raumordnungspolitik: regionales Management und Marketing; Anforderungen an die Fortschreibung des Landesentwicklungsplans Baden-Würtemberg / Akademie für Raumforschung und Landesplanung . - Hannover: ARL, 1997
  (Arbeitsmaterial / Akademie für Raumforschung und Landesplanung; Nr. 220)
  ISBN 3-88838-620-9
NE: Akademie für Raumforschung und Landesplanung <Hannover>: Arbeitsmaterial

Best.-Nr. 620
ISBN 3-88838-620-9
ISSN 0946-7807

Alle Rechte vorbehalten • Verlag der ARL • Hannover 1997
© Akademie für Raumforschung und Landesplanung

Auslieferung
VSB-Verlagsservice Braunschweig
Postfach 47 38
38037 Braunschweig
Tel. 0531/70 86 45-648
Telex 952841 wbuch d; Fax 0531/70 86 19

Europäische Raumordnungspolitik
Regionales Management und Marketing

und

Anforderungen an die Fortschreibung des Landesentwicklungsplans
Baden-Württemberg

Regionalplanertagungen 1994 und 1996

Veranstalter:
Wirtschaftsministerium Baden-Württemberg und
Arbeitsgemeinschaft der Regionalverbände in Zusammenarbeit
mit der Akademie für Raumforschung und Landesplanung

Inhaltsverzeichnis

I Europäische Raumordnungspolitik
Regionales Management und Marketing
-Regionalplanertagung 1994-

Eröffnung

Viktor Frhr. v. Malchus	Begrüßung - Zur Forschung über Europäische Raumordnung im Rahmen der Tätigkeit der ARL	1

Europäische Raumordnungspolitik

Philippe Richert	Europäische Raumordnungspolitik aus der Sicht des französischen Nachbarn	7

Regionale Politik durch Kooperation und Marketing

1. Regionales Management

Viktor Frhr. v. Malchus	Regionale Politik durch Kooperation und Marketing - Materielle, instrumentelle und institutionelle Voraussetzungen	19
Bernhard Müller	Regionalplanung als regionales Management: Leerformel oder realisierbares Konzept?	23
Bernhard Wütz / Karl-Heinz Hoffmann-Bohner	Regionalplanung stärken - durch regionales Management	39
Joachim B. Schultis	Regionales Management - materielle, instrumentelle und institutionelle Voraussetzungen - aus der Sicht der Kommunen	49

2. Bericht über praktische Erfahrungen der Regionalverbände

Wolfgang Patschke	Wirkungsmöglichkeiten der Regionalplanung bei der Gestaltung des öffentlichen Personennahverkehrs	61
Jens Kück	Hochwasserschutz	67
Guido Köberle	Kiesabbau im Hochrhein-Bodenseegebiet - Bericht über die Arbeit des Ad-hoc-Ausschusses „Kiesabbau" der Deutsch-Schweizerischen Raumordnungskommission	73
Susanne Schulz	Standortatlas für die Region Neckar-Alb	81

3. Regionales Standortmarketing

Hans Joachim Bremme	Der Arbeitskreis Rhein-Neckar-Dreieck - Dialog über Grenzen	91
Ekkehard Hein	Regional-Marketing Wirtschaftsregion Heilbronn	99

Inhaltsverzeichnis

II Anforderungen an die Fortschreibung des Landesentwicklungsplans Baden-Württemberg
-Regionalplanertagung 1996-

Eröffnung

Gottfried Schmitz	Zur Rolle der Regionalplanertagung und des Regionalplaners	108

Referate

Peter Runkel	Raumordnungspolitischer Orientierungsrahmen und Handlungsrahmen. Orientierungen für einen neuen Landesentwicklungsplan Baden-Württemberg?	111
Werner Köhl	Anforderungen an einen Landesentwicklungsplan der neuen Generation	126

Arbeitsgruppen

1. Städtenetze und regionale Kooperationskonzepte contra Zentrale Orte und Entwicklungsachsen?

Klaus Fischer	Thesen	151
Ekkehard Hein	Ergebnisbericht	161

2. Freiraumentwicklung. Änderung und Erweiterung des Instrumentariums im Landesentwicklungsplan?

Jens Kück	Thesen	164
Helmut Andrä	Ergebnisbericht	169

3. Vorgaben zur Steuerung der Siedlungsentwicklung? Zwischen Eigenentwicklung und Mindestdichten

Rainald Enßlin	Thesen	177
Kristine Schuff	Ergebnisbericht	181

Berichte über Programme und Pläne anderer Länder

Konrad Goppel	Bayern	185
Eckhard Pollak	Niedersachsen	197
Diethard Osmenda	Rheinland-Pfalz	204

I   Europäische Raumordnungspolitik

Regionales Management und Marketing

1. Europäische Raumordnungspolitik

Regionales Management und Marketing

Zur Forschung über Europäische Raumordnung im Rahmen der Tätigkeit der ARL

- Begrüßung -

von
Viktor Frhr. von Malchus

Herr Vorsitzender, sehr geehrte Herren Abgeordnete,
meine sehr verehrten Damen und Herren,
liebe Kolleginnen und Kollegen,

im Namen des Mitveranstalters, des Präsidiums der "Akademie für Raumforschung und Landesplanung" (ARL) danke ich Ihnen, Herr Hahn, für die freundlichen Willkommensworte und begrüße ich Sie alle sehr herzlich zur Regionalplanertagung 1994 in Überlingen, die nun schon zum 12. Mal gemeinsam von der Landesplanungsbehörde beim Wirtschaftsministerium Baden-Württemberg und der Arbeitsgemeinschaft der Regionalverbände Baden-Württemberg in Zusammenarbeit mit der Akademie durchgeführt wird.

Die Regionalplanertagung in Baden-Württemberg hat sich in den vergangenen 12 Jahren bewährt und kann inzwischen als gute Tradition gelten.

Ganz besonders begrüßen möchte ich heute unsere französischen Gäste und Referenten den Vizepräsidenten, Herrn Senator Richert sowie den Abgeordneten des Europäischen Parlaments, Herrn Jean-Paul Heider und die Kantonalplaner aus der Schweiz, die Herren Werner Mettler vom Kanton Schaffhausen und Herrn Dr. Ch. Gabathuler vom Kanton Zürich. Es ist uns eine ganz besondere Ehre, Sie heute als Referenten und Teilnehmer unter uns zu wissen.

Durch einen Vortrag über "Europäische Raumordnungspolitik aus der Sicht des französischen Nachbarn" tragen Sie, sehr verehrter Herr Senator, auch wesentlich mit zur Bereicherung des heutigen Abends bei. Dafür möchte ich Ihnen schon jetzt im voraus recht herzlich danken. Die Tagung wird eingeleitet mit einem Vortrag von Herrn Dheus. Auch Ihnen bereits jetzt ein herzliches Willkommen und Dank für Ihren Vortrag.

Die Akademie sieht es sehr gern, wenn es durch Veranstaltungen dieser Art zu einem regen Gedankenaustausch zwischen Wissenschaft und Praxis kommt. Sie ist mit Ihnen der Auffassung, daß die Regionalplanung

- heute und morgen eine außerordentlich wichtige Aufgabe für die Entwicklung der Regionen darstellt, daß sie

- ein wichtiges Element in der räumlichen Planung bleiben und daß sie

- ihre Aufgaben den derzeitigen und künftigen Erfordernissen in der Region, im Land, in Deutschland und in Europa anpassen muß.

Eine nachhaltige Regionalplanung dient den Menschen, den Gemeinden und den Städten in den Regionen. Die Frage nach dem Selbstverständnis von Regionalplanung ist also immer wieder neu zu stellen, sie muß sich mit ihren Aufgaben und mit ihrer Wirkungsweise auseinandersetzen.

Die Akademie begrüßt deshalb das Gespräch mit denjenigen, die "vor Ort" und in der Region räumliche Planung als permanente Aufgabe wahrnehmen: ihre Erfahrungen und Erkenntnisse sind auch für die Wissenschaft wichtige Grundlage und Quelle für ihre Aufgabenerfüllung, insbesondere für die praktische Politikberatung.

Mit großem Interesse können wir in den letzten Jahren bis heute wesentliche Veränderungen der Rahmenbedingung in der praktischen Politik feststellen. Aus der Globalisierung von Politik und Wirtschaft, aus der Demokratisierung der Staaten in Mittel- und Osteuropa mit all ihren Folgen, aus der Deutschen Einheit und dem auch damit vorbundenen Strukturwandel und den vielfältigen Umweltgefahren ergeben sich wichtige neue Aufgaben für die Raumordnung und Landesplanung.

Die Veranstalter haben deshalb zwei wichtige zusammengehörende Themenbereiche für die 12. Regionalplanertagung in Baden-Württemberg ausgewählt:

- "Europäische Raumordnungspolitik" sowie

- "Regionales Management und Regionales Marketing".

Über "Regionales Management und Marketing" wird morgen berichtet, beraten und diskutiert. Es sind dies wichtige Aufgaben für eine zukunftsorientierte Regionaplanung, die hier zur Diskussion stehen. Deshalb sollen diese Bereiche in der heutigen, allgemeinen Begrüßung nicht vertieft werden.

Europäische Raumordnungspolitik aus deutscher und französischer Sicht hingegen sind die Themen des heutigen Abends.

Auf den Hintergrund der Verträge von Maastricht, insbesondere durch drei Kompetenztitel des Vertrages über die "Europäische Union" (EU):

- Transeuropäische Netze (Art 129b-d EGV),
- Wirtschaftlicher und sozialer Zusammenhalt (Art. 130a-e EGV) und
- Umwelt (Art. 130r-t EGV),

nimmt die EU in verstärktem Maße Einfluß auf die räumliche und strukturelle Entwicklung in der Gemeinschaft. Deshalb sind zwischen den Mitgliedstaaten und der EU abgestimmte Leitlinien zur Entwicklung des europäischen Raumes, ein "Europäisches Raumentwicklungskonzept", zwingend notwendig. Darüber hinaus gilt es im Rahmen der Novellierung des Maastrichter Vertrages im Jahre 1996 die institutionellen Voraussetzungen für abgestimmte Raumordnungspolitik in der EU zu schaffen.

Die Akademie für Raumforschung und Landesplanung, meine sehr verehrten Damen und Herren, hat sich diesem Themenbereich bereits schon seit vielen Jahren angenommen, weil das internationale Umfeld der Bundesrepublik Deutschland einem dynamischen Wandel unterliegt und die Bedeutung einer Europäischen Raumordnungspolitik in Deutschland gar nicht hoch genug eingeschätzt werden kann.

Hierzu einige ausgewählte Beispiele aus der ARL-Forschung:

1. Anfang der 80er Jahre hat die ARL in einem Bericht "Ansätze zu einer Europäischen Raumordnungspolitik", FuS Bd. 155, Hannover 1985 erarbeitet;

2. Ende der 80er Jahre hat die ARL unter der Präsidentschaft von Prof. Dr. H. Kistenmacher eine Empfehlung an den damaligen EG-Kommissar für Regionalpolitik, Herrn Schmidthuber, gerichtet, in der sie ausdrücklich auf die Notwendigkeit einer "Europäischen Raumordnungspolitik" hingewiesen hat.

3. Seit einigen Jahren arbeitet die Akademie u. a.:

   a) in einer Erweiterten Deutsch-Französischen Arbeitsgemeinschaft zusammen und bearbeitet vielfältige ausgewählte europäische Raumordnungsthemen, das Blaue Buch "Perspektiven einer Europäischen Raumordnung", Hannover/ Paris 1992, ist für viele zu einem Begriff geworden;

   b) auch mit der Tschechischen und Slowakischen Republik sowie mit Polen bestehen zwei Arbeitsgemeinschaften in Zusammenarbeit mit den Staaten Mitteleuropas, die mehrere Berichte über Raumplanung in den benachbarten Ländern in den Arbeitsmaterialien der ARL herausgebracht haben. Wichtig ist dabei die Sicht unserer Nachbarn auf die europäische Entwicklung, so etwa in den "Materialien zu den räumlichen Entwicklungen in Europa aus polnischer und deutscher Sicht", Arbeitsmaterial Bd. 201, Hannover 1994.

4. Drei aktuelle Arbeiten der Akademie für Raumforschung und Landesplanung aus diesen Arbeitsgemeinschaften, die der Europäischen Raumordnung und der grenzüberschreitenden Zusammenarbeit helfen sollen, sind hier besonders hervorzuheben:

   a) Ein Vergleich der Planungssysteme zwischen Deutschland und Frankreich: "Raumordnung und raumbezogene Politik in Frankreich und Deutschland" erarbeitet von Kistenmacher/Marcou/Clev, Beiträge Bd. 129, Hannover 1994;

   b) ein "Deutsch/Polnisches planungsrechtliches Wörterbuch", das 1995 vorliegen wird und über den Staatsaufbau beider Staaten, die Planungssysteme und über etwa 100 Planungsbegriffe Aufschluß gibt;

   c) die Probezeitschrift EUREG, die "Europäische Zeitschrift für Regionalentwicklung", 1/1994, hrsg. von der ARL und der ASRDLF.

5. Darüber hinaus hat die ARL viele Berichte über grenzüberschreitende Zusammenarbeit verfaßt: "Grenzübergreifende Raumplanung - Erfahrungen und Perspektiven der Zusammenarbeit mit den Nachbarstaaten Deutschlands", Forschungs- und Sitzungsberichte Bd. 188, Hannover 1992, und Europäische Karten erstellt, die in alle Raumforschungsarbeiten eingebracht wurden.

Diese ausgewählten Beispiele sollen Ihnen zeigen, daß sich die ARL sehr intensiv mit europäischen Raumordnungsfragen befaßt hat. Die "Raum- und Siedlungsentwicklung in Europa" im weitesten Sinne ist derzeit und in Zukunft ein "Arbeitsschwerpunkt" der Akademie.

Die Akademie bedankt sich bei allen, die an diesen Arbeitsergebnissen mitgewirkt haben! Sie ist der Auffassung, daß ihre Arbeiten zur Europäischen Raumordnung sich positiv auf die Entwicklung dieses Bereichs in der Europäischen Politik ausgewirkt haben. Dies zeigte sich deutlich "Auf dem Wege zu einem Europäischen Raumentwicklungskonzept" (M. Krautzberger; W. Selke, Die Öffentliche Verwaltung, H. 16 (1994), zu dem der "EU-Ausschuß für Raumentwicklung" auf der informellen Tagung der EU-Raumordnungsminister in Leipzig 1994 einen ersten Entwurf eingebracht hat. Dieser wird unter der französischen EU-Präsidentschaft 1995 weiterentwickelt. Die deutsche und französische Auffassung über die künftige Europäische Raumordnung wird sich sicherlich sehr stark auf die endgültige Ausformung des "Europäischen Raumordnungskonzeptes" auswirken. Deshalb ist den folgenden beiden Vorträgen zur Europäischen Raumordnungspolitik aus deutscher und französischer Sicht besondere Aufmerksamkeit zu schenken.

Das Präsidium der ARL wünscht dieser 12. Regionalplanertagung heute, morgen und auch übermorgen einen guten Verlauf!

Europäische Raumordnungspolitik aus der Sicht des französichen Nachbarn

von

Philippe RICHERT

Das Fortschreiten der Währungs- und der Wirtschaftsunion ist hauptsächlich durch die Gegebenheiten des europäischen Marktes bedingt. Dieses Vorgehen kann zur Konsequenz haben, daß sich manche wenige Regionen überdurchschnittlich entwickeln und anderer, breiterer Gebiete hinter diesen weit zurückbleiben. Ein solches Gefälle könnte das Vortschreiten der Europäischen Union in Gefahr bringen .

Die regionale Europapolitik ist eine der wichtigsten Instrumente, die der Solidarität in Europa, der Solidarität zwischen den Nationen und den Regionen eines selben Staates einen Rahmen geben soll.

Sie muß aber durch andere Initiativen unterstützt werden.
Die wirtschaftliche Entwicklung muß nämlich in allen Region gleichmässig geförderm werden um einen globalen Effekt auf die europäische Entwicklung zu haben.

Hier genügt es nicht im Rahmen der europäischen Regionalpolitik die Gelder nach makro-ökonomischen Maßstäben zu verteilen.

Andere Mittel müssen gefunden werden um den schwächeren Regionen Europas die Möglichkeit zu geben ihren wirtschaftlichen Nachteil nachzuholen.

Dies ist das Ziel der heutigen Entwicklung der Raumordnung. Die Gegebenheiten aller Regionen in Betracht zu ziehen um eine gemeinsame Problemstellung zu entwickeln, die sich nicht mehr damit begnügt die einzelnen Regionen einfach gegenüberzustellen.

Die informellen Arbeitssitzungen der für Raumplanung zuständige Minister haben seit dem Gipfel von Lütig im November 1993 eine neue Bedeutung gewonnen. Anläßlich dieser Sitzung vereinbarten die Minister, daß die erarbeitung eines gemeinsamen Bezugsrahmen in die Wege geleitet werden sollte. Dieser Schritt sollte eine stärkere Kohärenz der Raumplanungspolitik der Europäischen Union sowie der der jeweiligen Mitgliedsstaaten ermöglichen.

Die Umsetzung dieser Vereinbarung bestand vorrangig in der Redaktion eines Strategiepapiers, das die von der Kommission durchführten

Planungsstudien, insbesondere die Studie "Europa 2000 +", ergänzen sollte.

Der Standpunkt Frankreichs in dieser Frage bezieht sich hauptsächlich auf eine Vorbemerkung und zwei Ziele. Die Vorbemerkung lautet wie folgt : die Raumplanung ist eigentlich keine Kompetenz der Union und soll es auch nicht werden. Folglich besitzt das erwähnte Papier einen ausschließlich indikativen strategischen Wert und wirkt sich somit für die Mitgliedsstaaten keineswegs verbindlich aus.
Die Union verfügt jedoch über andere Befugnisse, die erhebliche Auswirkungen in Sachen Raumplanung und -entwicklung haben. Man denke under anderen an die gemeinschaftliche verkehrspolitik, Regionalpolitik, Landwirtshafts- und Umweltpolitik.

Die Kohärenz und Koordinierung der in diesen Bereichen bestehenden Programme zu sichern : die stellt aus französischer Sicht das erste Ziel dar.

Darüberhinaus, und ohne in die Befugnisse der Mitgliedsstaaten einzugreifen, ist eine stärkere Konvergenz ihrer jeweiligen Raumplanungs- und entwicklungspolitiken möglich, erwünscht, ja gar notwendig.

Hierfür gibt es auch schon ein Instrument, das weiter entwickelt werden muß : die grenzüberschreitende Zusammenarbeit.

Anläßlich des Gipfels von Korfu im Juni 1994 haben manche Delegationen ihr Bedenken bezüglich des genannten Strategiepapiers geäußert. Der Standpunkt Frankreichs blieb diesbezüglich unverändert.

In Leipzig wurde durch den deutschen Vorsitz ein Text betreffend die Schwerpunkte für die europäische Raumentwicklung vorgeschlagen.

Dieser Text, dessen große Qualität unterstrichen werden muß, resultiert aus den Arbeiten des Ausschusses für Raumentwicklung (comité de développement spatial). Er entspricht unseren erwartungen sowohl durch die vorgeschlagene Zielsetzung, als auch durch die entsprechend vorgesehene Maßnahmen. Die französische Regierung ist der Meinung, daß hiermit die Arbeit im Wesentlichen geleistet wurde, wenn auch manche Stellen des erwähnten Textes ergänzt werden könnten bzw. sollten. So bedauert sie daß ihre Vorschläge bezüglich der ultraperipheren Regionen nicht festgehalten wurden. Weiterhin wurde das Teil betreffend die Richtlinien in Sachen Kooperation der Mitgliedsstaaten bzw. die Koordinierung der Politiken nur skizzenhaft geschildert.

Weiterhin müssen die Richtlinien, die festgehalten wurden, konkreter ausgelegt werden. Das ist eine sehr schwierige Arbeit aufgrund der äußerst diversen nationalen Vorstellungen im Bereich der Raumplanung und -entwicklung.

Die französische Regierung ist willens einen möglichst weiten Konsenz darüber zu erreichen, welche Folgen diesem Text gegeben werden sollen.

In diesem Sinne schlägt sie es vor Entwicklung szenarien für den europäischen Raum, die sich auf das erwähnte Dokument stützen, zu erarbeiten.

Im respekt des grundsätzlichen Prinzips der exklusiven Kompetenz der Mitgliedsstaaten bzw. gegebenenfalls der Gebietskörperschaften im Bereich der Raumplanung, sollte die Erarbeitung dieser Entwicklungsszenarien den durch die Europäische Union angestrebten Ziele einen territorialen Bezugsrahmen liefern.

Die von der Kommission herausgegebene Publikation "Europa 2000 +" sollte sich für die anstehenden Arbeiten des Ausschußes für Raumentwicklung in den nächsten Monaten als besonders nützlich erweisen.

Das Prinzip einer globalen Abhandlung der Raumplanungsproblematik ist heute allseits angenommen worden. In diesem Zusammenhang wünscht die französische Regierung, wie es ja die Publikation "Europa 2000 +" angibt, daß die Kommission tatsächlich auf eine systematischeren Art und Weise die territorialen Auswirkungen der gemeinschaftlichen Politiken in den Bereichen Verkehr, Landwirtschaft und Regionalpolitik anläßlich der Erarbeitung ihrer Programme und Initiativen berücksichtigt.

Drei Punkte erhalten eine wesentliche Bedeutung aufgrund des Prinzips der ausschließlichen Kompetenz der Mitgliedsstaaten in Sachen Raumplanung und -entwicklung.

Es sei nochmals betont, daß für die französische Regierung eine Infragestellung dieses Prinzips ausgeschlossen ist.

Erstens ist es erfreulich, daß die Kommission eine Stärkung ihrer Unterstützung der transnationalen, grenzüberschreitenden und interregionalen Kooperation dank der bestmöglichen Anwendung ihrer Fördermittel nach dem Artikel 10 des EFRE-Vertrages beabsichtigt.

In diesem Zusammenhang sollte der Ausschuß für Raumentwicklung möglichst viele nützliche Daten sammeln und bearbeiten, so daß gezielt Räume und Schwerpunkte von besonderem interesse als Experimentierungsfeld dienen und von dem EFRE gefördert werden können.

In diesem Zusammenhang plädieren wir insbesondere für eine, auch grenzüberschreitende Vernetzung der Städten.
Die Bedürfnisse in diesem Bereich werden sich sehr wahrscheinlich als bedeutend, vielleicht sogar als zu bedeutend im Hinblick auf die verfügbaren Mittel erweisen.

Dennoch ist es wünschenswert jetzt schon über die Schaffung neuer und innovativen Eingriffsmittel, die besser dem Prinzip einer integrierten territorialen Entwicklung entsprechen, nachzudenken.

Die kartographischen Unterlagen der Kommission betreffend, kann man hier und da auf gewisse Einschätzungsfehler hinweisen. Gegebenenfalls kann man sogar einige geographische Einteilungen bestreiten, weil sie im Hinblick auf die Lage bestimmter Territorien willkürlich wirken.

Die Publikation erscheint uns insbesonders strittig im Bezug auf die geographische Einteilung, die den transregionalen Studien zugrunde lag.

So scheint diese die Schwäche der kontinentalen Diagonalaxe zu bestätigen, ohne jedoch die bestehenden bzw. potentiellen Wirtschaftsbeziehungen mit nachbarlichen Räumen in der Alpenaxe, im Mittelmeerraum und in der Atlantikaxe in angemessener Weise hervorzuheben.

Nichtdesto bildet das Ganze eine Datensammlung von besonderer Nützlichkeit für die anstehende Erarbeitung zukunftsweisender Richtlinien.

Diese Analyse führt die französische Regierung dazu, sich fest an seine schon erwähnten Vorschläge zu halten.

Diese bestehen hauptsächlich darin, daß, die Beiträge der jeweiligen Mitgliedsstaaten berücksichtigend, zukunftsweisende Entwicklungsszenarien für den europäischen Raum entworfen werden sollen.
Dies gilt insbesondere für die städtische Vernetzung dieses Raumes.

Die französische Regierung hat eine große Debatte über die Raumplanung und -entwicklung des eigenen Territoriums initiert.

Aus den gesammelten Erfahrungen und Beiträgen entsprang die Vorstellung, daß sich Raumplanung und -entwicklung nicht auf die Behandlung der Probleme bestimmter Zonen (Regionen im Industriewandel, ländliche Gebiete usw.) begrenzen soll und kann, sondern auch auf Beziehungen, die zwischen diesen Zonen hergestellt werden müssen.

Die Entwicklung der transnationalen, grenzüberschreitenden und interregionalen Kooperation ist in diesem Zusammenhang ein äußerst wertvolles, ja gar unumgehbares Instrument, um die Umsetzung der grundsätzlichen Ziele einer jeden ausgeglichenen Raumplanungs- und -entwicklungspolitik anzustreb.

Zwei davon sollen hier genannt werden :

- Wirtschaftliche Aktivitäten und folglich Arbeitsplätze im gesamten territorium schaffen ;

- eine unter anderem finanzielle Solidarität gegenüber rückständigen sowie gegenüber von der Krise hart getroffenen Gebiete sichern.

Zum Schluß möchte ich Ihnen noch einiges über die neuesten Entwicklungen der Raumplanung und -entwicklungspolitik in Frankreich und insbesondere über die "Loi d'aménagement du territoire", die zur Zeit im Senat zur Debatte steht, mitteilen.

Ich hoffe, daß diese Informationen Ihnen die französische Philosophie in dieser Sache näher bringen können.

* *
*

ENTWURF FüR DAS ORIENTIERUNGSGESETZ ZUR RAUMORDNUNG UND LANDESENTWICKLUNG in Frankreich.

Der von Innenminister Charles PASQUA und dem für die Gebietskörperschaften zuständigen delegierten Minister Daniel HOEFFEL ausgearbeitete Gesetzesentwurf wurde zwischen Oktober 1993 und Mai 1994 den gewählten Volksvertretern, den Wirtschaftskreisen, Verbänden und Bürgern zu einer umfassenden Debatte unterbreitet.

Historische Entwicklung

Eine Raumordnung erhält Frankreich in den 50er Jahren im Zusammenhang mit dem schnellen Wirtschaftswachstum, in dem sich die französische Gesellschaft tiefgreifend verändert. In den 60er Jahren wird "Planung" zur "dringenden Aufgabe", um ein ausgewogeneres Wachstum zwischen Paris und der Provinz, die Umstellung der alten Industriegebiete und eine Streuung der Aktivitäten über das gesamte Landesgebiet zu erreichen.

1963 wird die Delegation für Raumordnung und Regionalplanung (DATAR) eingesetzt: ihre Tätigkeit ist interministeriell.

Die Großstädte sollen "Ausgleichsmetropolen" werden und ein Gegengewicht zu Paris bilden.

Die neuen Arbeitsplätze in der Industrie verteilen sich auf die Umgebung von Paris, auf Westfrankreich bis in die Bretagne. Der Abstand zwischen dem ländlichen Südwesten und den Industrie- und Stadtgebieten im Nordosten wird kleiner. Aber Paris bleibt das Entscheidungszentrum und behält die qualifizierten Arbeitsplätze.

Mit der Krise Mitte der 70er Jahre wird die wachstumbegleitende Raumordnung in Frage gestellt. Neue Arbeitsplätze werden seltener ; Ziel der Raumordnung ist nicht mehr die Verteilung von Unternehmen auf weniger industrialisierte Gebiete.

Die Industrieregionen sind in der Krise, und die Aufmerksamkeit gilt den kleinen und mittleren Unternehmen.

Zunehmender Handlungsbedarf stiftet Verwirrung in der Raumordnungspolitik.

1982 setzt die Dezentralisierung einen umfassenden Wandel in Gang. Die Gebietskörperschaften bekräftigen ihre Eigenständigkeit.

Das Organisationsmodell der Produktion hat sich geändert: Lokal aber auch weltweit ambitionierte Unternehmen setzten auf Modernisierung und Ausbildung der Arbeitskräfte. Die kommunalen Gebietskörperschaften betreiben Flächenmarketing. Die Entwicklung der Metropolen macht Fortschritte, das Landesgebiet wird vernetzt.

Die Erweiterung der Europäischen Gemeinschaft und der Binnenmarkt verlagern die Schwerpunkte. Nach und nach kommt es zu einer europäischen Raumordnung.

Heute sieht sich die Raumordnung vor eine neue Aufgabe gestellt : Sie soll dafür sorgen, daß Frankreich wieder eine zentrale Rolle im europäischen Wachstums spielt, sie soll den sich abzeichnenden sozialen Verwerfungen entgegenwirken, sie soll Arbeitsplätze schaffen.

Der Gesetzentwurf

wurde am 15. Juni 1994 dem Ministerrat unterbreitet und am 12. Juli 1994 von der Nationalversammlung gebilligt. Er steht seit dem 25. Oktober im Senat zur Debatte.

Den Schlüssel dazu bilden sechs Punkte:

- die Stärkung der Rolle des Staates,
- die Klärung der Kompetenzen zwischen Regionen und Departements,
- eine Kommunalsteuerreform,

- finanzielle Bestimmungen für die Raumordnung,
- lokale Volksbefragungen,
- die Einführung des "Landes"-Begriffs.

Auch die grenzüberschreitende Zusammenarbeit wird darin angesprochen.

Die Stärkung Rolle des Staates und der Präfekten

Die Einführung eines <u>nationalen Raumordnungsplans</u> bildet ein Gegengewicht zu den Auswirkungen der Dezentralisierung. Der Plan ordnet den Raum auf der Basis der Konzepte "Land", "Lebensraum" und "Stadtgefüge", bestimmt die Voraussetzungen für den Schutz von Umwelt und Ressourcen, legt die Standorte für Anlagen und strukturbildende Dienste fest, bestimmt die Orientierungen für das Wohnungswesen, die Energieversorgung und den Verkehr. Der Plan wird im Abstand von fünf Jahren bewertet; Fünfjahresplanungsgesetze bestimmen, welche Anlage gebaut werden.

Im Rahmen dieses nationalen Plans werden <u>Raumordnungsleitlinien</u> erlassen, die die Standorte für die großen Infrastrukturen und Anlagen und für die Naturschutzgebiete festlegen. Sie sind verbindlich für die städtebauliche Planung.

<u>Ein regionaler Gebietsentwicklungsplan</u> wird vom Regionalrat unter Berücksichtigung der Ziele des nationalen Planes ausgearbeitet.

Was die staatliche Verwaltung anbelangt, so liegt die Leitung und Neuorganisation der Tätigkeit sämtlicher staatlicher Dienststellen beim Präfekten.

Eine <u>Aussetzung der Vollstreckung</u> wird beim Städtebau, bei der Vergabe von Aufträgen und bei den Abkommen über die übertragung öffentlicher Dienste eingeführt. Sie wird nicht mehr vom Präfekten, sondern vom Verwaltungsgericht angeordnet.

Der Präfekt kontrolliert die <u>Abschaffung von Dienstleistungen oder Einrichtungen</u>, wenn sich diese auf die Raumordnung oder die wirtschaftliche und soziale Entwicklung auswirkt. Jedem Antrag auf Abschaffung muß ein Gutachten über die voraussehbaren Folgen vorausgehen.

Eine <u>Bauplanung für Gewerbeanlagen</u> wird auf Departementsebene eingeführt.

<u>Die Klärung der Kompetenzen</u>

Jede Kategorie von Gebietskörperschaft muß über gleichartige Kompetenzen verfügen.

Einer Gebietskörperschaft kann vom Staat der Bau einer Infrastrukturanlage übertragen werden.

Die interkommunalen Strukturen müssen ihre steuerliche Integration verstärken; ihre Zahl soll eingeschränkt werden. Die interkommunalen Strukturen mit eigenem Steuerwesen können sich die Arbeitsweise der Arrondissements Paris, Lyon und Marseille zu eigen machen.

Nachbarregionen können <u>Regionalzusammenschlüsse</u> ("ententes régionales") in Form von öffentlichen Anstalten bilden.

Die Großstädte hatten für die Bildung von Ballungsräumen Einnahmen aus der Gewerbesteuer und die Kompetenzen von Departements gefordert: Diesem Wunsch wurde nicht stattgegeben.

<u>Die Reform des kommunalen Steuerwesens</u>

Dieses komplexe Problem taucht regelmäßig immer wieder auf, und in der Erwartung einer umfassenden Reform bezogen sich die Änderungen des Steuersystems stets nur auf Teilaspekte.

Der Gesetzentwurf beinhaltet spezifische Fördermaßnahmen durch Steuererleichterungen für die Entwicklung von Unternehmen und deren Verlegung in ländliche Gebiete und in die Vororte.

Leerstehende Wohnungen werden bei Vermietung von der Steuer befreit.

Landgemeinden mit weniger als 5.000 Einwohnern erhalten Steuervorteile für die Erhaltung des baulichen Erbes und für den Schutz von Naturdenkmalen und Grünbeständen.

Die Bemessungsgrundlage für die Gewerbesteuer wurde einer Reform unterzogen; ein Ausgleich wurde eingeführt.

Finanzierungsinstrumente für die Raumordnung

Die derzeitigen sektorbezogenen Fonds sind in dem nationalen Raumordnungsfonds zusammengefaßt.

Der Einkommensausgleich wird verstärkt. Der Basistransfer vom Staat zur Ile de France wird eingeschänkt.

Die staatliche Unterstützung von Infrastrukturmaßnahmen in den Gebietskörperschaften werden den Entwicklungszielen des Gebiets angepaßt.

Ein Raumordnungsfonds für den ländlichen Raum unterstützt jede Art von gemeinnützigem Projekt.

Drei Investmentfonds stehen für Infrastrukturen für den Straßen-, Bahn- und Luftverkehr zur Verfügung.

Für die Gründung von Unternehmen in Problemregionen wird ein nationaler Investmentfonds eingerichtet, der zu dem privaten Kapital hinzukommt.

Ein nationaler Ausgleichsfonds wird bereitgestellt; ein Bericht über die Modalitäten zur Reduzierung des Gefälles zwischen Arm und Reich wird noch der Regierung vorgelegt werden.

Lokales Referendum

Die Wähler können beim Gemeinderat eine Befragung über ein in die Zuständigkeit der Gemeinde fallendes Stadtplanungs- oder Raumordnungsvorhaben verlangen.

Diese Bestimmung weckte Bedenken bei den Bürgermeistern, die fürchten, von einer Minderheit handlungsunfähig gemacht zu werden ?

Der Begriff des "Landes"

Ein "Land" umfaßt Gebiete, in denen Arbeitsmarkt und Infrastrukturen eine zusammenhängende Einheit bilden.

Der Staat ist darin durch den Unterpräfekten vertreten.

Die grenzüberschreitende Zusammenarbeit

Die Zugehörigkeit zu einem öffentlichen Organ ausländischen Rechts ist möglich, um einen öffentlichen Dienst zu betreiben oder eine lokale Infrastruktur zu realisieren.

Hingegen ist der Abschluß eines Abkommens zwischen einer Gebietskörperschaft und einem ausländischen Staat nicht möglich.

Generell bedeutet dieser Text die Rückkehr des Staates und das Ende einer Dezentralisierungsperiode, in deren Verlauf die individuelle Entwicklung gefördert wurde. Er stieß auf Kritik bei den Bürgermeistern der Großstädte und bei den Präsidenten der Regionen.

Er stärkt die finanziellen Raumordnungsinstrumente und ergänzt das rechtliche Raumordnungsinstrumentarium.

Mit der Einführung der Begriffe "Lebensraum" und "Land" wird der kommunale Rahmen gesprengt. Die Konzertierung mit der Bevölkerung, für die es bislang die öffentliche Anhörung gab, wird um das lokale Referendum erweitert.

Für mehrere Bestimmungen stehen noch die Durchführungserlasse aus, so etwa für die Bauplanung von Gewerbeanlagen auf Departementsebene, den regionalen Raumordnungsplan, die Einrichtung des Raumordnungsfonds für den ländlichen Raum und den nationalen Investmentfonds für die Unternehmensgründung.

Das interministerielle Raumordnungskomitee, das im September 1994 in Troyes tagte, plant die Dezentralisierung von 10.000 Arbeitsplätzen und eine neue Zoneneinteilung für die Vergabe der Raumordnungsprämie.

Regionale Politik durch Kooperation und Marketing
- Materielle, instrumentelle und institutionelle Voraussetzungen -

Eine Einführung von Viktor Frhr. von Malchus

Nach dem gestrigen Abend, auf dem sich die Regionalplanertagung 1994 mit Fragen der Europäischen Raumentwicklungspolitik befaßt hat, wird sie sich heute den materiellen, instrumentellen und institutionellen Voraussetzungen für eine neue Regionale Politik zuwenden.

Dieser Themenbereich "Regionale Politik durch Kooperation und Marketing" wird zunächst durch:

- Herrn Prof. Dr. Bernhard Müller: aus der Sicht der Wissenschaft,

- den Vorsitzenden des Regionalverbandes Hochrhein-Bodensee, Herrn Landrat Dr. Bernhard Wütz: aus der Sicht der Regionalverbände,

- Herrn Bürgermeister Prof. Dr. Joachim Schultis, Heidelberg: aus der Sicht der Kommunen und

- Herrn Ltd. Ministerialrat, Dr. Ernst Haller, Verkehrsministerium Baden-Württemberg: aus der Sicht der Verkehrsplanung

behandelt. Danach erfolgt dann, so hoffe ich, eine ausgiebige Diskussion.

Wie Sie alle wissen, haben die Regionalverbände in Baden-Württemberg schon bisher mit mehr oder weniger Erfolg "Regionale Politik" betrieben. Dies war bisher keine formale Pflichtaufgabe der Regionalverbände, aber eine Aufgabe, die ihrem regionalen Selbstverständnis entspricht.

Schon die Planungsgemeinschaften, die Vorgänger der Regionalen Planungsverbände, die sich als Gebietskörperschaften freiweillig zum Zweck der Regionalplanung und Regionalpolitik zusammengeschlossen haben, die Vorgänger der jetzigen Regionalverbände in Baden-Württemberg, haben in den sechziger Jahren, neben der Aufstellung der Regionalpläne, kräftig "Regionalpolitik" betrieben, so z.B. durch:

- umfassende Raumbeobachtung und Information über die Entwicklungen in ihrer Region,

- Hilfen vielfältiger Art zur Entwicklung des Wohnungsbaus und der Industrieansiedlung;

- Krankenhausplanung,

- Fremdenverkehrsplanung ect.,

- Verkehrsplanung und durch

- ein Regionales Marketing über die Vorzüge der Region und über ihre Lebensqualität in ersten Ansätzen.

Die Regionalen Planungsgemeinschaften haben sich mit dieser freiwilligen Aufgabenerledigung in die praktische Politik der Region eingemischt. Sie haben der Landesplanung und den Fachressorts bedeutende Vorschläge unterbreitet und ihre eigenen Ideen in der Region vertreten in den Städten und Gemeinden ihres Planungsgebietes. Die Umsetzung der regionalplanerischen Ideen erfolgte im kommunalen Bereich durch die Gebietskörperschaften.

Die Akademie für Raumforschung und Landesplanung (ARL) hat Ende der sechziger Jahre über diese Tätigkeit der Regionalplanung im ganzen Bundesgebiet an vielen Beispielen und dabei auch aus Baden-Württemberg (Breisgau) berichtet. Auch auf der Regionalplanertagung '85 haben sich die Regionalplaner in Baden-Württemberg mit einer ähnlichen Fragestellung beschäftigt. Die Referate aus dem Jahre 1985 sind als Arbeitsmaterial der ARL, Nr. 112, veröffentlicht worden.

Über das Thema: "Regionale Politik durch Kooperation und Marketing" ist also schon immer in Baden-Württemberg gesprochen und verhandelt worden. Auch die Regionalverbände haben im eigentlichen Sinne schon immer regionale Politik betrieben, also eine "Politik für ihre Regionen!"

Heute sind es vor allem zwei Sachverhalte, die eine vertiefende Diskussion über dieses Thema erforderlich machen:

- Der zunehmende Wettbewerb in der Welt und in Europa um Standorte für Industrie, Gewerbe und Dienstleistungen und die EU-Regionalpolitik;

- die aktuellen Probleme in den Europäischen Regionen und in den Regionen Baden-Württembergs.

Ein Ergebnis dieser Einsicht ist die Gründung des "Verbandes Region Stuttgart". Regionale Entwicklungsplanung, meine sehr verehrten Damen und Herren, wird, wie dies ein bekannter Nationalökonom formulierte, durch die EU-Regionalpolitik wachgeküßt. Diese und andere Fachpolitiken (Transeuropäische Netze, Umwelt) nehmen steigenden Einfluß auch auf die räumlichen Entwicklungen in den Europäischen Regionen.

Mit den neuen Pflichtaufgaben, die dem "Verband Region Stuttgart" mit dem "Gesetz über die Stärkung der Zusammenarbeit in der Region Stuttgart" vom 7.2.1994 in § 3 übertragen wurden, so z.B.:

- die Wirtschaftsförderung,
- der Regionalverkehr,
- Teilbereiche der Abfallentsorgung,
- das Tourismus-Marketing,

sollen u.a. schwierige Standortfragen und die Stadt-Umland-Probleme gelöst werden, um die Attraktivität der Region zu erhöhen. Sollte sich diese neue Verbandskonstruktion bewähren, so kann sie sicher auf andere Verdichtungsräume übertragen werden.

In Zusammenhang mit der EU-Raumordnungs- und EU-Regionalpolitik werden zunehmend "Regionale Entwicklungskonzepte" und "Operationelle Programme" gefragt sein. Hier gilt es durch Regionales Management, unter Beteiligung aller Vertreter öffentlicher Belange und gesellschaftlicher Gruppierungen (z.B. Kirchen, Arbeitgeberverbände, Gewerkschaften), die Stärken und Schwächen der Region zu verdeutlichen, operationalisierte Zielvorstellungen zu erarbeiten und diese mit Hilfe regionaler Kooperation in den verschiedensten Netzwerken umzusetzen, wobei nicht auf finanzielle Hilfe von "oben" gewartet werden sollte. Bund und Länder haben im "Raumordnerischen Orientierungsrahmen" bereits in den letzten Jahren auf diese Notwendigkeiten hingewiesen.

Der Regionalplan wird auch in Zukunft seine Bedeutung haben. Er wird aber voraussichtlich immer weniger die Tätigkeit der Regionalverbände bestimmen. Regionale Entwicklungskonzepte, die mittelfristig angelegt sind und Regionalpolitik durch kurzfristiges Planungs- und Projektmanagement werden die Zukunft der Regionalverbände bestimmen, wenn es ihnen gelingt, sich als Moderatoren und Koordinatoren in die Vermittlung regionaler Einsichten und in das kooperative Handeln in der Region einzubringen. Hierin liegt eine wichtige Zukunftsaufgabe der Regionalverbände in Baden-Württemberg.

Mehr als bisher müssen fachliche Planungen in übergeordnete "Räumliche Leitbilder" und in "Regionale Konzeptionen" eingebracht werden. Die Schaffung von Regionalbewußtsein und von Interkommunaler Kooperation werden immer notwendiger. Es ist in verstärktem Maße ein größeres Interesse für Regionalplanung und eine größere "Bürgernähe" herzustellen. Vor allem müssen von Anfang an die Politiker aller Ebenen intensiv in die neue Regionalpolitik einbezogen werden.

Die Regionalverbände in Baden-Württemberg sind:

- durch ihre interdisziplinären Fachkenntnisse und räumlichen Erfahrungen,

- durch ihre Problem- und Ortsnähe, dazu prädestiniert, Motoren und Moderatoren für die Vermittlung regionaler Einsichten und für koopertives Handeln zu sein.

Wie dies geschehen kann und welche aktuellen Möglichkeiten und Grenzen es für den Ausbau der Regionalpolitik in den Regionalverbänden gibt, darüber werden die folgenden Referate berichten.

Ich wünsche dem weiteren Verlauf der Regionalplanertagung 1994 einen guten und ertragreichen Verlauf!

Regionalplanung als regionales Management: Leerformel oder realisierbares Konzept?

von

Bernhard Müller

Veränderungen im Aufgabenverständis der Regionalplanung

Entscheidungshilfen für Kommunalpolitiker erarbeiten, Denkanstöße geben, die sich nach einem Gesamtkonzept auf die einzelnen Kommunen übertragen lassen, Mitteleinsatz sinnvoll koordinieren und einen abgestimmten Beitrag zur Entwicklung der Region leisten: all dies "dürfte eine sehr wichtige, aber auch vielfältige und dankenswerte Aufgabe für Regionalplaner werden" - so formulierte sinngemäß der bayerische Regionalplaner Leffler (1984, 34) die Perspektiven der Raumplanung anläßlich einer Sitzung der LAG Bayern der ARL vor mehr als zehn Jahren.

Die damalige Diskussion - unter dem Thema "Planungsdidaktik" geführt - und die dabei vorgetragenen Vorschläge weisen in ihrer Zielrichtung Ähnlichkeiten zu einem heute noch aktuellen Problem auf: nämlich Raumordnung und Regionalplanung für die Adressaten "erfahrbarer" zu machen, über die Koordinationsaufgabe im engeren Sinne hinaus handlungsorientierte Impulse in die jeweilige Region hinein zu vermitteln und der Regionalplanung damit Aufgaben eines regionalen Managements zu übertragen.

Handlungsorientierte Konzepte und Managementansätze haben in der aktuellen raumordnungspolitischen Diskussion Konjunktur. Teilraumkonzepte, Teilpläne, regionale Entwicklungskonzepte treten neben die traditionelle Regionalplanung. Moderation zur Konfliktlösung tritt neben die technische Erarbeitung räumlicher Ordnungskonzepte. Beratungshilfen, Bauleitkataster, runde Tische, regionale Aktionsprogramme, Landesentwicklungsprojekte, Regionalkonferenzen sind sowohl in den alten als auch in den neuen Bundesländern zu verzeichnen. Regionale Kooperation steht vielfach im Mittelpunkt regionalplanerischer Bemühungen. Es geht dabei um einen Prozeß, der durch Interessenheterogenität sowie eine Vielzahl von Akteuren geprägt ist und der durch den Planer mitzugestalten ist. Regionalplanung wird nicht mehr ausschließlich mit dem Plan im herkömmlichen Sinne, d.h. einem Dokument von allgemeinen, abgewogenen und allen Interessen gerecht werdenden Zielen gleichgesetzt, sondern mit Leitbildern, Handlungsempfehlungen und Maßnahmen, die auf regionale Zusammenarbeit abzielen.

Ein *Unterschied* zwischen der früheren und der heutigen Diskussion ist festzuhalten: Planungsdidaktik sieht den Plan im Zentrum planerischer Bemühungen, und sie geht davon aus, daß er lediglich *besser* - zum Beispiel durch mehr Partizipation - legitimiert und *offensiver* an die Adressaten "verkauft" werden müsse. Es sei mehr "Planungsmarketing" zu betreiben, um größere Wirksamkeit zu erlangen. Demgegenüber rückt das Planwerk in den aktuellen Konzepten von regionalem Management eher an den Rand von Strategien der Regionalentwicklung: Es wird als eines von vielen Mitteln angesehen, Veränderungen in einer Region zu erreichen. Es wird als nützliches Element, nicht aber als unabdingbar notwendige Voraussetzung für koordinierte regionale Entwicklungsprozesse angesehen. Bedeutung erlangt der Plan weniger aufgrund seiner Ergebnisse, d.h. abgestimmter Festlegungen und "Konfliktlösungen auf Vorrat", sondern aufgrund seiner diskursiven Elemente. In dieser Hinsicht ist er Mittel zum Zweck, d.h. ein Instrument, um regionale Diskussionsprozesse in Gang zu bringen, Konsens unter regionalen Akteuren herbeizuführen und regionale Zusammenarbeit zu stärken.

Angesichts dieses Verständnisses von Regionalplanung, das - gegenüber "traditionellen Ansätzen" - im Hinblick auf das Planwerk zwar reduziert, im Hinblick auf regionale Entwicklung jedoch deutlich erweitert ist, wird vor Euphorie gewarnt. Regionalplanung habe "wahrscheinlich gar nicht die Voraussetzungen, um ein Regionalmanagement zu betreiben, wenn Regionalmanagement impliziert, daß Regionalplaner Führungsfunktionen wahrnehmen können, daß sie regionale Entwicklungsprozesse steuern und daß sie auf Vollzugsorgane einwirken können" (Fürst 1993, 557).

Die Skepsis wird u.a. damit begründet, daß die Systemlogiken der Raumplanung - die legalistische einerseits und die politische andererseits - auf der Ebene der Regionalplanung miteinander in Konflikt geraten. Regionalmanagement verlange eine relative Autonomie der Regionalplanung, damit sie besser politische Prozesse der Konsensfindung gestalten könne. Die legalistische Systemlogik begrenze jedoch Autonomie und zwinge die Regionalplanung, durch Gebote und Verbote restriktiv zu steuern. Die kommunalen Handlungsträger opponierten dagegen und distanzierten sich dann eher von der Regionalplanung. Sie begriffen diese nicht als "ihre" eigene, sondern als "staatliche" Planung (Fürst 1993, 556). Dies weist auf den Rollenkonflikt hin, in den die Regionalplanung durch die Erweiterung ihres Aufgabenspektrums in Richtung auf regionales Management geraten kann. Es handelt sich dabei um einen strukturellen Konflikt, der sich für die Regionalplanung mit einem Problem der Wahrnehmung durch ihre Adressaten verbindet.

Die Frage, die hier zu behandeln ist, lautet somit: Überschätzt sich Regionalplanung (aus der Binnenperspektive heraus) selbst, wenn sie eine Orientierung in Richtung auf regionales Management fordert oder anstrebt? Verliert sie dabei das rechte Augenmaß für ihre eigenen Möglichkeiten? Oder: Ist "Regionalplanung als regionales Management" ein realisierbares - wenngleich nicht immer realisiertes - Konzept? Welcher Voraussetzungen und Anpassungserfordernisse bedarf es auf Seiten der Regionalplanung, um dieses Konzept erfolgreich umzusetzen? Ist die Skepsis gegenüber regionalem Management dann vielleicht eher als eine gewisse Resignation in puncto Raumplanung zu verstehen, wie wir sie in den siebziger und frühen achtziger Jahren bereits erlebt haben?

Regionales Management: konzeptionelle Vorstellungen ...

Regionales Management verfolgt zwei grundlegende Zielrichtungen: erstens soll die Handlungs- und Wettbewerbsfähigkeit von Regionen erhöht werden und zweitens sollen Möglichkeiten verbessert werden, Probleme der räumlichen Entwicklung regional differenziert zu lösen. Beide Zielrichtungen sind eng miteinander verbunden. Einerseits setzt die Fähigkeit, im Wettbewerb mit anderen Regionen zu bestehen, ein hohes Maß an interner Problemlösungskapazität voraus. Dies wird u.a. dadurch deutlich, daß regionale Problemverarbeitungsfähigkeit als Standortfaktor immer mehr Bedeutung zu erlangen scheint. Andererseits können interne Problemlösungen unter dem Druck externer Wettbewerbsbedingungen erleichtert werden.

Faßt man die aktuellen Diskussionslinien zusammen, so kann regionales Management vor diesem Hintergrund verstanden werden als ein strategisches Steuerungskonzept für Regionen, das durch das Zusammentreffen von vor allem fünf Faktoren gekennzeichnet ist: (a) Zielorientierung als Grundlage für die Erarbeitung regionaler Leitbilder, (b) Flexibilität und Reaktionsfähigkeit im Hinblick auf sich verändernde Rahmenbedingungen, (c) Handlungs- und Umsetzungsorientierung auf der Grundlage von operationalisierten Zielvereinbarungen, (d) regionale Kooperation bei individueller Verantwortung für Maßnahmen und Ergebnisse und (e) Transparenz durch Partizipation und Rückkoppelungsmechanismen.

Zu (a): Regionales Mangement soll einerseits zu einer "strategischen Positionierung von Regionen" (Scheer 1993) führen, die an der Förderung besonderer Bereiche ansetzt, in denen

Regionen "Spitzenleistungen" erbringen können, und diese in ein Gesamtkonzept einordnen, das auch die restlichen erfolgsrelevanten Faktoren/Bereiche berücksichtigt. Andererseits soll vermieden werden, daß Probleme und Lösungen einseitig, segmentiert und ausschließlich aus der Sicht derer bearbeitet bzw. entwickelt werden, die von ihnen unmittelbar betroffen sind. Dies setzt voraus, daß eine "Region" sich Klarheit über ihr (angestrebtes) Profil verschafft und eine Diskussion darüber führt, welche Entwicklungsziele verfolgt werden sollen.

Hierzu bedarf es einer strategischen Zielorientierung, die am Aufspüren von regionalen Schwächen und Stärken ansetzt, Lösungsansätze und Entwicklungsperspektiven aufzeigt und diese zu konsensfähigen regionalen Leitvorstellungen bzw. zu einem übergeordneten Entwicklungskonzept verdichtet. Dabei ist es sinnvoll, von konkreten Problemen auszugehen, die Ressortgrenzen eindeutig überschreiten, viele Akteure betreffen und zu gemeinsamem Handeln motivieren. Bei der Problemdefinition kommt es darauf an, "Kernprobleme" zu definieren und in ihren Wechselwirkungen zu sehen. Ziel-Konflikte müssen ermittelt und offengelegt werden. Bei der Zielformulierung sind "positive Zielkonzepte" bedeutsam. Dabei geht es mehr um konstruktive Lösungen als um Restriktionen, die den Akteuren auferlegt werden sollen.

Zu (b): Regionales Mangement braucht Erfolg, um Akzeptanz bei den Adressaten zu sichern. Erfolg motiviert zum Weitermachen, beweist die Wirksamkeit eines Konzepts, überzeugt Kritiker und stärkt das Vertrauen in die Kompetenz derer, die regionales Management betreiben (wollen). "Erfolgsvorsorge" wird aber auch angesichts knapper öffentlicher Mittel und zunehmenden Legitimationsdrucks immer bedeutsamer. Dies gilt insbesondere für Institutionen, die öffentliche Aufgaben erfüllen. Daher ist ein hohes Maß an Flexibilität und Reaktionsfähigkeit notwendig, denn angesichts immer schneller werdender gesellschaftlicher Entwicklungsprozesse ist dauerhafter Erfolg nur dann zu erreichen, wenn Anpassungs- und Wandlungsfähigkeit gegeben sind (Hill 1993). Regionales Management erfordert somit prozeßhaftes Vorgehen und beinhaltet Veränderung. Es ist erforderlich, daß die ursprünglichen Leitideen entsprechend den sich verändernden Rahmenbedingungen kontinuierlich überprüft und weiterentwickelt werden (vgl. Maier 1993). Dies ist gerade bei der Entwicklung langfristig ausgerichteter strategischer Orientierungen erforderlich, denn dabei handelt es sich um eine komplexe Aufgabe, die hohe Erfolgsrisiken aufweist.

Zu (c): Bei der Erarbeitung von Entwicklungskonzepten geht es nicht darum, in sich konsistente, aber realitätsfremde und auf hierarchisch Steuerung ausgerichtete Ansätze zu erarbeiten. Vielmehr sind Konzepte mit Umsetzungsbezug gefragt, die sichtbare Ergebnisse und Erfolge anstreben und Leitbilder erfahrbar werden lassen. Denken in Leitbildern ist durch konkrete Projekte zu untersetzen. Auf der Basis von Zielkonzepten sind mögliche "Handlungskorridore" und Alternativen zu untersuchen. Zielkonzepte sollen auf die Ebene von regionalen Programmen "heruntergebrochen" werden, welche die strategischen Leitlinien zur Verwirklichung der Ziele enthalten. Regionale und funktionale Schwerpunkte sollen beschrieben, Prioritäten festgelegt und zentrale Leitprojekte definiert werden.

In der Praxis ist dies nicht unbedingt an die Entwicklung eines räumlichen Leitbildes gebunden, wenngleich räumliche Entwicklungsvorstellungen als nützlich angesehen werden. Hilfreich ist, wenn definiert - und fortgeschrieben - werden kann, welche Ergebnisse erbracht werden sollen, durch welche Maßnahmen und Projekte sie erzielt werden können und welche Inputs hierfür notwendig sind. Im Hinblick auf die Reaktionsfähigkeit von regionalem Management sollten zusätzlich Erfolgskriterien benannt und Ordnungsregeln vereinbart werden. Methodische Vorschläge gehen dahin, Kernprobleme, z.B. über Foren von Handlungsträgern mit externen Moderatoren zu identifizieren, Probleme mit Unterstützung aus dem wissenschaftlichen Bereich auf Ursachen und Wirkungen bzw. Querbezüge zu analysieren, und parallel dazu, z.B. in Form von Expertenworkshops Ziele und Leitprioritäten auf der Basis von Stärke-Schwächen-Beurteilungen zu formulieren (Fürst 1994).

Zu (d): Sowohl im ländlichen Raum als auch insbesondere in Verdichtungsräumen besteht ein hoher Kooperationsdruck. Er ergibt sich u.a. als Folge technischer Abhängigkeiten, z.B. aufgrund der Infrastrukturversorgung oder der Verkehrsbeziehungen. Er kann sich als Finanzausgleichsproblem darstellen, z.B. im Fall daß zentrale Einrichtungen vorgehalten werden. Er kann aber auch auf die Notwendigkeit zurückgeführt werden, über Gemeindegrenzen hinaus knappe Ressourcen auszugleichen (z.B. im Hinblick auf Siedlungsflächen, Wasserversorgung, Erholungsfunktionen). Kooperationsdruck kann sich zudem aus Konkurrrenz und überregionalem Wettbewerb ergeben. Und schließlich ist Kooperation hilfreich, wenn es um die Vertretung gemeinsamer Interessen nach außen geht. In diesem Zusammenhang ist nicht zuletzt an das Einwerben von (EU-) Mitteln oder die Lenkung der Aufmerksamkeit von Fachpolitiken auf eine Region zu denken.

Nun wissen wir, daß Vorteile von Kooperation "ungleich verteilt" sind, daß Kooperation von individuellen "Aufwand-Ertrags-Kalkülen" (z.B. hinsichtlich Verwaltungsaufwand, Autonomieverlusten, Finanzeinbußen, Wert von abgestimmten Vorgehensweisen) abhängt und daß dies unterschiedliche Reaktionsweisen regionaler Akteure nach sich zieht. Zudem verändern sich Kooperationsvorteile im Zeitverlauf: Dies führt dazu, daß Handeln nicht immer unmittelbar auf Einsicht folgt. Da regionales Management nicht auf hierarchische Steuerung bzw. "Führung von oben" setzen kann, ist die Wahrscheinlichkeit groß, daß es deshalb zu wechselnden Koalitionen und zu Unsicherheiten über "bereits abgestimmte" Vorgehensweisen kommt. Regionales Management muß auf Regionalbewußtsein setzen und versuchen, regionale Akteure aktiv und unter Wahrung der jeweiligen Autonomie und Ergebnisverantwortung in Kooperationsbeziehungen einzubinden. Dabei sind die jeweiligen Inputs zu vereinbaren und Verantwortlichkeiten zu schaffen.

Zu (e): Wenn es bei der regionalen Entwicklung darum geht, Chancen zu nutzen und Stärken zu entfalten, und wenn klar ist, daß alle Akteure ihr Bestes dafür geben müssen, dann setzt dies Transparenz und Partizipation voraus. Denn nur derjenige, der beteiligt ist und sich mit Zielen identifiziert, kann sein Bestes geben. Und nur derjenige, der Restriktionen als notwendig anerkennt und in diskursiven Prozessen einen Lasten-Nutzen-Ausgleich erreichen konnte, wird sich an die Restriktionen halten, wenn der Region keine anderen Sanktionsmöglichkeiten zur Verfügung stehen. Teilsysteme eines sozialen Systems, die ausgegrenzt sind, leisten hingegen zumindest potentiell Widerstand gegen Veränderungen.

Anpassungsfähigkeit erfordert Rückkoppelungen. Bei der Umsetzung von Zielkonzepten müssen daher lernende Prozesse organisiert und Monitoring-Mechanismen etabliert werden. Um individuelle Schuldzuweisungen - und damit Blockaden gegen Monitoring - sowie Kooperationsverweigerung zu vermeiden, sollte die Rückkopplung primär am insgesamt (gemeinsam) Erreichten ausgerichtet sein. "Versäumnisse" einzelner sollten produktiv genutzt werden und zur Überarbeitung von Zielvorstellungen führen, wenn erkannt wird, daß Zielvorstellungen mit den verfügbaren Mitteln nicht realisierbar sind und keine zusätzlichen Mittel mobilisierbar sind bzw. Initiativen nicht im erwarteten Ausmaß greifen.

... und praktische Hindernisse

Die Umsetzung des dargestellten Konzepts von regionalem Managements ist nicht unproblematisch. Schwierigkeiten ergeben sich im Hinblick auf (a) die Abgrenzung der "Region", (b) die Förderung von Regionalbewußtsein und Kooperation sowie (c) die Organisation von regionaler Zusammenarbeit und von Lernprozessen.

Zu (a): Der Begriff der Region ist zu einem Mode-Begriffe der 90er Jahre geworden. "Regionen" werden mit Erwartungen an die Überschaubarkeit von Lebensräumen, ein faßbares gesellschaftliches Kontaktnetz, die Identifikation mit Heimat, die Durchschaubarkeit von Prozessen der Politikgestaltung und eine Politik der räumlichen Nähe verknüpft. Vor dem Hintergrund der europäischen Regionendiskussion weckt die Region Vorstellungen von handlungs- und wettbewerbsfähigen Einheiten. Dabei wird eines häufig übersehen: Je mehr der Regionsbegriff an Popularität gewinnt, desto verschwommener ist das Verständnis von dem, was unter der "Region" zu verstehen ist.

Das bisherige Regionenverständnis ist in Auflösung begriffen. Wir stellen fest, daß viele Aufgaben in den überkommenen regionalen Organisationsstrukturen nicht mehr oder nur noch schlecht zu lösen sind. Regionen formieren sich daher neu. Regionen sind heute primär von den Handlungsbeziehungen und dem Regionsverständnis der in ihnen agierenden Akteure her definiert. Diese Handlungsbeziehungen können sehr unterschiedlich sein: sie können sektoral ausgerichtet sein und sie können auf verschiedene Handlungsebenen abzielen. Faßt man die aktuelle Diskussion zusammen, so sind bei Regionsabgrenzungen vor allem funktionale Gesichtspunkte und die Ebenenproblematik von Bedeutung (vgl. Kummerer 1994):

Unter funktionalen Gesichtspunkten läßt sich eine Vielzahl von "Regionen" unterscheiden, in denen jeweils spezifische Fragestellungen bearbeitet werden, zum Beispiel Arbeitsmarktregionen, Verkehrsregionen, Wirtschaftsregionen, Kulturräume, Freizeitregionen. Dabei ist zu beachten, daß die einzelnen Funktionen in der Regel nicht die gleichen Reichweiten haben: Trinkwassereinzugsgebiete haben einen anderen räumlichen Zuschnitt als Abfallentsorgungsräume, räumliche Abgrenzungen für den öffentlichen Nahverkehr sehen anders aus als Energieversorgungsbereiche. Dies führt zu Vielfalt in den "regionalen" Kooperationsbeziehungen und zu Heterogenität bei der Organisation von regionaler Kooperation. Die Ebenenproblematik ergibt sich aus der Tatsache, daß die jeweilige Bezugs- bzw. Betrachtungsebene zu unterschiedlichen Regionsbegriffen führen kann: aus Sicht des Landes, des Bundes oder der EU oder auch aus Sicht der Kommunen ergibt sich jeweils ein eigenes Regionsverständnis mit - in der Regel - unterschiedlichen räumlichen Dimensionen und unterschiedlichen Zuständigkeiten für die Behandlung von Problemstellungen.

Beide Faktoren sind für die Aufgabenbewältigung in politisch-administrativen Strukturen von Bedeutung. Die Bewältigung von Problemen von regionaler Bedeutung ist in der Regel in einer Vielzahl von Foren und Organisationsstrukturen möglich und sinnvoll. Für den Regionsbegriff heißt dies: Es gibt nicht *die* Regionsabgrenzung und nicht *die* optimale Form regionaler Organisation. Die Region läßt sich vielmehr auf vielfältige Weise definieren und abgrenzen. Da Regionen heute immer stärker in Richtung vielfältiger funktionaler Zusammenschlüsse tendieren, die durch spezifische Kooperationsformen mit unterschiedlichen räumlichen Reichweiten geprägt sind und unterschiedliche Verflechtungsbeziehungen wiederspiegeln, erweist sich die "Region" in der Regel als ein Konglomerat unterschiedlicher "Regionen" mit mehr oder minder großen räumlichen Überlappungsbereichen. Daher ist es - insbesondere im Zusammenhang mit regionalem Management - jeweils notwendig, zu spezifizieren, was im Einzelfall unter der "Region" verstanden werden soll. Mit Sicherheit ist es nicht die "quasi allzuständige, räumlich funktionale Einheit".

Zu (b): Regionen brauchen ein "Wir-Gefühl", d.h. etwas, das identitätsstiftend ist und Bindungen erzeugt. Dies bezieht sich weniger auf die externen Wirkungen von Regionen - d.h. zum Beispiel die internationale Vermarktung einer Region oder ihrer Teile mit Hilfe des Images der Kernstadt - als auf den inneren Zusammenhalt innerhalb einer Region. Dabei darf nicht übersehen werden, daß die Region immer eine "kognitiv-emotionale Konstruktion von Wirklichkeiten" bzw. ein "mentales Konstrukt" ist: "Ob ein Raum als Region gelten kann, ist ... in starkem Maße auch davon abhängig, ob die dort lebenden Menschen ihn als solche akzeptieren und sich mit ihm identifizieren." (Briesen, Reulecke 1993). Das heißt auch, daß Regionsbewußtsein nicht von oben verordnet werden kann, und - übertragen auf regionales Mangement - daß die Region als Gemeinschaft zur Bewältigung von kommunal nicht oder nur unzureichend lösbaren Aufgaben zumindest von den wichtigsten Akteuren in der Region gewollt sein muß. Nur so entstehen nachhaltige Kooperationsbeziehungen. Gleichwohl ist Regionsbewußtsein nicht als unabdingbare Voraussetzung für regionales Management anzusehen. Vielmehr kann es - einen Grundkonsens oder den gemeinsamen Willen "regionaler Schlüsselpersonen" vorausgesetzt - durchaus sinnvoll sein, Entwicklungskonzepte zu erarbeiten, die von dem Leitgedanken getragen sind, einen bestimmten Raum "zur Region zu entwickeln" (vgl. Das Bergische Städtedreieck 1992) und Regionsbewußtsein durch regionales Management zu formen.

Ein Weg, Kooperationsprozesse dort, wo sie unabdingbar notwendig sind, zu beschleunigen, besteht in der "Verinselung" von regionaler Kooperation. Sie ist charakteristisch für Ausweichreaktionen von Kommunen. Da es immer schwieriger wird, stabile Mehrheiten für eine regulative Politik zu finden, und da umfassende regionale Kooperation als nur noch schwer erreichbar angesehen wird, benutzt man den Hebel der "Festivalisierung" (Häussermann, Siebel 1994), also von Großprojekten, die überregional Aufsehen erzeugen (z.B. europäische Kulturhauptstadt, Großsportveranstaltungen, EXPO, Internationale Bauausstellung), um Kooperation zu realisieren.

Dies kann entweder dadurch bewerkstelligt werden, daß regionale Handlungsträger für Kooperation persuasiv - zum Beispiel durch die Aussicht auf Beteiligung an der Verteilung von erwarteten Zuwächsen - mobilisiert wird. Oder regionale Handlungsträger werden in eine regionale Kooperation "gezwungen", indem man das Schicksal von Großprojekten und damit das Renommée einer Region und ihrer Handlungsfähigkeit mit der Kooperationsbereitschaft der Akteure verknüpft. Regionale Steuerung erfolgt dabei weniger über legitimierte politisch-administrative als über Projekt-Strukturen. Die Einbindung in eine Gesamtstrategie und umfassende Zielsetzung bleibt allerdings gegenüber der konkreten Gestaltung zurück.

Zu (c) Wenn das Zusammenwachsen von Regionen als Folge - und nicht als notwendige Voraussetzung - von regionalem Management angesehen wird, so stellen sich umso dringender die Fragen, wer eine "Region" vertreten soll und wie regionale Kooperation konkret organisiert werden kann. Geht man von der Vielfalt funktionaler Verflechtungsbeziehungen aus, die Regionen definieren können, und setzt man voraus, daß regionaler Akteure bestrebt sind, ihre jeweilige Autonomie in regionalen Kooperationsbeziehungen (weitgehend) zu wahren, so wird deutlich, daß Regionalisierung nicht hierarchisch, sondern kooperativ und als Akt regionaler Selbstorganisation zu verstehen ist.

Dabei ist zu berücksichtigen, daß Organisationsstrukturen generell positive und negative Sanktionswirkungen für ihre Mitglieder entfalten. Einerseits setzen sie den Rahmen für "organisiertes" Handeln, indem sie den einzelnen Akteuren Kompetenzen zuweisen und Verfügungsgewalt über bestimmte Umsetzungsinstrumente geben. Andererseits bieten sie Handlungsspielräume, die allerdings in der Regel nicht objektiv auszuloten sind. Somit hängt es sehr stark von den Einschätzungen der Kosten und Nutzen von Kooperation und der Risikofreude einzelner Akteure ab, wie Gestaltungsspielräume für Kooperation ausgeschöpft werden.

Vor diesem Hintergrund ist es nicht verwunderlich, daß es zur Zeit in erster Linie die "weichen" Organisationsstrukturen sind, die in der Bundesrepublik Konjunktur haben. Seit kurzem wird in diesem Zusammenhang immer häufiger die Organisation von Kooperation über Netzwerke als eine erfolgversprechende Möglichkeit für das Gelingen von regionaler Zusammenarbeit in die Diskussion gebracht. Netzwerke bieten eine Reihe von Vorteilen für regionales Management: Sie bieten regionale Foren, die von positiven Erwartungen und der freiwilligen Beteiligung regionaler Akteure basieren, sie beruhen auf gemeinsamen Werten und auf gegenseitigem Respekt, sie sind organisatorisch offen und weisen in der Regel einen geringen Institutionalisierungsgrad auf.

Allerdings darf dabei nicht unbeachtet bleiben, daß Kooperationsnetzwerke fragil sind, da sie ausschließlich von der Kooperationsbereitschaft ihrer Mitglieder abhängen. Abmachungen besitzen lediglich eine informelle Verbindlichkeit. Vereinbarungen sind jederzeit aufkündbar. Daher können über Netzwerke Konflikte nur begrenzt ausgetragen werden. Andere Probleme bestehen darin, daß innerhalb von Netzwerken Vorentscheidungen getroffen werden, die unzureichend legitimiert sind, und oligarchische Strukturen entstehen, die kaum zu kontrollieren sind (vgl. Fürst o.J., 6f). Dies kann wiederum zum Erstarren der ursprünglichen Fexibilität sowie zur Blockade von Kreativität und von Veränderungsbestrebungen "neuer Netzwerke" führen. Netzwerke können somit sowohl wirksame Wachstums-Koalitionen als auch Verhinderungs-Allianzen sein (Grabher 1993).

Lernprozesse werden durch das Altern informeller Kooperationsstrukturen behindert. Dabei spielt einerseits die Identität der Akteure eine Rolle: Das Eigenverständnis einer Gruppe bzw. eines Netzwerkes beruht auf der Identifikation mit Zielen. Zieländerungen kann auch Identität der Gruppe in Frage stellen. Andererseits ist die - meist - negative Sichtweise von Konflikten von Bedeutung: Immer häufiger wird der Gerichtsweg bei Konflikten beschritten. Weniger oft wird außerhalb nach neuen Wegen gesucht. Dies verlangt "gerichtsfeste" Vereinbarungen. (vgl. Sfar 1994).

Regionalplaner als regionale Manager: Stärken und Schwächen

Regionalplanung bietet einerseits gute Voraussetzungen, Funktionen des regionalen Managements zu übernehmen und Probleme seiner Umsetzung zu überwinden. Andererseits sind aber auch eine Reihe von Hemmnissen zu beachten, die es dem Regionalplaner schwerer als anderen regionalen Akteuren machen können, regionales Management wirkungsvoll zu betreiben.

Zu den Vorteilen der Regionalplanung gehört, daß sie von ihrer Aufgabenzuweisung, ihrem übersektoralen Überblick über regionale Problemstrukturen und ihren technischen und politischen Problemlösungsmöglichkeiten her eine gute Ausgangsposition besitzt, um die Akteure einer Region zur Zusammenarbeit zu bewegen. Sie kann dabei nicht nur die Rolle eines Sachpromotors übernehmen, sondern hat - aufgrund ihrer (kommunal-) politischen Einbindung und Bedeutung - bei entsprechendem Rückhalt durch relevante regionale Entscheidungsträger auch die Rolle eines Machtpromotors. Stärken der Regionalplanung liegen dabei konkret u.a. in ihrer Wandlungsfähigkeit und dem Willen zur Handlungsorientierung - handlungsorientierte Konzepte finden sich auf allen Ebenen (z.B. Handlungsrahmen) und in allen Ländern - und in ihrer Fähigkeit zur Gesamtschau und der Erfahrung bei der Erarbeitung von und im Umgang mit Leitvorstellungen. Darüber hinaus hat sie Routine bei Zielfindungs- und Zielformulierungsprozessen, besitzt ein analytisches Verständnis und ein differenziertes Analyseinstrumentarium und sie verfügt über etablierte und verwaltungsrechtlich abgesicherte Rückkoppelungsmechanismen (z.B. Raumbeobachtung, ROV, UVP etc.). Schließlich kommt - zumindest in einigen Bundesländern - die Nähe der Regionalplanung zum Bürger und zur kommunalen Politik als Vorteil hinzu.

Schwächen der Regionalplanung, regionale Managementfunktionen zu übernehmen und wirkungsvoll auszuführen, liegen u.a. darin, daß Steuerung eher hierarchisch als kooperativ erfolgt und daß die zunehmende Verrechtlichung der Planung der erforderlichen Flexibilität des regionalen Managements entgegensteht. Hinzu kommen die mangelnde Außenwirksamkeit und Transparenz der Regionalplanung: Sie können dazu führen, daß Regionalplanung von den Adressaten unter- oder überschätzt wird. Unterschätzt wird Regionalplanung vor allem dann, wenn ihre (Koordinations-) Ergebnisse unsichtbar bleiben, Überschätzt wird sie, wenn - aus Unkenntnis oder Fehleinschätzungen heraus - übertriebene Hoffnungen auf die "imperative" Regulationskraft und Steuerungsfähigkeit der Regionalplanung projiziert werden, wie das in den neuen Bundesländern teilweise noch der Fall zu sein scheint. Dabei spielt die mangelnde Transparenz der Planung eine nicht unbedeutenbde Rolle. Transparenz und "Erfahrbarkeit" werden einerseits durch Sprache, Instrumentarium und verwaltungsintere Orientierung eingeschränkt. Andererseits spielen die mangelnde Operationalisierung von Zielen und die Schwächen bei der Erarbeitung von Handlungsprogrammen eine Rolle - Faktoren, die nicht unbedingt der Regionalplanung selbst zuzurechnen sind, sondern zum großen Teil auf die begrenzten Spielräume zurückzuführen sind, die ihr rechtlich zugewiesen und von ihren Adressaten faktisch zugelassen werden

Ob eine engere sektorale Aufgabenfixierung, wie sie von der Regionalplanung im Zusammenhang mit Handlungskonzepten und regionalem Management häufig angestrebt wird (z.B. durch Standortberatung, spezifische Fachorientierung, Spezialuntersuchungen), diese Schwächen grundlegend beheben kann, ist zweifelhaft. Dabei ist zu bedenken, daß eine Handlungs- und Umsetzungsorientierung in diesem Sinne zu einer einseitigen fachlichen Wahrnehmung der Regionalplanung durch ihre Adressaten und zur Einschränkung ihrer Akzeptanz als regionaler Moderator führen kann. Dies ist insbesondere vor dem Hintergrund des generellen Dilemmas zu sehen, das sich durch regionales Management für die Positionsbestimmung des Regionalplaners ergibt: Ist der Planer Koordinator, Moderator oder Macher, Regionsdiplomat? Führt er alle Funktionen zugleich aus?

Regionalplanung gerät in diesem Rollenkonflikt automatisch zwischen die Fronten. Zum einen treffen die eingangs erwähnten gegenteiligen Systemlogiken aufeinander. Regionalplanung soll regulativ wirken - u.a. wenn ökologische Konzepte verfolgt werden. Sie soll aber auch von den Akteuren als neutraler Moderator akzeptiert werden. Und schließlich soll sie als - im Sinne von regionalem Management - regionale Entwicklungsstrategien entwickeln, fördern und umsetzen. Zum anderen ist die Ebenenproblematik zu beachten: Eine staatliche Regionalplanung könnte dem Verdacht ausgesetzt sein, durch Regionalisierung und regionales Management dazu beitragen zu wollen, daß der Staat - unter dem Stichwort "endogene Potentiale" - unliebsame Aufgabenbereiche leichter auf die Kommunen abwälzen kann. Eine kommunal getragene Regionalplanung hingegen gerät in Gefahr, in ihren Managementfunktionen von regionalen Verteilungskonflikten blockiert oder für die Durchsetzung von Partikularinteressen - zum Beispiel der einflußreichen regionalen Handlungs- und Entscheidungsträger - instrumentalisiert zu werden.

Anforderungen an die Weiterentwicklung der Regionalplanung

Regionale Moderation und regionales Management sind oft mehr Wunsch als durchgängige Praxis der Regionalplanung. Dies liegt daran, daß die Regionalplanung unter den gegenwärtigen Bedingungen nur begrenzte Potentiale besitzt, sich im Wettbewerb mit anderen "regionalen Managern" durchzusetzen. Es sind meist nicht die Regionalplaner, sondern Entscheidungsträger der kommunalen Ebene und ihre Mitarbeiter, Fachstellen (Wirtschaftsförderung, Landwirtschaft), die staatliche Mittelinstanz, Sonderbehörden oder

Public-Private-Partnerships, die eine Region nach innen oder nach außen vertreten und regionales Management betreiben.

Eine Weiterentwicklung der Regionalplanung ist somit erforderlich, wenn sie Funktionen von regionalem Management wirkungsvoller erfüllen will. Die dabei zu verfolgenden Ansätze können durch die Kurzformel "Stärken nutzen - Schwächen beheben - Positionen bestimmen - Chancen ergreifen - zum Risiko bereit sein" charakterisiert werden. Konkrete Ansatzpunkte für eine Weiterentwicklung der Regionalplanung in Richtung auf regionales Management liegen vor dem Hintergrund dieses Mottos vor allem in fünf Bereichen:

Erstens ist eine Positions- und Zielbestimmung der Regionalplanung von Bedeutung. Diese sollte - problemabhängig und regionsdifferenziert erfolgen. "Marktnischen" sollten dabei eruiert und Konsensnischen identifiziert und genutzt werden. Es ist u.a. zu fragen, welche Angebote die Regionalplanung machen kann, wer die Nachfrager und wer die Zielgruppen der Regionalplanung sind, welche Erwartungen die Adressaten haben, wie die Erwartungen mit den vorhandenen bzw. zusätzlichen Ressourcen zu erfüllen sind und in welchen Bereichen die Regionalplanung "besser" als andere - konkurrierende - regionale Manager ist. Regionalplanung sollte dabei ihre eigenen Leistungspotentiale und -profile definieren und besser verdeutlichen. Eine Beschränkung auf strategische Aufgabenfelder ist anzuraten, denn nicht alle Aufgaben können gleichzeitig und gleich gut erledigt werden.

Zweitens ist die Verbindung von Inhalten der Regionalplanung und regionaler Kooperationsbereitschaft zu beachten: Restriktive Planungen behindern, positive Zielkonzepte und sichtbare Planungsergebnisse motivieren regionale Zusammenarbeit. Dabei ist es ratsam, sowohl bestehende Initiativen aufzugreifen und zu unterstützen als auch neue Initiativen dort, wo sie erforderlich sind, anzustoßen. Eine Verbesserung der Abstimmung zwischen den Ebenen könnte zur Entlastung der "regionalen Manager" führen: Wenn regulative Funktionen auf den "oberen Ebenen" erledigt werden, können Regionalplaner sich besser auf Entwicklungsfunktionen konzentrieren.

Drittens ist unter Beachtung der Mehrebenenstruktur der Planung die Erweiterung von Handlungsspielräumen und die Gestaltung möglichst flexibler Planungs- und Managementprozesse anzustreben. Vom methodischen Ansatz her bietet sich an, Kernprobleme zu definieren, Ziele daran zu orientieren, Entwicklungsziele auf dieser Grundlage zu konkretisieren und Vereinbarungen für die Umsetzung - bei individueller Ergebnisverantwortung - zu fixieren. Die Durchführung von Programmen und Maßnahmen sollte - auf der Basis vorab vereinbarter Erfolgskriterien für die Umsetzung - gemeinsam "kontrolliert" werden. Zeitnahe und problembezogene "Beobachtungssysteme" sind ein hilfreiches Monitoring-Instrument.

Viertens sollten die Potentiale von Delegation und "Kontraktmanagement" verstärkt genutzt werden. Die Regionalplanung könnte - in Analogie zu anderen Bereichen der öffentlichen Verwaltung (Stewart, Walsh 1993) - regionales Management, dadurch betreiben, daß sie Aufgaben vermehrt auf Dritte überträgt und direkte hierarchische Kontrolle durch vertragliche Leistungsvereinbarungen, Festlegung von Leistungszielen und die Entwicklung von Konkurrenz ersetzt. Allerdings benötigt Regionalplanung dafür Ressourcen und - zumindest potentiell einsetzbare - Sanktionspotentiale. Diese können - wie in der Region Stuttgart - in Planungsgeboten bestehen, Sanktionen könnten aber auch über finanzielle Steuerungsinstrumente wirksam werden.

Fünftens sollte die Regionalplanung den Wettbewerb mit anderen regionalen Managern offensiv angehen, dabei ihren Informationsvorsprung nutzen und Information adressatenorientiert einsetzen. Wichtig ist dabei, daß Kooperationsnetzwerke aktiv geknüpft und "jung" erhalten werden. Dies bedeutet aber, daß es zur Regionalplanung und zum regionalen Management "aktiver, flexibler und kreativer Mitarbeiter in den Regionalplanungsstellen" bedarf (Leffler 1984). Dabei darf nicht außer Acht gelassen werden, daß "gute" Manager Leistungsanreize brauchen - ob materieller oder ideeller Art, sei einmal dahingestellt.

Angesichts der Liste von Anforderungen ist sicherlich vor übertriebenen Erwartungen an die Regionalplanung zu warnen. Regionalplanung ist nicht *der* „deus ex machina" regionaler Kooperation und der Regionalplaner ist schon gar nicht *der* geborene Regionalmanager und Regionsdiplomat. Andererseits braucht die Regionalplanung sich vor den Aufgaben eines regionalen Managements aber auch nicht abschrecken zu lassen. Schwierigkeiten bei der regionalen Zusammenarbeit sind nicht ausschließlich ein Problem der Regionalplanung.

Faßt man die Ergebnisse der obigen Betrachtungen zusammen, so wird einerseits deutlich, daß "Regionalplanung als regionales Management" nicht als eine Leerformel anzusehen ist. Andererseits muß aber auch der Beweis dafür noch angetreten werden, daß die Regionalplanung auf breiter Basis über die notwendige Erneuerungskraft verfügt, um regionales Management tatsächlich zu einem realistischen Handlungskonzept werden zu lassen.

Literatur

Alexander, E.R. (1993): Interorganizational Coordination: Theory and Practice. In: Journal of Planning Literature. 7, 1993, 4, S.328-341.

Briesen, D.; Reulecke, J. (1993): Einführung: Stand und Fragen einer neuen Regionalgeschichte. In: Informationen zur Raumentwicklung 1993, 11, S. I-IV.

Das Bergische Städtedreieck (1992): Wuppertal-Solingen-Remscheid. Werkstattregion Europas im Grünen. Regionales Entwicklungskonzept. Wuppertal.

FORUM (1993): Regionales Entwicklungskonzept für den Raum Bremen-Bremerhaven-Oldenburg. Band 1: Werkstattbericht. Oldenburg.

Friedmann, J.; Weaver, C. (1979): Territory and Function. The Evolution of Regional Planning. London.

Fürst, D. (1993): Von der Regionalplanung zum Regionalmanagement? In: Die Öffentliche Verwaltung, Juli 1993, Heft 13, S. 552-559.

Fürst, D. (1994): Ökologisch orientiertes Regionalmanagement in einem niedersächsischen Kreis. Hannover. (unveröffentlichtes Manuskript).

Fürst, D. (o.J.): Regionalkonferenzen zwischen offenen Netzwerken und fester Institutionalisierung. (Veröffentlichung im Rahmen des WZN-Verbundprojekts "Neue Strategien für alte Industrieregionen"). Gelsenkirchen.

Fürst, D.; Ritter, E.-H. (1993): Landesentwicklungsplanung und Regionalplanung. Ein verwaltungswissenschaftlicher Grundriß. Düsseldorf.

Gabher, G. (1993): Wachstums-Koalitionen und Verhinderungs-Allianzen. Entwicklungsimpulse und -blockierungen durch regionale Netzwerke. In: Informationen zur Raumentwicklung 1993, 11, S. 749-758.

Häussermann, H.; Siebel, W. (1994): Neue Formen der Stadt- und Regionalpolitik. In: Archiv für Kommunalwissenschaften 33, 1994, I.S.32-45

Hill, H. (1993): Strategische Erfolgsfaktoren in der öffentlichen Verwaltung. In: Die Verwaltung 26, 1993, 2. S. 167-181.

Kingdon, J.W. (1985): Agendas, Alternatives, and Public Policies. Boston, Toronto.

Kummerer, K. (1994): Die Region als Handlungsraum unter veränderten Rahmenbedingungen. In: Niedersächsisches Innenministerium, Senator für Umweltschutz und Stadtentwicklung (Hrsg.) Regionale Entwicklungsstrategien. Dokumentation des Workshops am 26. April 1993. Hannover, Bremen. S. 20-34.

Leffler, C. (1984): Planungsdidaktik in der praktischen Regionalplanung am Beispiel Niederbayern. In: Planungsdidaktik und Planungsmarketing. Beiträge zur besseren Bürgerinformation und Bürgerbeteiligung. Hannover (ARL Arbeitsmaterial Nr. 87). S. 21-34.

Maier, J. (1993): Marketing in der räumlichen Planung - Erfahrungen aus Deutschland und den Nachbarländern. (unveröffentlichtes Manuskript).

Müller, B. (1994): Von räumlicher Koordination zu regionaler Kooperation. Perspektiven der Regionalplanung in der Bundesrepublik Deutschland. In: ARL: Regionalplanertagung Sachsen. Hannover. S. 127-139.

Müller, B; Fürst, D. (1985): Regionalplanung in Bayern. Koordinationsprozesse und Problemverarbeitung in einem komplexen Handlungsfeld. Hannover. (Beiträge zur räumlichen Planung Bd. 13).

Scheer, G. (1993): Endogene Regionalentwicklung und Regionalbewußtsein. (unveröffentlichtes Manuskript).

Sfar, D. (1994): Strategischer Ansatz und Lernfähigkeit in der Stadtplanung oder: Vom Umgang mit Konflikten um Grossbauprojekte in vier Schweizer Städten. In: 30, DISP,118.S.40-4.

Stewart, J.; Walsh, K. (1993): Wandel der Managementtechniken im öffentlichen Dienst. In: Verwaltungswissenschaftliche Informationen, 21, Heft 1/2, S. 48-62.

Varkki George, R. (1994): Formulating the Right Planning Problem. In: Journal of Planning Literature, Vol. 8, No. 3 (February 1994), S. 240-259.

Regionalplanung stärken - durch regionales Management

von

Bernhard Wütz

und

Karl-Heinz Hoffmann-Bohner

Inhaltsübersicht

1. Beispiele zum Einstieg
2. Problemlagen/Thesen
3. Regionalmanagement
4. Anforderungen an regionales Management aus der Sicht der Regionalplanung
    4.1 Offenheit der Planungsebenen und Pläne
    4.2 Verbessertes Ineinandergreifen der Planungsebenen
    4.3 Verminderung fachplanerischer und kommunaler Egoismen
    4.4 Verbesserung der Akzeptanz
    4.5 Verbesserung der Transparenz
    4.6 Funktion als Dienstleistungsanbieter
    4.7 Bessere Außendarstellung
5. Instrumentelle und institutionelle Weiterentwicklung
    5.1 Gesetzliche Anforderungen
    5.2 Personal- und Mittelausstattung
    5.3 Kompetenzen
6. Fazit

Thesen: **Chance**

Die regionale Ebene bildet eine gute Plattform für die räumliche Koordination. Sie bietet Chancen für die nationale wie auch für die internationale (grenzüberschreitende) Abstimmmung.

Anforderung

Die regionale Ebene in Baden-Württemberg wird durch die Regionalplanung ausgefüllt. Um die Chance regionaler Koordination zu verbessern, ist eine Stärkung der regionalen Ebene notwendig - mit dem Ziel, mehr regionales Managemet zu betreiben.

1. Beispiele zum Einstieg

Zum Einstieg in diese Thematik einige Beispiele aus der baden-württemberischen Regionalplanung:

(1. Beispiel)   Rhein-Neckar

Die Arbeit des Raumordnungsverbandes Rhein-Neckar ist seit seiner Gründung beispielhaft für eine Regionalplanung, die grenzüberschreitend in einem Ballungsraum über drei Bundesländer erfolgt (Hessen, Rheinland-Pfalz, Baden-Württemberg).

Viele Aktivitäten sind in diesem Raumordnungsverband unter einem Dach vereint, sie reichen von den Bereichen

Wirtschaft:	z.B. durch einen Arbeitskreis Rhein-Neckar-Dreieck mit dem Ziel, regionalpolitische Initiativen zu ergreifen,
Verkehr:	z.B. Zweckverband "Verkehrsverbund Rhein-Neckar",
Abfall:	z.B. Zweckverband "Abfallwirtschaft Rhein-Neckar",

zur Umwelt und zur Kultur.

Der Verband betreibt eine überaus aktive Öffentlichkeitsarbeit, über Broschüren, Videos usw. Der Begriff regionales Management wird hier schon seit geraumer Zeit mit Leben gefüllt.

(2. Beispiel)   Konversion - Natoflughäfen Lahr, Bremgarten und Söllingen

Die Problematik frei werdender militärischer Flächen hat in jüngster Vergangenheit die Regionalplanung intensiv beschäftigt.

In einem Lenkungsausschuß zum Masterplan begleitet der Regionalverband Südlicher Oberrhein den Planungsprozeß um den ehemaligen Natoflughafen Lahr. Hinsichtlich der raumordnerischen Abstimmung wäre dieser Masterplan nun weitgehend bauleitplanerisch umsetzbar.

Für Bremgarten wurde unter ständiger Mitwirkung des Regionalverbandes aus verschiedenen Szenarien ein Planungskonzept für einen Interkommunalen Gewerbepark entwickelt. Dies bedingte eine erneute Offenlage des Regionalplanentwurfs. Sie verlief parallel zur Weiterentwicklung des Planungskonzeptes. Damit ist auch hier die rahmensetzende, verbindliche Vorgabe der Regionalplanung für die bauleitplanerische Umsetzung erfolgt.

In Söllingen ging die Initiative vom Regionalverband Mittlerer Oberrhein aus. Die Entwicklungsgesellschaft Söllingen wurde gegründet und hat Ihren Sitz zusammen mit dem Regionalverband im Haus der Region in Karlsruhe. Der Regionalverband stellt einen der beiden Geschäftsführer.

In beiden Beispielen wird deutlich, daß Regionalplanung im Sinne eines regionalen Managements wichtige Beiträge zur räumlichen Entwicklung liefert - auch im Rahmen enger zeitlicher "Zwänge".

(3. Beispiel)   <u>Grenzüberschreitende Raumplanung</u>

Strukturmodell Hochrhein. Eine Projektinitiative des Regionalverbandes Hochrhein-Bodensee

Aus dem Nein der Schweiz zum EWR entstand ein Anlaß, für den Grenzraum am Hochrhein verstärkt aktiv zu werden. Dieses Nein durfte nicht zu einem Vakuum in dieser Region führen:

Gerade vor diesem Hintergrund sollte unbedingt versucht werden, die grenzüberschreitende Zusammenarbeit zu intensivieren.

Unterstützt durch die EU (INTERREG) hat der Regionalverband Hochrhein-Bodensee zusammen mit der Abteilung Raumplanung beim Baudepartement im Kanton Aargau die im folgenden kurz skizzierte Projektinitiative gestartet:

Unter dem Titel "Strukturmodell Hochrhein" wurde:

ein Modellvorhaben entworfen mit dem Ziel, an einer grenzüberschreitenden Rahmenkonzeption zur räumlichen Nutzung zu arbeiten.

Für einen modellhaften, überschaubaren Ausschnitt des Hochrheingebietes wird eine grenzübergreifende, gesamtökologische Konzeption zur künftigen Flächeninanspruchnahme durch Siedlung, Industrie und Gewerbe sowie Verkehr entwickelt.

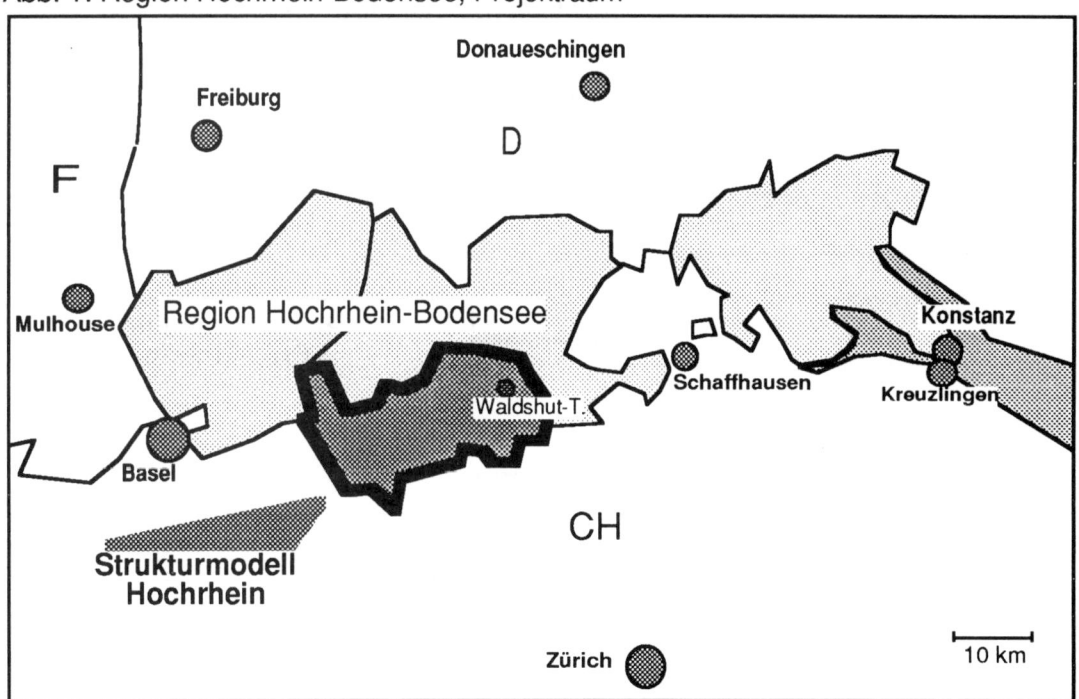

Abb. 1: Region Hochrhein-Bodensee, Projektraum

Start war im Herbst 1993. Die Pilotphase wird im Herbst 1995 abgeschlossen sein.

Ziel ist es, gemeinsam mit den Akteuren dieses Raumes grenzüberschreitend unterschiedliche, prüfbare Vorschläge zu erarbeiten. D.h. durch dieses Projekt sollen Initiativen - die, auch in unterschiedlichen Bereichen, über die Raumplanung hinaus gehen - angestoßen werden.

Zentraler "Nebeneffekt" ist die Weiterentwicklung der Form der grenzüberschreitenden Zusammenarbeit.

Eine Art "Leitbild" stellt dabei die These dar, daß die künftigen Entwicklungschancen am Hochrhein ganz entscheidend davon abhängen werden, wie es gelingt, wichtige ökonomische und ökologische Belange miteinander in Einklang zu bringen, und darüber einen grenzüberschreitenden Konsens zu erzielen.

Dies bedeutet:

- das Vorhaben stellt ein ganzes Projektpaket dar;
- Kommunikation, Transparenz, Argumentationen spielen eine zentrale Rolle;
- zwischen den einzelnen Beteiligten sind kreative Austauschmöglichkeiten zu schaffen

Dafür wurde unter der Federführung der Raumplanung/Regionalplanung eine besondere Projektorganisation gebildet.

Zentrales Anliegen war dabei, möglichst einfache und effiziente Strukturen zu schaffen. Gerade die grenzüberschreitende Arbeit ist leider all zu oft von überaus komplizierten Strukturen geprägt.

So ist es ein zentrales Anliegen dieses Projektes "Strukturmodell Hochrhein", mit einem Minimum an Reibungsverlusten zu arbeiten. Dies weiterzuentwickeln gehört zum Projektinhalt. Das Projekt stellt keine bestehenden Strukturen in Frage, versucht aber Spielräume und Chancen für Neues zu ergründen und in diesen Bereichen Initiativen anzustoßen.

Die folgende Abbildung zeigt den Versuch einer einfachen und überschaubaren Projektorganisation, zentrale Elemente sind:

- eine grenzüberschreitende Behördendelegation (Entscheidungsebene),
- ein grenzüberschreitendes Begleitgremium (Gemeindeebene),
- eine grenzüberschreitende Projektleitung (Management/Planung),
- eine grenzüberschreitende Projektbearbeitung (Büroarbeitsgemeinschaft).

Abb. 2: Grenzüberschreitende Projektorganisation

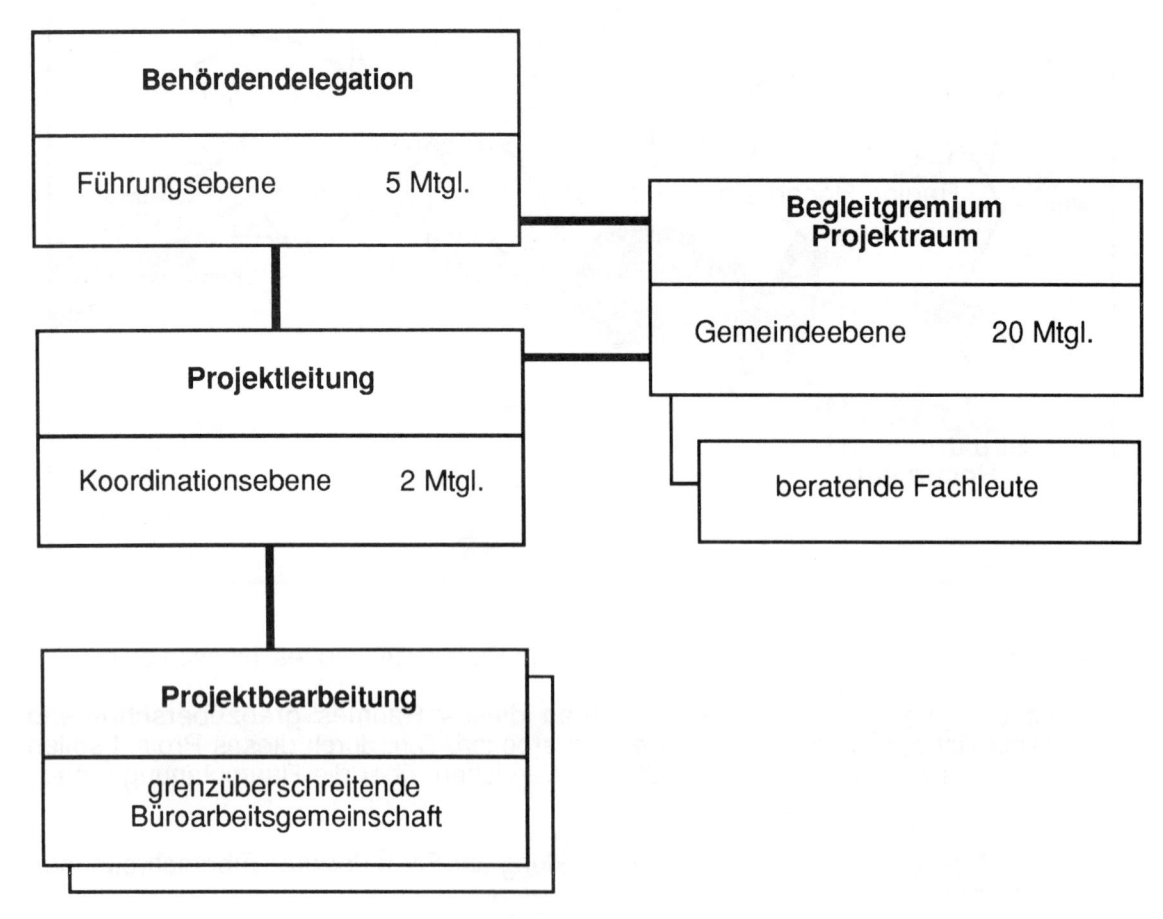

```
┌─────────────────────────────────┐
│     Behördendelegation          │
├─────────────────────────────────┤
│  Führungsebene       5 Mtgl.    │        ┌─────────────────────────────────┐
└─────────────────────────────────┘        │        Begleitgremium           │
                                           │         Projektraum             │
                                           ├─────────────────────────────────┤
┌─────────────────────────────────┐        │  Gemeindeebene      20 Mtgl.    │
│        Projektleitung           │        └─────────────────────────────────┘
├─────────────────────────────────┤
│  Koordinationsebene   2 Mtgl.   │        ┌─────────────────────────────────┐
└─────────────────────────────────┘        │      beratende Fachleute        │
                                           └─────────────────────────────────┘

┌─────────────────────────────────┐
│       Projektbearbeitung        │
├─────────────────────────────────┤
│       grenzüberschreitende      │
│       Büroarbeitsgemeinschaft   │
└─────────────────────────────────┘
```

Die wenigen Gremien der Projektorganisation sind übersichtlich und klein, was zugegebenermaßen auch durch den überschaubaren Projektraum bedingt ist.

Entscheidend für derartige Organisationen ist, daß in den Gremien diejenigen eingebunden werden, die bei konkret behandelten Themen etwas bewegen können.

Beim vorliegenden Beispiel spielt der Gedanke des regionalen Managements eine wichtige Rolle. Es geht um die Moderation und Koordination von räumlichen Prozessen - im konkreten Fall - von grenzüberschreitenden räumlichen Prozessen.

Gerade die grenzüberschreitende Zusammenarbeit ist geprägt von einer Unzahl von strukturellen Hindernissen, unterschiedlichen Verwaltungsgliederungen, Sprachproblemen, Kompetenzschwierigkeiten.

Eine Weiterentwicklung dieser Zusammenarbeit kann auf dem Arbeitsfeld der Raumplanung ansetzen - Raumplanung dient dann als Plattform, um eine Vielzahl sehr unterschiedlicher Aktivitäten auf verschiedensten Ebenen zu initiieren. Mit dem Projekt "Strukturmodell Hochrhein" soll ein solcher Anlaß geschaffen werden.

Das Projekt geht dabei davon aus, daß eine Verbesserung räumlicher Koordination durch mehr "regionales Management" versucht und erreicht werden kann.[1]

Im folgenden Teil werden nun einige grundsätzliche Anmerkungen zu den Anforderungen an eine Raumplanung unter dem Blickwinkel von regionalem Managemet skizziert. Es handelt sich dabei einerseits um praktische Erfahrungen aus dem Alltag regionaler Planung und Politik und andererseits um Erkenntnisse aus einem Diskussionsprozeß, der im Rahmen einer Arbeitsgruppe der Akademie für Raumforschung und Landesplanung, Hannover, über einen längeren Zeitraum geführt wurde[2].

2. Problemlagen/Thesen

Im Raum sind ständig zunehmende Nutzungsansprüche beobachtbar. Diese führen zu einer Verknappung der Ressource "Fläche" und dadurch zu einer Verschärfung der Konkurrenzen und der Konflikte zwischen unterschiedlichen Interessen, aber auch zwischen raumwirksamen Fachplanungen. In Grenzregionen werden diese Konflikte gelegentlich noch durch unterschiedliche nationale Interessen verstärkt. Dies geschieht alles vor dem Hintergrund einer wachsenden "ökologischen Herausforderung":

Ökonomisch gesprochen - steigt dabei die Nachfrage nach einer neutralen und kompetenten Moderation und Koordination - nach Management. Hierin steckt eine große Herausforderung und Chance für die Regionalplanung oder Raumplanung. Die Herausforderung besteht darin, weg vom Neben- und Gegeneinander der Akteure - hin zu mehr Miteinander und zu einer wirksamen Bündelung regionaler Kräfte zu kommen.

Es ist klar, daß ein solches Verständnis einer moderierenden und integrierenden Raumplanung weit über die ursprüngliche Kernaufgabe, die Aufstellung und Fortschreibung von Plänen, hinausgeht.

Regionalplanung:

- muß Initiator und Ideengeber sein bzw. werden,
- muß mehr Berater als Reglementierer werden,
- muß ihre Rolle als Dienstleistungsanbieter stärken,
- darf nicht alles können wollen: es geht darum, problemorientierte Schwerpunkte zu setzen.

---

[1] Die inhaltliche Projektbearbeitung erfolgt durch eine grenzüberschreitende Büroarbeitsgemeinschaft, bestehend aus der Planungsgruppe Ökologie+Umwelt Süd, Rottenburg (Federführung); der Planungsgruppe Südwest, Lörrach; und der Metron Landschaftsplanung AG, Brugg (Kanton Aargau). Der Projektansatz wurde vom Regionalverband Hochrhein-Bodensee zusammen mit der Planungsgruppe Ökologie+Umwelt Süd entwickelt.

[2] Karl Heinz Hoffmann-Bohner war Mitglied des ARL-Arbeitskreises "Regionalplanung 2000". Der dort geführte Diskussionsprozeß wird in einer Veröffentlichung der ARL ausführlich dokumentiert.

3. Regionalmanagement

Vor dem Hintergrund des oben Gesagten bedeutet Regionalmanagement ein umsetzungsorientiertes regionales Führungskonzept:

- Bei diesen Führungsfunktionen geht es z.B. um die Organisation der Kooperation von regionalen Handlungsträgern und um das Vorstrukturieren und Steuern von Entscheidungsprozessen.

- Dies bedeutet das enge Zusammenarbeiten mit den Vollzugsorganen: es geht um das Mitgestalten des regionalen Konsens bis in die Umsetzung der Planung.

Regionalmanagement stellt damit eine umfassende Koordination aller räumlich relevanter Ebenen dar. Dies kann Regionalplanung - zumindest im Rahmen der gegenwärtigen Strukturen - nicht oder nur unzureichend leisten, denn dies geht weit über die Kernaufgaben der Regionalplanung hinaus. Für Führungsfunktionen ist mehr Kompetenz notwendig.

Das eingangs skizzierte Beispiel zeigt aber, daß zukunftsweisende Ansätze vorhanden sind, die es aber auszubauen gilt.

4. Anforderungen an regionales Management aus der Sicht der Regionalplanung

4.1 Offene Planung

Für diese Weiterentwicklung braucht es die Offenheit der Pläne und Aufgaben der Regionalplanung. Ein problemorientiertes und prozeßhaftes Verständnis von Regionalplanung als kreatives und kooperatives Management schließt beispielsweise die abschließende Vorgabe maximaler Inhalte von Regionalplänen aus. Regionalplanung braucht Freiräume. Dies bedeutet aber, daß eine klare Aufgabenverteilung bei gleichzeitiger enger Kooperation zwischen Landes- und Regionalplanung gegeben sein muß. Eine starke Regionalplanung ist auf eine starke Landesplanung angewiesen.

4.2 Verbesserung des Ineinandergreifens der Planungs- und Verwaltungsebenen

Richtung Land, Bund und Nachbarländer einerseits, und hin zu den Kommunen, zur Bauleitplanung andererseits ist eine Verbesserung des Ineinandergreifens der Planungs- und Verwaltungsebenen notwendig. Pläne sollten beispielsweise nicht erst abgestimmt werden, wenn sie praktisch fertig sind. Regionalplanung ist oftmals zu reaktiv. Das Beispiel Strukturmodell Hochrhein setzt daher ganz bewußt am Planungsprozeß an.

4.3 Verminderung fachplanerischer und kommunaler Egoismen

Ein erhöhter Problemdruck führt zu erhöhten Anforderungen einzelner Fachdisziplinen (Siedlungsplanung, Landschaftsplanung, Verkehrsplanung, etc.), dadurch ist auch aus der Sicht der Regionalplanung eine gewisse Konkurrenz zur Fachplanung unvermeidlich. Entscheidend ist aber die querschnittsorientierte Koordination fachlicher, überörtlicher und regionaler Interessen durch die Regionalplanung. Dies stellt sehr hohe Anforderungen an die Regionalplanung, insbesondere an ihre Methodik und Transparenz, aber auch an deren Kompetenz und an die Qualifikation ihrer Akteure.

Die Regionalplanerinnen und Regionalplaner müssen nach wie vor Allroundplaner und mehr denn je kreative Manager sein, allerdings vor dem Hintergrund bestimmter fachlicher Schwerpunkte. Regionalplanung will und darf nicht zur Multifachplanung werden.

Gelegentlich schwerwiegender wirken sich die kommunalen Egoismen aus. Sie können eine vernünftige Regionalpolitik erschweren.

Gemeinden sollen selbstverständlich ihre kommunale Selbstverwaltung weiterentwickeln. Die Regionalpolitik muß diese Entwicklung unterstützen. Gemeinden müssen sich aber auch in überörtliche Interessenlagen einbinden lassen.

Immer mehr Problembereiche können auf der Ebene einzelner Kommunen nicht mehr gelöst werden. Klassische Beispiele sind die Wasserversorgung, die Abwasserbeseitigung oder die Abfallentsorgung. Zusammenschlüsse von kommunalen Gebietskörperschaften bilden bereits seit langem Lösungsansätze. In vielen Fällen ist aber eine bereichsübergreifende Koordination notwendig. Knapper werdende geeignete Flächen und ein zumindest derzeit enger Investitionsmarkt verdeutlichen die Notwendigkeit, Gewerbe- und Industrieflächen vermehrt gemeindegrenzenübergreifend zu nutzen. Hierfür gibt es bereits positive Beispiele, aber auch Fälle, in denen Kirchturmpolitik überwunden werden muß. Dazu können finanzielle Anreize und/oder regionalplanerische Unterstützung hilfreich sein.

Bei all diesen Überlegungen geht es nicht um die Aushöhlung kommunaler Kompetenzen. Nach wie vor müssen kommunale Belange auch auf der kommunalen Ebene bearbeitet werden. Ein erhöhter Problemlösungsdruck bei den Gemeinden verlangt aber mehr und mehr eine überörtliche Koordination - ein regionales Management. Hier ist die Regionalplanung gefordert. Wird diese Chance nicht umgesetzt, so besteht die Gefahr, daß in zunehmendem Maß andere Akteure mehr kommunales Vertrauen besitzen. Für die Weiterentwicklung der Regionalplanung zu mehr Regionalemanagement braucht es daher die Verbesserung ihrer Akzeptanz.

4.4 Verbesserung ihrer Akzeptanz

Oftmals wird in der raumplanerischen Praxis auf räumliche Prozesse reagiert, mit dem Ziel ggf. bestimmte umweltschädigende Projekte "ökologisch" zu verhindern. Durch einen Regionalplanungsprozeß, der kreativ räumliche Entwicklungsmöglichkeiten entwirft und prüft, d.h. der die ökologische und die ökonomische Leistungsfähigkeit eines Raumes intensiv einbezieht und damit verstärkt agiert, werden neben ökologisch notwendigen Restriktionen klare Aussagen zu sozioökonomischen Nutzungsmöglichkeiten selbstverständlich. Ihre Aktzeptanz kann verbessert werden. Auch hier möchte ich auf das Beispiel "Strukturmodell" verweisen.

Entscheidend hierbei ist die Erkenntnis, daß ein durch Planung gestalteter Umbau eines Raumes oder einer Landschaft neue und auch bessere gesamträumliche Qualitäten schaffen kann. Eine ökologische Orientierung bedeutet nicht automatisch Schutz und Erhalt aller Strukturen. Raumplanerische Vorschläge müssen allerdings die Akteure überzeugen und veranlassen, ihre raumwirksamen Tätigkeiten entsprechend durchzuführen. Unzählige Erfahrungen zeigen immer wieder, daß direkte Anweisungen und enge Grenzen nur in sehr einfachen Fällen zum Erfolg führen.

Unter dem Vorzeichen von regionalem Management muß daher die Beratungsfunktion der Regionalplanung verstärkt und ausgebaut werden.

Diese Gedanken führen zur Forderung nach mehr Transparenz und Nachvollziehbarkeit der raumplanerischen Argumentation im Planungsprozeß.

4.5 Verbesserung der Transparenz raumplanerischer Argumentation

Mehrfach wurde bereits die zunehmende Komplexität des raumplanerischen Betätigungsfeldes angesprochen. Gerade deshalb kommt der Nachvollziehbarkeit und Transparenz raumplanerischer Argumentation ein sehr hoher Stellenwert zu.

Planerische Aussagen sollten soweit wie möglich graphisch und kartographisch untermauert werden, um eine raumplanerische Argumentation auch für Nichtexperten zu erleichtern.

Hier bringen die Möglichkeiten von EDV-gestützten Planungsinformationssystemen erhebliche Verbesserungen - auch bezüglich der zeitlichen Dynamik von Plänen. Allzuoft ist der Informationsgehalt der Pläne bei ihrer Veröffentlichung bereits veraltet. Regionalplanung muß sich durch den Einsatz geeigneter Hilfsmittel der Veränderungsdynamik des Raumes stellen.

In der Region Hochrhein-Bodensee wird zusammen mit dem Kanton Schaffhausen und dem Bundesamt für Raumplanung in Bern ein grenzüberschreitendes EDV-gestütztes raumplanerisches Informationssystem aufgebaut. Der Einstieg lief über INTERREG. Diese Thematik wird mit den Kollegen aus der Nachbarregion Bodensee-Oberschwaben weiterentwickelt werden.

Aus den bisher skizzierten Anforderungen kann abgeleitet werden, daß Regionalplanung aus dem Blickwinkel von regionalem Management auch eine wichtige Funktion und Chance als Anbieter von Dienstleistungen hat.

4.6 Anbieter von Dienstleistungen

Die Regionalplanung verfügt über Kenntnisse zu sehr vielen Sachverhalten und Prozessen, die transparent aufbereitet werden müssen. Die oben angedeutete kartographische Überlagerung von räumlichen Nutzungen sollte z.B. als problemorientierte Montage von raumplanerisch relevanten Informationen weiterentwickelt werden. Hier besteht auch deshalb Handlungs- und Entscheidungsbedarf, da immer mehr private Dienstleistungsunternehmen in diesem Bereich aktiv werden. Hieraus kann eine schädliche Konkurrenz zur Regionalplanung entstehen.

Der aktive Ausbau des Themenfeldes "Problemorientierte Informationsaufbereitung" ist neben der Moderation von räumlichen Prozessen eine wesentliche Voraussetzung für eine erfolgreiche räumliche Koordination.

4.7 Verbesserung der Außendarstellung der Regionalplanung

Obwohl gerade in einer sich als Regionaldiplomatie verstehenden Regionalplanung das "Wirken im Verborgenen" eine besondere Rolle spielt und die Regionalplanung durchaus bewußt anderen regionalen Akteuren den Vortritt bei der "Vermarktung" sichtbarer Erfolge und politisch relevanter Verhandlungsergebnisse läßt, könnte eine offensivere Außendarstellung und Öffentlichkeitsarbeit - etwa durch Verstärkung des Berichtswesens und bessere Information der Bürger(innen) bereits im Vorfeld von Planungsentscheidungen - doch zu einer verbesserten Außenwahrnehmung der Regionalplanung führen. Dabei darf nicht unterschätzt werden, daß die von der Regionalplanung aufbereiteten Informationen (z.B. Bevölkerungsprognosen, Statistiken über Flächenverbrauch usw.) sowie auch Arbeitsergebnisse durchaus das Interesse der regionalen Medien, z.B. der verstärkt auf den Markt drängenden Regionalradios, finden.

Es ist unstrittig, daß eine Regionalplanung, die sich als regionales Management versteht, eine instrumentelle und institutionelle Weiterentwicklung erfahren muß.

5. Instrumentelle und institutionelle Weiterentwicklung

Die Anforderungen hieran können sehr knapp zusammengefaßt werden.

5.1 Gesetzliche Anforderungen (Land, Bund)

Das baden-württembergische Landesplanungsgesetz (LplG) muß dahin geöffnet werden, daß für Regionalpläne - nicht wie bisher abschließende "Maximalinhalte" - sondern Mindestinhalte definiert werden. Dies betrifft die Raumordnung und Regionalplanung in der Budesrepublik Deutschland insgesamt, so daß die Weichen hierfür bereits auf Bundesebene im Rahmen des Raumordnungsgesetzes gestellt werden sollten. Eine Regionalplanung im Sinne eines regionalen Managementes braucht die Öffnung gerade auf der gesetzlichen Ebene. Ein Beispiel hierzu: Als Grenzregion haben die Regionen am Oberrhein, Hochrhein und Bodensee die Chance, eine Weiterentwicklung der grenzüberschreitenden Zusammenarbeit auf der Stufe konkreter Projekte zu erreichen (z.B. über INTERREG). Dies wird derzeit behindert, da beispielsweise nicht ohne weiteres Mittel zur Kofinanzierung von regionalen Projekten in den Haushalten eingestellt werden können, da derartige Aktivitäten nach LplG nicht zu den "Pflichtaufgaben der Regionalverbände" gehören. Derartige Einschränkungen regionaler Initiativen auf der gesetzlichen Ebene wirken kontraproduktiv.

5.2 Personal-, Mittelausstattung

Einen entscheidenden Faktor für die Intensivierung eines regionalen Managements auf der Stufe Regionalplanung bildet, neben den besonderen Anforderungen an die Akteure selbst, eine bessere Ausstattung mit Personal und Mitteln. Es soll nicht künstlich aufgebläht werden, Verwaltungen müssen durchaus schlanker, aber vor allem effizienter werden.

Wenn die Öffentlichkeitsarbeit verbessert werden soll oder beispielsweise mehr Beratungs- und Informationsdienstleistung angeboten werden sollen, dann ist aber neben einem gezielten Einsetzten der vorhandenen Kapazitäten, auch ein gewisser Ausbau notwendig.

Gerade ein Aufstocken der regionalen Ebene insgesamt - im Sinne einer Bündelung der Kräfte - wird zu einer Einsparung von Mitteln führen. Es geht um mehr Effizienz.

5.3 Kompetenzen

Ein effizientes Regionalmanagement sollte durch mehr Kompetenzen auf der regionalen Ebene unterstützt werden. Interessant wird sein, wie sich das neue Modell der Region Stuttgart bewähren wird. Es ist sicherlich nicht direkt auf andere Regionen übertragbar, denn gerade in eher ländlich geprägten Regionen liegen die Probleme anders. Begrüßenswert ist der Versuch, aktiv an Lösungen zu arbeiten.

6. Fazit

- Regionalplanung stellt in Baden-Württemberg die einzige, demokratisch legitimierte Kraft zwischen den Verwaltungsebenen - zwischen der Landes- und der kommunalen Ebene - dar . In dieser demokratischen Legitimation liegen nach wie vor Chancen und Stärken, die es aber effizienter zu nutzen gilt.

  In den Beratungen der Planungsausschüsse sollte daher die regionalpolitische Komponente stärker zum Zuge kommen. Politisch relevante Themen müssen aufgegriffen werden. Nicht die Bauleitplanung sollte die Beratungen beherrschen, dies ist ein Teil der Verwaltungsarbeit.

- Die Notwendigkeit der räumlichen Koordination steigt.

  Für die Grenzregionen bedeutet dies auch eine verstärkte Koordination mit dem Ausland. Am Oberrhein, am Hochrhein und am Bodensee nimmt die Bedeutung gerade dieses Bereichs zu.

- Gerade weil die Notwendigkeit einer überkommunalen Koordination unbestritten ist, muß die Regionalplaung gestärkt und als Plattform für ein regionales - und in Grenzregionen - für ein grenzüberschreitendes Management weiterentwickelt werden. Diesen Zukunftsmarkt sollte die Regionalplanung nicht anderen überlassen.

  Die Regionen werden sich mehr und mehr als räumliche Einheiten erweisen, in denen Problemlösungen möglich sind und in denen verschiedene (räumliche) Alternativen entworfen und abgewogen werden können. Um Regionalplanung als regionales Management ausbauen zu können, um kreativer Partner bei räumlichen Problemlösungen zu sein, muß daher die regionale Ebene wirkungsvoll gestärkt werden. Gerade für die Grenzregionen entsteht dadurch die Chance von verstärkter und weiterführender Zusammenarbeit.

- Stärkung der Regionalplanung darf aber nicht nur institutionell von oben erfolgen. Sie muß selber auch agil - oder agiler sein. Die Macher, die "Träger der Regionalplanung" müssen um einen guten und motivierten Nachwuchs besorgt sein, denn das Engagement und die Kreativität der Akteure der Regionalplanung werden nach wie vor entscheidend für ihren Erfolg sein. Es liegt dabei in der Natur der Sache "Planung", daß diese Berufsgruppe nie Beliebtheitsrekorde brechen wird. Wer es in diesem Metier allen recht machen will, der wird scheitern.

Entscheidend für die Regionalplanung wird sein, daß dieser Bereich auch für gute Nachwuchskräfte attraktiv bleibt bzw. wird.

All das heißt aber:

- Regionalplanung muß inhaltlich gewollt, demokratisch legitimiert - und nicht nur gesetzlich vorgeschrieben sein.

- Regionalplanung muß stärker als bisher regionales Management werden - darin liegen Chancen - für die Regionalplanung, und für den Raum, in dem wir leben.

- In diesem Sinn muß Regionalplanung wegführen vom finalen und statischen Planen oder Reagieren - im Sinne einer Regionalverwaltung. Sie muß hinführen zu kreativ kooperativen Prozessen - hin zu neuen Formen, ohne formal zu sein. Sie muß stärker als bisher über Grenzen gehen.

Literatur zum Thema:

ARL, Arbeitskreis Regionalplanung 2000, Diskussionsprozeß und unveröffentlichte Manuskripte, Hannover 1994

ARL, Arbeitsmaterial, Die kommunalisierte Regionalplanung, , Hannover 1994

Behn and Vaupel; Quick Analysis for Busy Decision Makers, New York 1982

Landesgewerbeamt Baden-Württemberg, Stadtmarketing, Stuttgart 1994

Kistenmacher, H: Möglichkeiten und Grenzen der Regionalplanung. In: Gemeinde- und Städtebund Rheinland-Pfalz (Hg), Verbandszeitschrift 4/1984

Maier, J.; Troeger-Weiss; Marketing in der räumlichen Planung, ARL 1990

Regionalverband Hochrhein-Bodensee; Projektinformationen Strukturmodell, Waldshut 1993, 1994

Strohschneider, von der Weth; Ja, mach nur einen Plan; Pannen und Fehlschläge - Ursachen, Beispiele, Lösungen, Bern 1993

Regionales Management - materielle, instrumentelle und institutionelle Voraussetzungen

- aus der Sicht der Kommunen

von

Joachim B. Schultis

Die Raumplanung hat begonnen, sich von ihren straffen, streng hierarchisch geordneten Ziel- und Instrumentensystemen zu lösen. Sie verfolgt nicht mehr einen integrierten, alle Raumfunktionen in ihrer Gesamtheit erfassenden Ansatz. Sie bemüht sich um einen realistischen Ansatz. Dieses neue Planungsverständnis ist nach FÜRST/RITTER (1993, 191 f.) gekennzeichnet durch:

- **Prozeßhaftes Vorgehen.** Die Planung als interaktiver und iterativer Erarbeitungsprozeß, der Mitarbeit durch Beteiligung erlaubt, steht im Vordergrund. Der Satzungsbeschluß über den Regionalplan ist als Etappe anzusehen, die anzeigt, wann und mit welchem Ergebnis der Willensbildungsprozeß zu einem bestimmten Zeitpunkt und für eine bestimmte Zeit beendet ist.

- **Aktive Konsensbildung.** Planung ist Steuerungs- und Konsensbildungsprozeß zugleich. Die Mitwirkung darf nicht nur über routinisierte Verfahren ablaufen. Die Dialogbereitschaft ist gefordert.

- **Strategische Orientierung.** Die Erarbeitung eines **"Leitbildes"** mit den sich daraus ergebenden Entscheidungsnotwendigkeiten ist Voraussetzung für eine in die Zukunft gerichtete Strategie.

- **"Verkraftbare" Zielsetzungen.** Die Ziele stellen einen Entwicklungsrahmen dar. Kriterien, Grenzen und Modalitäten der Entscheidungsfindungen sind für die Umsetzung der Ziele von Bedeutung.

- **Konzentration auf Schwerpunkte.** In einem Abwägungsprozeß müssen wegen auftretender Überlastungen die wichtigsten Aufgabenfelder herausgefiltert werden.

- **Flexible Instrumente.** Ein situationsgerechtes reagieren erfordert differenzierte Verfahrensanforderungen (z. B. vereinfachte Änderungs- oder Abweichungsverfahren, Einsatz informeller Instrumente, Kooperation mit öffentlichen und privaten Planungsträgern).

- **Umsetzungsorientierung.** Bei der Planverwirklichung geht es heute nicht mehr nur um einen perfektionierten Vollzug vorgegebener Zielvorstellungen. Die **"Planungsphilosophie"** muß in die Umsetzungsphase hineingetragen und gegebenenfalls über ein **"Projektmanagement"** umgesetzt werden.

Dieses neue Planungsverständnis geht von der Verzahnung zwischen Staat und Gesellschaft aus und damit von der Mitwirkung und Akzeptanz einer Vielzahl öffentlicher und privater Entscheidungsträger. Demgemäß geht es nicht um eine einseitige (staatliche) "Steuerung" sondern um eine Steuerung, die getragen wird von einem Netzwerk unterschiedlicher Akteure.

FÜRST/RITTER (1993, 192): "Eine solche Planung ist Organisation und Moderation von Konsensbildungsprozessen, ist Rahmensetzung und inhaltliche Impulsgebung für Konsensbildungsprozesse im Netzwerk der verschiedenen Akteure und Subsysteme, die je in ihren eigenen Rationalitätsbezügen handeln. Sie geht damit auf die Aktionsbedingungen einer offenen Gesellschaft ein, die sich im Hinblick auf die Gemeinwohlbildung demokratisch organisiert hat und die ihren Informations- und Leistungsaustausch dezentral über den Markt vollzieht."

Die Stärkung der Zusammenarbeit in den Regionen und insbesondere in den Verdichtungsräumen des Landes Baden-Württemberg ist erforderlich, um die spezifisch regionalen Problemstellungen lösen zu können. Für die Bereiche **Abfallbeseitigung, Regionalverkehr, ÖPNV und Siedlungsentwicklungsplanung** als Standortvorsorge für Industrie-, Gewerbe- und Wohngebiete, Wirtschaftsförderung besteht in der Regel ein Handlungsbedarf.

Am Beispiel des als Bürgerbeteiligungsmodells konzipierten "Verkehrsforum Heidelberg" soll dargestellt werden, wie Bürgerinnen und Bürger an Planungen und Umsetzungen in Vorhaben mitwirken können (Abb. 1).

Die Arbeit des von Frau Oberbürgermeisterin (Beate) WEBER 1991 initiierten Verkehrsforums ergänzte einen seit 1988 bestehenden Auftrag der Stadt Heidelberg an Professor Dr. (Manfred) WERMUTH. Der Braunschweiger Verkehrsexperte war mit der Erarbeitung eines Verkehrsentwicklungsplans beauftragt worden.

Das Bürgerbeteiligungsmodell setzt sich zusammen aus:

- **Bürgerversammlungen** für alle Heidelberger Bürgerinnen und Bürger

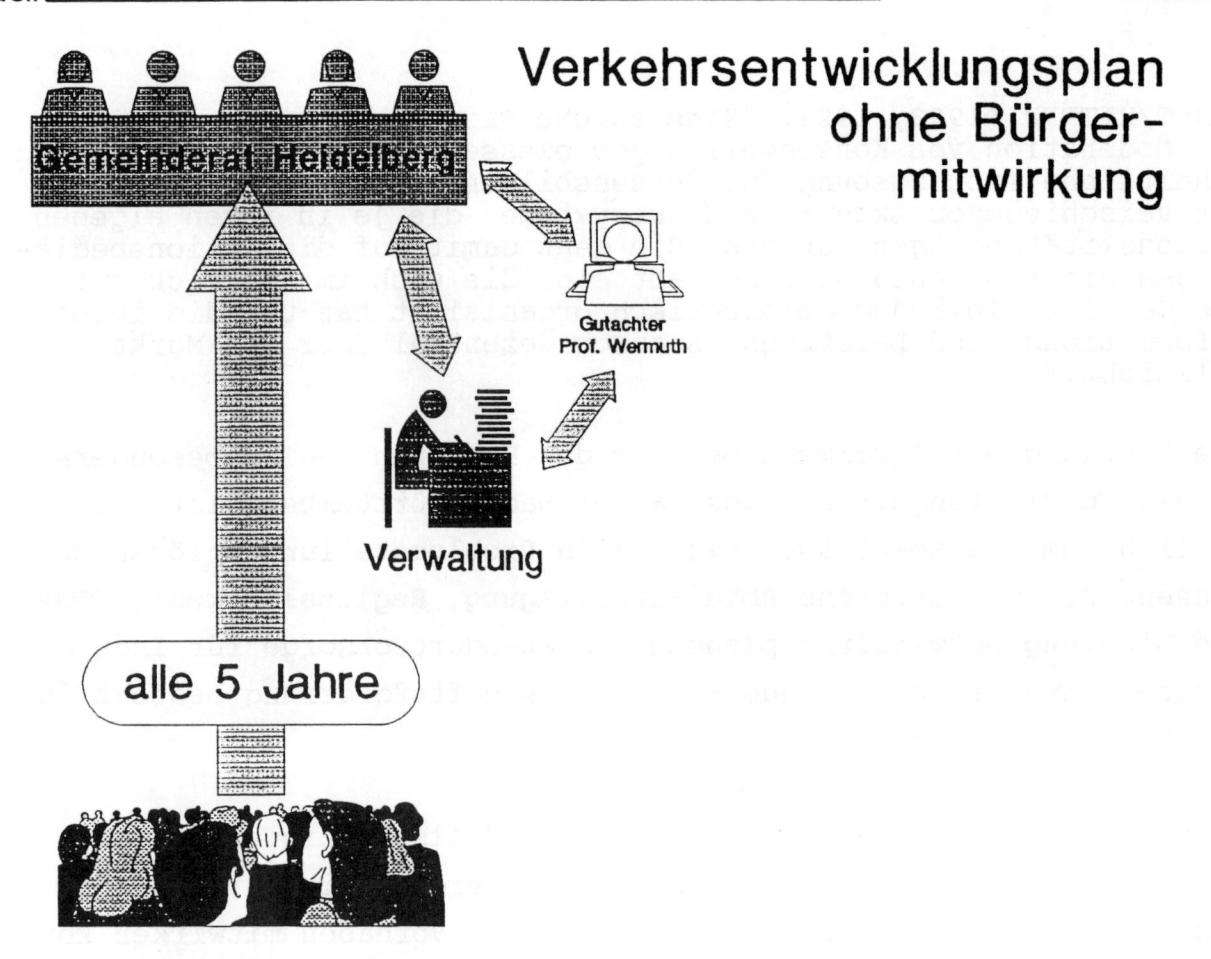

Abbildung 1

Modell ——————————————————— Verkehrsforum Heidelberg

Verkehrsentwicklungsplan ohne Bürgermitwirkung

Gemeinderat Heidelberg

Gutachter Prof. Wermuth

Verwaltung

alle 5 Jahre

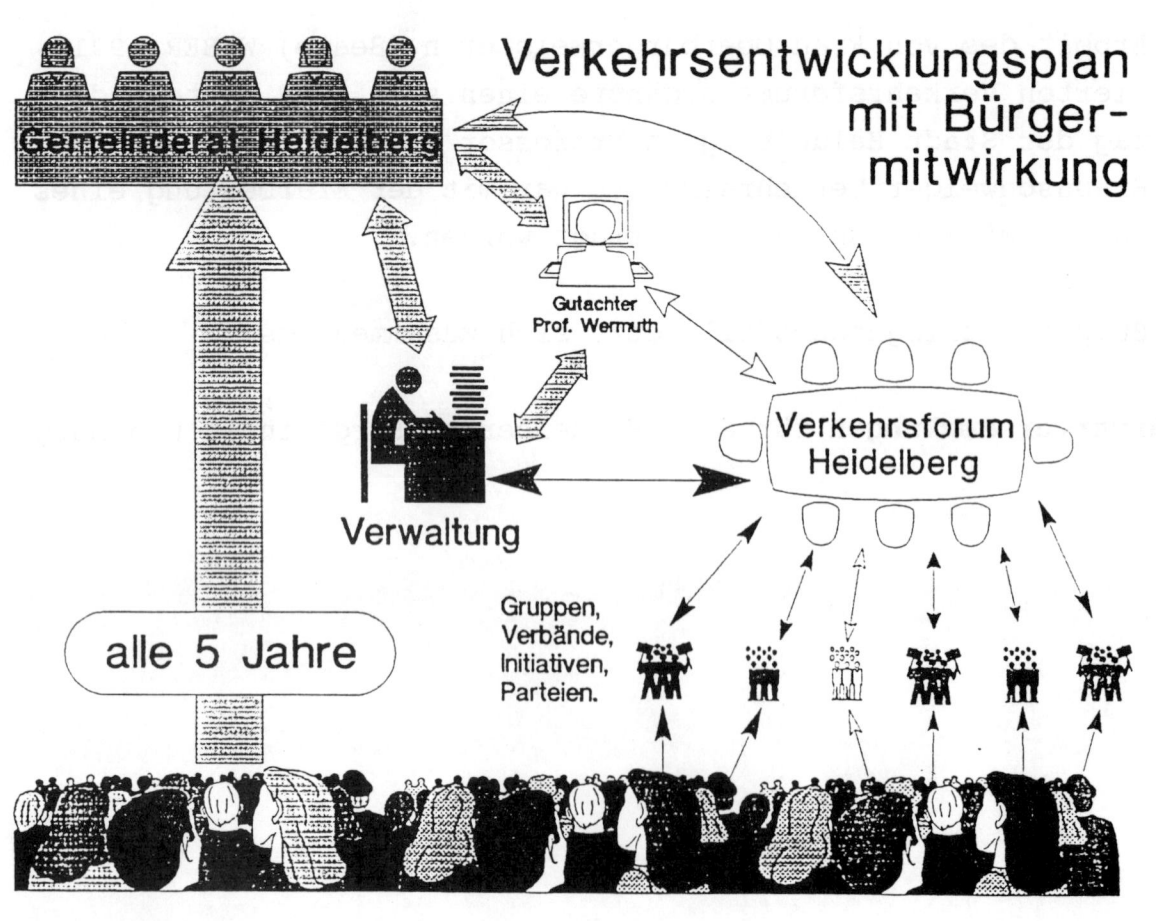

Verkehrsentwicklungsplan mit Bürgermitwirkung

Gemeinderat Heidelberg

Gutachter Prof. Wermuth

Verwaltung

Verkehrsforum Heidelberg

Gruppen, Verbände, Initiativen, Parteien.

alle 5 Jahre

- dem **Verkehrsforum**, einem Arbeitskreis aus Vertretern organisierter, gesellschaftlicher Gruppen und der

- **Projektgruppe Verkehr**, die die Sitzungen des Verkehrsforums plante und inhaltlich vorbereitete.

Die Aufgaben und Ziele des Verkehrsforums als Empfehlung und Zuarbeit für den Gemeinderat waren:

- Erarbeitung eines **Verkehrsleitbildes** für Heidelberg mit Entwicklungszielen und Prioritäten.

- Erarbeitung von Vorgaben für die **Planfälle** des Gutachters Professor Dr. (Manfred) WERMUTH, Braunschweig.

- Möglichkeit der umfassenden **Information** über Aspekte und Wirkungszusammenhänge im Verkehrsbereich sowie über Lösungsansätze durch Vorträge, Exkursionen, Expertenanhörungen usw.

Diskussion und Abwägung unterschiedlicher Gruppeninteressen an der künftigen Verkehrsentwicklung in Heidelberg und Versuch der **Konsensfindung.**

- Sammlung und Ergänzung des **Abwägungsmaterials** für den Gemeinderat und die Verwaltung.

- Diskussion und Empfehlungen für Gemeinderat und Verwaltung über **kurzfristig zu entscheidende,** verkehrspolitische Maßnahmen.

- Modellhafte, experimentelle Entwicklung und Erprobung **neuer Formen der Bürgermitwirkung** an der langfristigen kommunalpolitischen Entwicklung in Heidelberg.

Teilnahmeberechtigt waren alle am Stadtleben und an der künftigen Verkehrsentwicklung von Heidelberg interessierten Gruppen, Initiativen, Verbände, Institutionen, Parteien und die Stadtverwaltung. Jede Gruppe durfte einen Vertreter entsenden. 116 Gruppen meldeten ihr Interesse an - am Ende waren es 128! Die Mitarbeit war freiwillig und ehrenamtlich, alle Mitglieder des Verkehrsforums waren gleichberechtigt.

Ein **Moderator** (Reinhard SELLNOW, Nürnberg) leitete die Sitzungen. Er strukturierte den Ablauf des Forums, gab die methodischen Verfahren der Meinungsbildung vor und ermöglichte einen konsensorientierten, fairen Dialog zwischen kontroversen Standpunkten (Abb. 2).

Die Arbeitsweise des Verkehrsforums war prozeßhaft, d. h., jede Entwicklungsstufe brachte mehr Informationen, Kenntnisse über vernetzte Zusammenhänge, Folgewirkungen sowie über Standpunkte und Interessen der Teilnehmer (Abb. 3).
Ergänzt durch Fachvorträge, Beispiele anderer Städte und Rückmeldungen des Gutachters über die vermutlichen Wirkungen von Lösungsansätzen, wurden die Ergebnisse im Zeitablauf zunehmend konkreter und verbindlicher (Abb. 4).

Bei den **Empfehlungen des Verkehrsforums** wurde stets der Konsens gesucht. Bei verbleibenden unüberbrückbaren Gegensätzen wurden diese jedoch festgehalten (abweichende Voten zum Mehrheitsmeinungsbild). Da nach dem Konsensmodell und nicht mit Mehrheitsentscheidungen gearbeitet wurde, war die zufällige Zusammensetzung des Verkehrsforums und damit die schwierige Frage, ob es repräsentativ für die Bevölkerung sei, unerheblich (Abb. 5).

Mit einer Phase der Konfliktmittlung durch Verhandlung **(Mediation)** wurde ein Konsens in den vom Forum erarbeiteten Zielen angestrebt. In einer kleinen Verhandlungsgruppe, die die Hauptkonfliktlinien

Abbildung 2 — Verkehrsforum Heidelberg

Organisation der Bürgermitwirkung
im Rahmen des Verkehrsentwicklungsplans

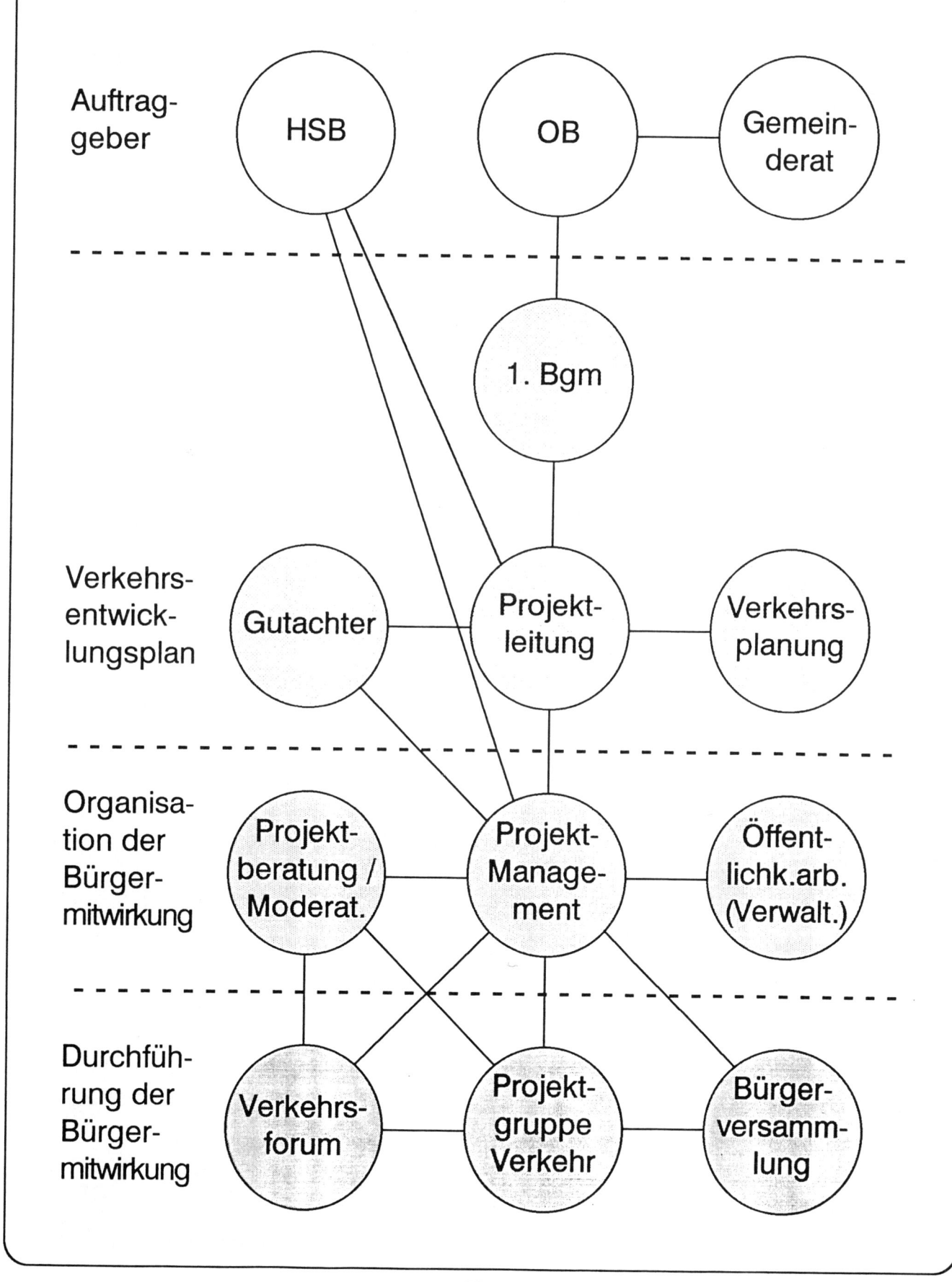

Auftraggeber: HSB, OB, Gemeinderat

Verkehrsentwicklungsplan: 1. Bgm, Gutachter, Projektleitung, Verkehrsplanung

Organisation der Bürgermitwirkung: Projektberatung / Moderat., Projekt-Management, Öffentlichk.arb. (Verwalt.)

Durchführung der Bürgermitwirkung: Verkehrsforum, Projektgruppe Verkehr, Bürgerversammlung

Abbildung 3

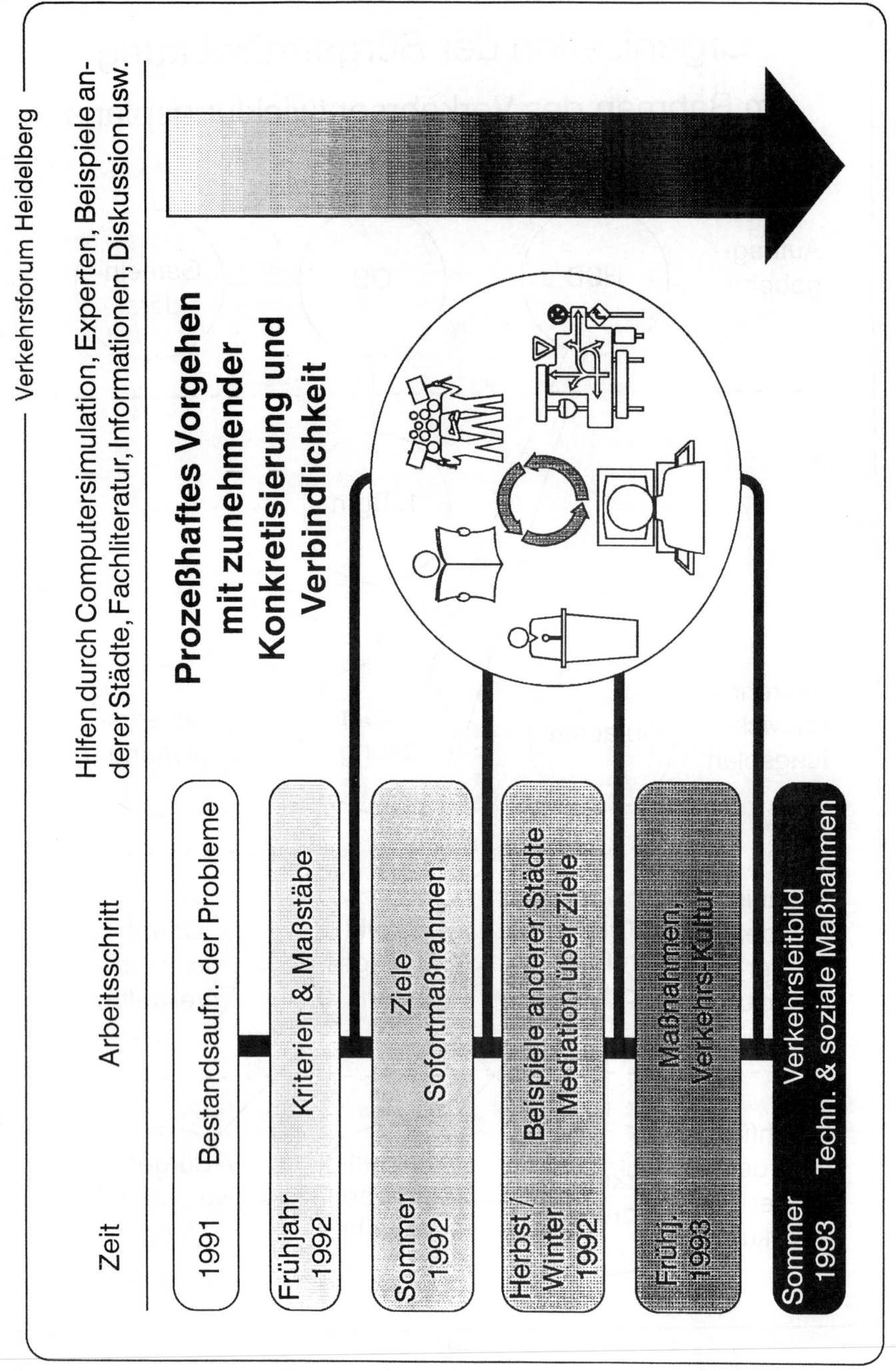

Verkehrsforum Heidelberg

Hilfen durch Computersimulation, Experten, Beispiele anderer Städte, Fachliteratur, Informationen, Diskussion usw.

Prozeßhaftes Vorgehen mit zunehmender Konkretisierung und Verbindlichkeit

Zeit	Arbeitsschritt
1991	Bestandsaufn. der Probleme
Frühjahr 1992	Kriterien & Maßstäbe
Sommer 1992	Ziele Sofortmaßnahmen
Herbst/Winter 1992	Beispiele anderer Städte Mediation über Ziele
Frühj. 1993	Maßnahmen, Verkehrs-Kultur
Sommer 1993	Verkehrsleitbild Techn. & soziale Maßnahmen

Abbildung 4

Verkehrsforum Heidelberg ———————————————————— Modell

Informationsflüsse und Arbeitsweise

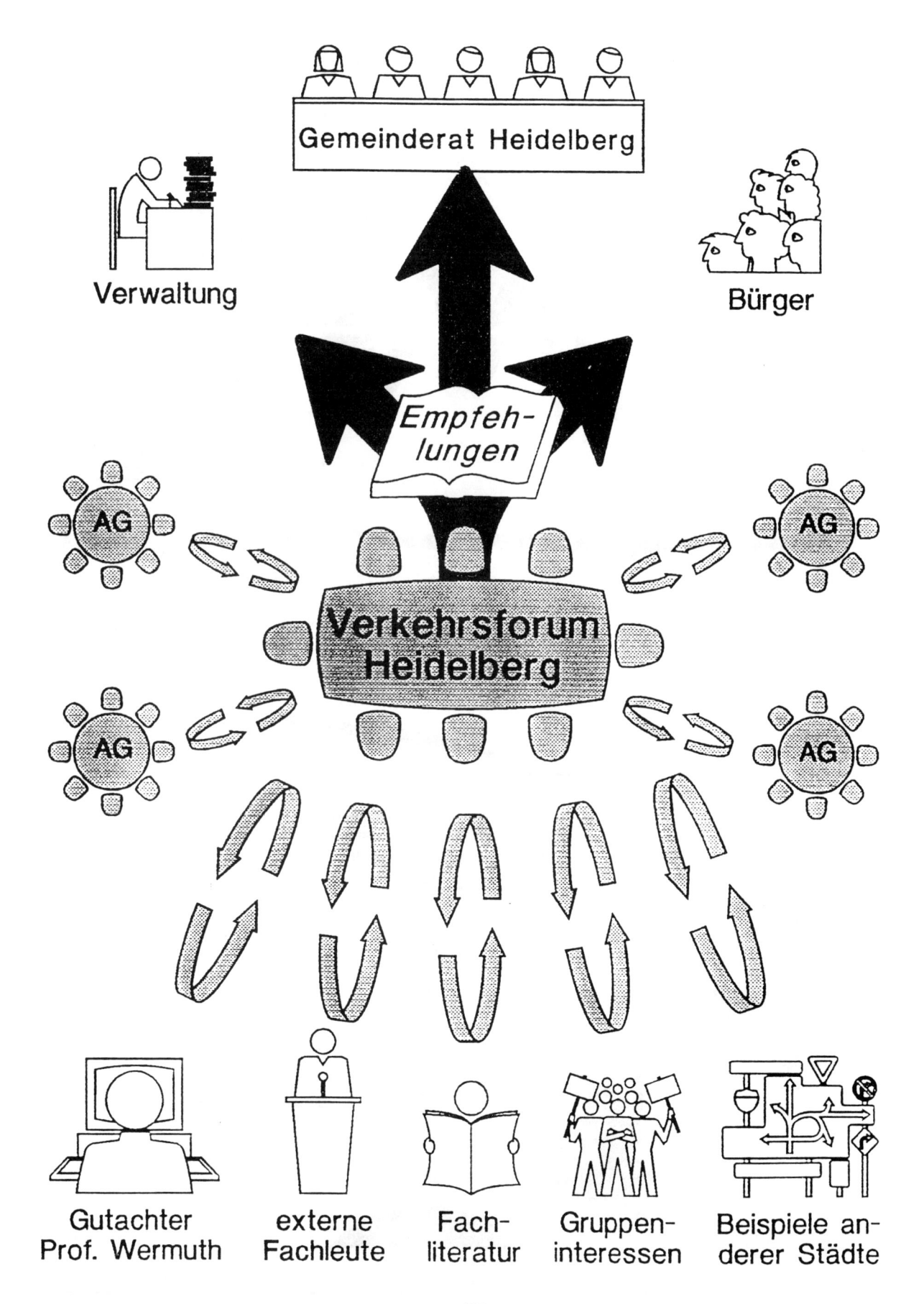

Gemeinderat Heidelberg

Verwaltung

Bürger

Empfehlungen

AG   AG

Verkehrsforum Heidelberg

AG   AG

Gutachter Prof. Wermuth | externe Fachleute | Fachliteratur | Gruppeninteressen | Beispiele anderer Städte

Abbildung 5 — Verkehrsforum Heidelberg

Qualitäten und Gewicht der Forumsempfehlungen

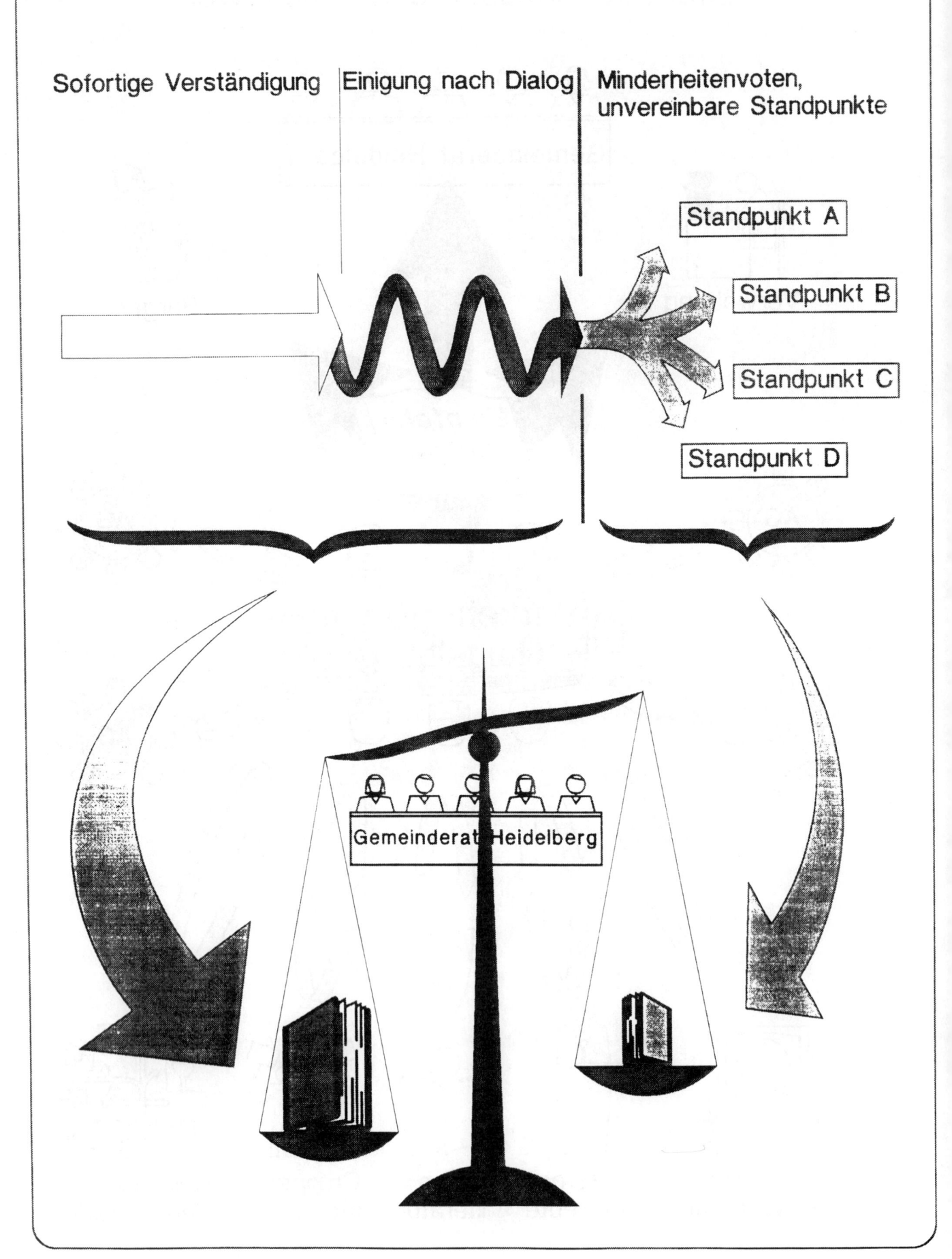

Sofortige Verständigung | Einigung nach Dialog | Minderheitenvoten, unvereinbare Standpunkte

Standpunkt A
Standpunkt B
Standpunkt C
Standpunkt D

Gemeinderat Heidelberg

des Verkehrsforums abbildete, gelang dies auch weitgehend. Im Plenum des Verkehrsforums wurde dieses Ergebnis jedoch nur teilweise akzeptiert.

Unter den **Ergebnissen des Verkehrsforums** ist an erster Stelle festzuhalten, daß es erstaunlich und bewundernswert ist, daß so viele Gruppen bereit waren, über einen langen Zeitraum mit viel persönlichem Aufwand geduldig den Dialog mit anderen und häufig "gegnerischen Gruppen" zu suchen und fair um das Gemeinwohl zu ringen. Hier ist ein Stück neuer **"Streitkultur"** entstanden und die häufig beklagte Politikverdrossenheit abgebaut worden.

Inhaltlich gesehen verabschiedeten die Forumsmitglieder ein Verkehrsleitbild mit 55 Zielen, die den Bereichen: Stadt- und Regionalentwicklung, Wirtschaft, Natur und Umwelt, Mensch/Bürger und Verkehr, zugeordnet sind. Nicht alle Ziele fanden uneingeschränkte Zustimmung.

Fazit: Der Gemeinderat der Stadt Heidelberg konnte aufgrund dieser Vorgehensweise am 05.05.1994 die für die Umsetzung des Verkehrsentwicklungsplans erarbeiteten Maßnahmeprogramme verabschieden. Ein "Projektmanager" innerhalb unserer Verwaltung ist inzwischen mit der Umsetzung beauftragt.

Konsequenzen für ein regionales Management

Die Regionalplanung muß jeweils geeignete, auf die speziellen Problem- und Aufgabenschwerpunkte ausgerichtete **Kooperations- und Informationsstrategien** entwickeln. Sie sind über die Wahrnehmung der sogenannten Pflichtaufgaben hinaus flankierend zu deren Umsetzung anzuwenden. Dies gilt insbesondere für die verschiedenen Formen der Beratung, des informellen Meinungsaustausches und der Informationsvermittlung. Wichtig ist dabei vor allem der Aspekt der Frühzeitigkeit in bezug auf anstehende Entscheidungen und Maßnahmen sowie der Kontinuität hinsichtlich besonders wichtiger Aufgabenbereiche. Die Regionalplanung (oder neu einzurichtende Institutionen) muß in der Regel selbst die Initiative ergreifen und dabei die jeweiligen Schwerpunkte angesichts beschränkter personeller und fachlicher Potentiale sorgfältig auswählen.

Abschließend ist festzustellen, daß sich die Regionalplanung neuen Herausforderungen gegenübersieht, die nur mit **innovativen, umsetzungsorientierten Strategien** zu bewältigen sein werden.

Quellen

FÜRST, Dietrich und Ernst-Hasso RITTER. Landesentwicklungsplanung und Regionalplanung: Ein verwaltungswissenschaftlicher Grundriß. 2., neubearb. u. erw. Aufl., Düsseldorf 1993.

Stadt Heidelberg und Heidelberger Straßen- und Bergbahn AG (Hg.). Empfehlungen des Verkehrsforums zum Verkehrsentwicklungsplan Heidelberg: Dokumentation der Arbeitsergebnisse März 1991 - Juni 1993. Heidelberg 1993.

Materialband zu den Empfehlungen des Verkehrsforums zum Verkehrsentwicklungsplan Heidelberg: Dokumentation der Arbeitsergebnisse März 1991 - Juni 1993. Heidelberg 1993.

Abbildungen

Abb. 1 Verkehrsentwicklung ohne und mit Bürgermitwirkung
Abb. 2 Organisation der Bürgermitwirkung im Rahmen des Verkehrsentwicklungsplans
Abb. 3 Prozeßhaftes Vorgehen mit zunehmender Konkretisierung und Verbindlichkeit
Abb. 4 Informationsflüsse und Arbeitsweise des Verkehrsforums Heidelberg
Abb. 5 Qualitäten und Gewicht der Forumsempfehlungen

Wirkungsmöglichkeiten der Regionalplanung bei der Gestaltung des öffentlichen Personennahverkehrs

Ein Erfahrungsbericht aus dem Rhein-Neckar-Dreieck

von

Wolfgang Patschke

Wie erinnerlich, hatte die Diskussion um die Stärkung der regionalen Zusammenarbeit in den Regionen des Landes Baden-Württemberg auf der einen Seite und die bevorstehende Regionalisierung der Zuständigkeit für den öffentlichen Personennahverkehr (ÖPNV) auf der anderen Seite schon bald die naheliegende Frage aufgeworfen, ob die in allen Regionen des Landes vorhandenen Planungsorganisationen für die Bewältigung der erweiterten Aufgaben der Planung, Organisation und Ausgestaltung des ÖPNV genutzt werden können. Da zum einen klare Zielvorstellungen über Art und Umfang einer Stärkung der regionalen Zusammenarbeit zunächst nur für die Region Stuttgart entwickelt und bis heute in Gesetzesform gegossen worden sind und zum andern die Ausgestaltung des Regionalisierungsgesetzes des Bundes durch ein ÖPNV-Gesetz des Landes noch aussteht[1], könnten für die Meinungsbildung in den Regionen und beim Land Erfahrungen von Interesse sein, die in der Rhein-Neckar-Region über die Wirkungsmöglichkeiten der Regionalplanung im Prozeß einer grundlegenden Neuordnung des ÖPNV im Laufe von rd. 20 Jahren gesammelt worden sind. Die Frage, inwieweit diese Erfahrungen angesichts der besonderen Verhältnisse in der Rhein-Neckar-Region auf andere Regionen übertragbar sind, muß hier allerdings offen bleiben. Dieser Erfahrungsbericht wird auch davon absehen, den konzeptiven, materiellen Einfluß

---

[1] zwischenzeitlich im Rahmen eines Artikelgesetzes am 23.05.1995 vom Landtag verabschiedet

der Regionalplanung darzustellen, sondern wird sich auf den institutionellen Aspekt beschränken.

Bis heute sind wohl bei keinem der zwölf Regionalverbände in Baden-Württemberg Durchführungsaufgaben des Nahverkehrs angesiedelt. In Bezug auf die Region Unterer Neckar ist diese Feststellung allerdings einzuschränken, denn bekanntlich besitzt der Regionalverband Unterer Neckar keine eigene Planungsverwaltung, sondern bedient sich zur Erledigung seiner Aufgaben der Verwaltung des die Ländergrenzen übergreifenden Raumordnungsverbandes Rhein-Neckar. Dieser Verband besitzt heute neben seiner Aufgabe, einen ländergrenzenübergreifenden Raumordnungsplan als Rahmen für die Regionalplanung aufzustellen, auch gewisse Durchführungsaufgaben im ÖPNV und hierüber ist im folgenden zu berichten. Dabei ist von Bedeutung, daß auch die Nahverkehrsorganisation bis heute - vor Inkrafttreten der ÖPNV-Gesetze der Länder - einheitlich, d.h. so gestaltet ist, "als gäbe es keine Grenzen", und das ist sicher kein Zufall. Daher ist der Raumordnungsverband als Träger der die Landesgrenzen übergreifenden Regionalplanung der räumlich deckungsgleiche und adäquate Partner bei der Planung, Organisation und Ausgestaltung des regionalen ÖPNV.

Es bedarf zunächst der Skizzierung des aktuellen organisatorischen Rahmens für den ÖPNV im Rhein-Neckar-Dreieck, damit die entsprechenden Aufgaben des Raumordnungsverbandes Rhein-Neckar, die sich anteilig auf die Region Unterer Neckar beziehen, verständlich werden. Der ÖPNV im Rhein-Neckar-Raum ist seit nunmehr fünf Jahren mittels eines entsprechenden Vertragssystems nach dem sog. Drei-Ebenen-Modell organisiert, d.h. die unterschiedlichen Interessen und Aufgaben der beteiligten Akteure, nämlich der Gebietskörperschaften, einer Koordinierungs- und Planungsinstanz sowie der Unternehmen, sind in drei verschiedene Zuständigkeits- und Interessenbereiche getrennt bzw. jeweils in einer politischen Ebene, einer Management-Ebene und einer Betreiber-Ebene zusammengefaßt worden (vgl. Abbildung).

Der regional- und verkehrspolitische Wille der kommunalen Gebietskörperschaften dieses einheitlichen Verflechtungsraumes ist seit nunmehr zehn Jahren im sog. Zweckverband Verkehrsverbund Rhein-Neckar nach dem Zweckverbandsrecht ländergrenzenübergreifend zusammengeschlossen. Erst fünf Jahre nach Gründung des Zweckverbandes war es der Regionalpolitik gelungen, die Verkehrsunternehmen mittels eines Gesellschaftsvertrages zur

Organisationsschema des Verkehrsverbundes Rhein-Neckar 1990
3 - Ebenen - Modell

Zuständigkeitsebenen	Institutionen	Rechtsgrundlage	Organe	Geschäftsführung
Politische Ebene	(Bund, 3 Länder, Zweckverband ZRN)	Grundvertrag	• Gemeinsamer Ausschuß	(VRN GmbH)
Politische Ebene	Zweckverband Verkehrsverbund Rhein-Neckar (ZRN)	Zweckverbandssatzung	• Verbandsversammlung • Verbandsvorsitzende	**Verbandsdirektor** des Raumordnungsverbandes Rhein-Neckar (ROV)
Managementebene	Verkehrsverbund Rhein-Neckar GmbH (VRN)	Gesellschaftsvertrag	• Gesellschafterversammlung • Aufsichtsrat • Geschäftsführer	**2 Geschäftsführer** der VRN GmbH mit 16 Mitarbeitern
Betreiberebene	Verkehrsunternehmen	unterschiedlich	unterschiedlich	unterschiedlich

Verkehrsverbund Rhein-Neckar GmbH zusammenzuschließen. Zuvor noch konnten die verkehrspolitischen und wirtschaftlichen Grundlagen des Verkehrsverbundes in einem Grundvertrag zwischen dem Zweckverband, den drei Ländern und dem Bund vereinbart werden. In diesem Staatsvertrag verpflichten sich die vertragsschließenden Parteien, den ÖPNV im Verbundraum Rhein-Neckar zu sichern und auszubauen. Diese Verpflichtung hat sicherlich auch Bedeutung bei der Umsetzung des Regionalisierungsgesetzes in Landesrecht.

Nun zur Geschäftsführung. Bis zur Gründung des Vollverbundes vor fünf Jahren - davor gab es mehrere Vorstufen der Kooperation - wurden die Verwaltungsaufgaben des Zweckverbandes vom sog. "Arbeitsbüro der Nahverkehrsunternehmen im Rhein-Neckar-Raum", der damaligen Management-Organisation und dem Vorläufer der heutigen Verkehrsverbund Rhein-Neckar GmbH, miterledigt. Gebietskörperschaften und Verkehrsunternehmen bedienten sich also ein und derselben Geschäftsstelle.

Mit Gründung des Vollverbundes wurde auf Wunsch maßgeblicher Gebietskörperschaften (es handelte sich überwiegend um solche ohne eigene Verkehrsunternehmen) bei der Geschäftsführung eine klare Trennung der Funktionen zwischen der kommunalen und der unternehmerischen Ebene vorgenommen, weil im Hinblick auf die unterschiedlichen Ziele der Institutionen keine Interessenidentität bestand und daher auch die Entscheidungsvorbereitung getrennt erfolgen sollte. Da der Zweckverband aus Gründen der Sparsamkeit keinen eigenen Verwaltungsapparat aufbauen wollte und andererseits mit dem Raumordnungsverband Rhein-Neckar eine räumlich weitgehend deckungsgleiche, mit Fragen der Nahverkehrsplanung vertraute und eine der Kommunalpolitik nahe Organisation vorhanden war, die auch bereit war, die Aufgabe der Geschäftsführung zu übernehmen, beschloß die Verbandsversammlung des Zweckverbandes im Dezember 1989 seine Geschäftsstelle vom Arbeitsbüro der Verkehrsunternehmen auf den Raumordnungsverband zu verlagern.

Bei der Frage nach den konkreten Aufgaben und Tätigkeiten, die bei der Geschäftsstelle des Zweckverbandes anfallen, ist zunächst vorauszuschicken, daß die Verkehrsverbund GmbH mit 18 Bediensteten zwar die kleinste Verbundorganisation in Deutschland ist, dennoch eine fachlich versierte und leistungsfähige Verwaltung darstellt. Beim Raumordnungsverband ist demgegenüber kein zusätzliches Personal eingestellt worden, im Gegenteil ist zu Beginn des Vollverbundes ein Mitarbeiter des damaligen Arbeitsbüros, der im Stellenplan des Raumordnungsverbandes geführt wurde, an die Verbundgesellschaft abgetreten worden. Beim Raumordnungsverband sind nunmehr zwei Mitarbeiter zeitanteilig mit Aufgaben der Geschäftsführung des Zweckverbandes beschäftigt. Zu den Aufgaben und Tätigkeiten gehören entsprechend der Satzung und den Beschlüssen des Zweckverbandes:

- die Einladung zu den Sitzungen der Verbandsversammlung,
- die Erarbeitung der Beratungsvorlagen,
- die Aufstellung des Haushaltsplanes,
- die Aufstellung der Jahresrechnung,
- die Berechnung der Verbandsumlage,
- die Anforderung der Zuwendungen der Länder,
- die Mitfinanzierung von Verkehrsuntersuchungen,
- die Mitfinanzierung sog. "ergänzender Verkehre" u.a.m.

Ein weiterer Schwerpunkt der Arbeit des Zweckverbandes liegt bei der Mitfinanzierung der Verkehrsinfrastruktur. Es geht dabei vor allem um die Mitwirkung an den Finanzierungsverhandlungen mit Bund und Ländern einerseits und die Verabredung eines Finanzierungsschlüssels unter den Zweckverbandmitgliedern andererseits. Hierzu sind von der Geschäftsstelle alternative Finanzierungsmodelle entwickelt worden, die schließlich auch zu einem Einvernehmen unter den 13 Verbandsmitgliedern geführt haben.

Entscheidender als die gegenwärtige Funktion des Raumordnungsverbandes bei der Ausgestaltung des ÖPNV war sicherlich seine Rolle als Initiator und Katalysator des Neuordnungsprozesses überhaupt. Genau genommen konnte die Initialzündung nur von ihm ausgehen, denn es gab keine andere Institution, die sich länderübergreifend für Nahverkehrsplanung zuständig fühlte, vielleicht mit Ausnahme der Deutschen Bundesbahn, die schnell zum ersten und für lange Zeit zum einzigen "Verbündeten" wurde.

Vor etwa 20 Jahren wurde der Raumordnungsverband erstmals Vertragspartner einer Nahverkehrsorganisation, die er selbst vorgeschlagen hatte. Seine in der Folge zehnjährige Federführung in der programmatischen Arbeitsgruppe der Vorläuferorganisation des Verkehrsverbundes hat dann sicherlich wesentlich dazu beigetragen, die regionalplanerischen Zielsetzungen für die Raum- und Verkehrsstruktur in einem zwar sehr langwierigen, aber letztlich doch erfolgreichen Planungs- und Entscheidungsprozeß umzusetzen.

Heute stellt der Verkehrsverbund für die Bevölkerung des Verdichtungsraumes Rhein-Neckar sicherlich die wichtigste grenzüberschreitend funktionierende Verklammerung der Teilräume dar. Je mehr der Verkehrsverbund die Ziele der Raumordnung und Landesplanung ausfüllt, desto mehr kann sich der Raumordnungsverband aus der aktiven Gestaltung des Nahverkehrs zurückziehen.

Gegenwärtig droht dem Fortbestand des Verkehrsverbundes bzw. der vertraglich vereinbarten Sicherung und Fortentwicklung des ÖPNV im Verbundraum von den ÖPNV-Gesetzen der Länder akute Gefahr. Wie in anderen Fragen ziehen auch hier Verkehrsverbund (VRN), Zweckverband (ZRN) und Raumordnungsverband (ROV) an einem Strang, mit dem Ziel, die drohende Zersplitterung bei der Zuständigkeit für den Schienenpersonennahverkehr abzuwenden. Ob wir damit Erfolg haben werden, kann erst bei einer der nächsten Regionalplanertagungen berichtet werden.

Hochwasserschutz

von

Jens Kück

Die Stärke der Natur liegt darin, daß sie weniger Gesetze hat als ein Staat.

Das nächste Hochwasser kommt bestimmt.
Einen Plansatz im Landesentwicklungsplan, der Hochwasser verhindern könnte, den gibt es nicht.
Vor diesem Hintergrund haben wir nach dem März Hochwasser 1988 öffentlich Alarm geschlagen. In einer umfangreichen Dokumentation forderten wir mehr Überschwemmungsgebiete, weniger Bebauung in den Talauen, Verringerung des Versiegelungsgrades und den Schutz der natürlichen Retentionsräume, und zwar in der Region insgesamt und nicht nur bezogen auf eine einzelne Gemeinde.

Politik und Verwaltungen reagierten - aber nur, solange die Schäden noch abzuwickeln waren. Dann trat Stillstand ein. Der RV NSW ließ nicht locker. In den Stellungnahmen wurde bei allen passenden Gelegenheiten (" ceterum censeo ") auf die Folgen von weiteren Hochwasserlagen an Enz, Nagold, Würm, Kinzig, Murg und Neckar hingewiesen. Von interessierter Seite wurden **Speicherplanungen** für 5 bis 10 Mio cbm Rückhaltevolumen als einziger Lösungsansatz diskutiert. Die Kosten dafür belaufen sich auf 50 Mio bis 70 Mio DM. Der Antrag auf Aufnahme einer dieser Speicher (Waldachspeicher) in den 2. Regionalplan wurde von der Verbandsversammlung mit überwältigender Mehrheit abgelehnt.
Auftrag aber an die Verwaltung: "**Alternativen** überlegen."

Am 15.02.90 meldeten weite Teile unserer bebauten Tallagen wieder " Land unter ". Über **30 Mio DM** an Schäden (Region) wurden bei Versicherungen und an anderer Stelle geltend gemacht.
Es folgte die 2. Broschüre des RV NSW - diesmal mit konkreten Vorschlägen und Konsequenzen. Die Broschüre wurde weit gestreut. Auch Versicherungen kamen auf uns zu.
Das Zauberwort unserer Vorschläge lautete:
          Leitbild Wasserhaushalt.

Das war neu. Dieses Themas hatte sich bis dato niemand angenommen.

Ziele einer regionalen **Wassermengenpolitik** sollen danach sein:

- eine Maximierung der **Versickerung**
- eine Maximierung der **Bodenspeicherung**
- eine Maximierung der oberirdischen **Rückhaltung** (Retentionsräume)
- eine Minimierung des **Abflusses**.

Ziel ist also kein "Nullsummenspiel", sondern einen Beitrag auch für die weiteren Unterlieger bis hin zum Neckar zu leisten. Vielleicht könnten wir sogar Vorbildfunktion übernehmen.

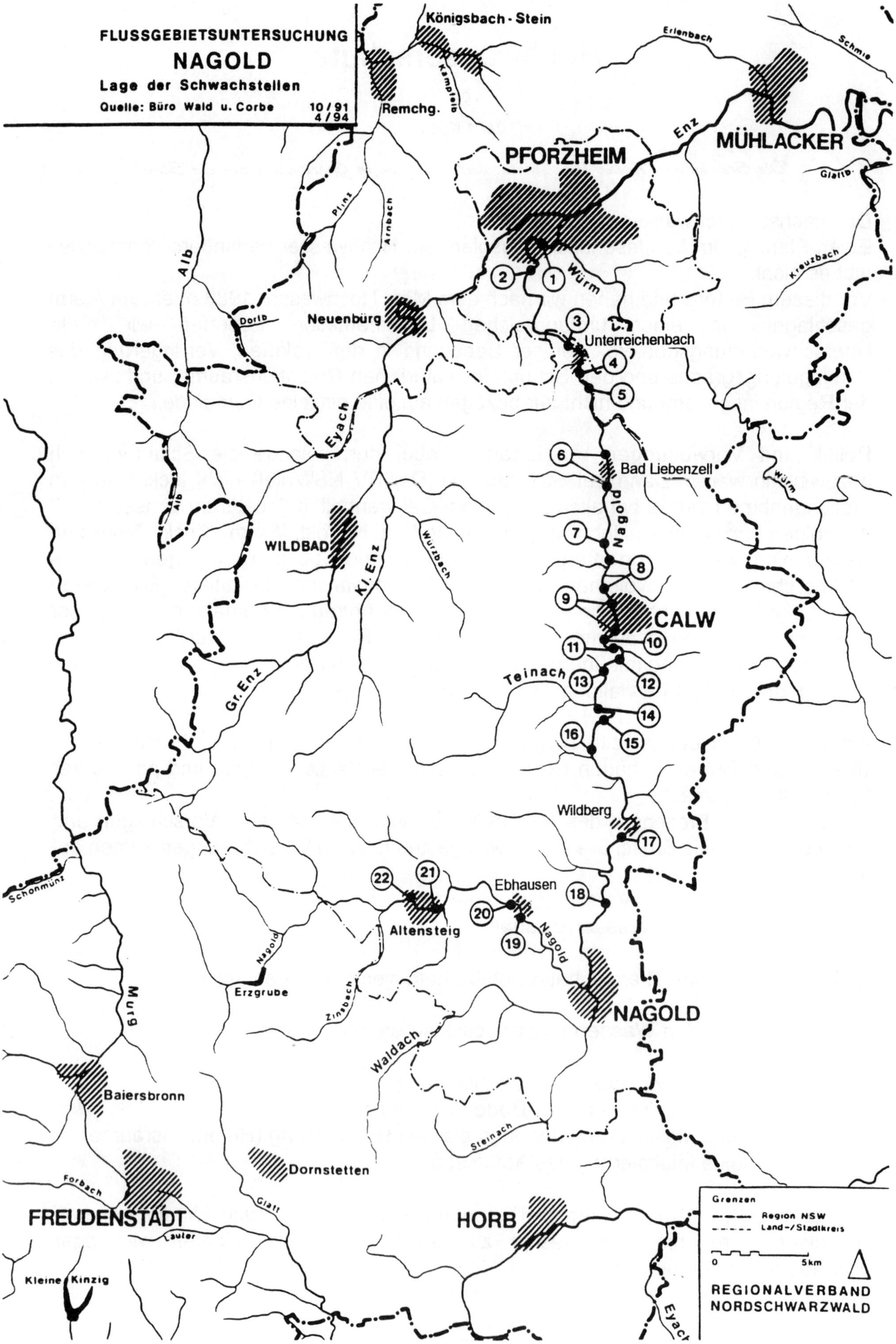
FLUSSGEBIETSUNTERSUCHUNG
NAGOLD
Lage der Schwachstellen
Quelle: Büro Wald u. Corbe
10/91
4/94
Königsbach-Stein
Remchg.
PFORZHEIM
MÜHLACKER
Enz
Erlenbach
Schmie
Glattb.
Kreuzbach
Pfinz
Arnbach
Würm
Alb
Dorlb
Neuenbürg
Unterreichenbach
Eyach
Bad Liebenzell
Nagold
WILDBAD
Kl. Enz
Würzbach
CALW
Teinach
Gr. Enz
Wildberg
Ebhausen
Altensteig
Schönmünz
Erzgrube
Murg
Zinsbach
Waldach
NAGOLD
Baiersbronn
Dornstetten
Steinach
Forbach
Glatt
FREUDENSTADT
Lauter
HORB
Kleine Kinzig
Eyach
Grenzen
Region NSW
Land-/Stadtkreis
0
5km
REGIONALVERBAND
NORDSCHWARZWALD

Wie sind wir vorgegangen ?

Umfangreiche Diskussionen in unseren und den kommunalen Gremien folgten. Die Fachverwaltungen aller Ebenen wurden eingeschaltet. Ein klein wenig Koordinierung war nötig. Das **UM** wurde gebeten, unsere dezidierten Vorschläge durch ein **privates Büro** überprüfen zu lassen.
Und so geschah es dann.
Wir haben also nicht gefragt: sind wir zuständig ? Gibt das Landesplanungsgesetzt unseren Einsatz her ? Wir haben schlicht und einfach gehandelt.

Heute vor drei Jahren (24.10.91) führte der Regionalverband NSW zusammen mit dem Wasserwirtschaftsverband Baden Württemberg ein **Hochwasserkolloquium** in Bad Liebenzell durch. Über 250 Fachleute aus ganz Deutschland nahmen daran teil. Herr Umweltminister Dr. Vetter sprach, Vertreter des RP, des RVNSW, des WWF, des WBV. Das private Büro trug die Ergebnisse seiner **Überprüfung unserer Vorschläge** vor.

Fazit in der Sache: die Auffasung des RVNSW, daß ein großer Speicher für 70 Mio DM nicht erforderlich ist, wurde **bestätigt** (siehe Tabelle). Die Vorschläge des RVNSW, dezentrale Lösungen anzugehen, wurden **bestätigt**. Die Schätzungen des RVNSW, daß damit **Steuergelder** in Millionenhöhe eingespart werden könnten, wurden **bestätigt**. Die Einsparung wurde mit ca 50 bis 60 Mio DM beziffert (nicht von uns). **Nicht bestätigt** wurden die exakten Standorte für die Abgrabungen und Überflutungsflächen. Bessere Lokalisierungen wurden vorgeschlagen. 22 **Schwachstellen** hat das Büro durch ein computer-simuliertes Modell aufgezeigt (siehe Karte).
Dann trat wieder Stillstand ein.

Das Weihnachtshochwasser **1993** rief uns erneut auf den Plan. Die **Schäden** in der Region beliefen sich auf **ca 80 Mio DM**. UM Schäfer wurde massiv aufgefordert, jährlich einige Millionen für die Umsetzung der Schutzkonzeptionen an Enz und Nagold zur Verfügung zu stellen. Viele **Gespräche** zwischen WBA, Flußmeisterstelle, Landkreisen, RVNSW, RP, UM, LfU fanden statt mit dem Ziel, die dezentrale Konzeption umzusetzen. Auf unsere Einladung hin fand eine große nichtöffentliche **Erörterung** mit den Gemeinden an Enz und Nagold und allen beteiligten Fachbehörden incl. UM statt. Die **Medien** wurden eingeschaltet. Die Bevölkerung war aufgebracht wegen der sehr hohen Schäden. (Nach 1882 war nämlich 1993 das zweit schlimmste Hochwasser, gemessen an der Abflußmenge. 1947 war dagegen bei uns niedriger. Pegel HD: ca 3.000 cbm/sec (1882); 2.650 cbm/sec (1993); 2.450 cbm/sec (1947).)

Nichts ist bei unserer Vorgehensweise institutionalisiert worden. Nichts wurde formalisiert.
Dafür gab es ganz konkrete Ergebnisse.

Herr Umweltminister **Schäfer** sprach am **21.04.94** vor der Verbandversammlung des RVNSW und versprach die Finanzierung der Beseitigung der 22 Schwachstellen an der Nagold (5,81 + 1,6 Mio DM, bei gesetzlicher Beteiligung der Gemeinden). Siehe dazu die Beispiele in Calw und Bad Liebenzell. Er versprach die Nachrechnung des Flußgebietsmodells Nagold anhand der 93-Abflußmengen. Eine Flußgebietsuntersuchung Enz (Quelle bis Pforzheim) wurde als Neuigkeit zugesagt

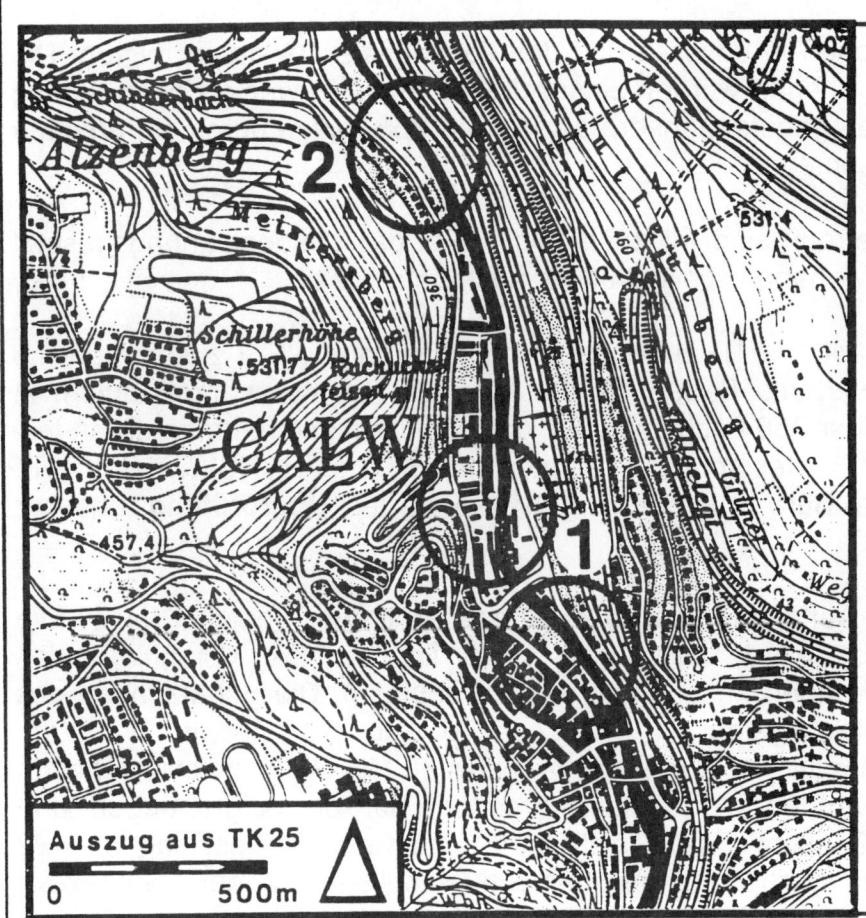

HOCHWASSER-SICHERUNG *Nagold*

SCHWACHSTELLE Nr. 9

Gemeinde: Calw
Ortsteil :

ART DER VORGESCHLAGENEN MASSNAHMEN:

1.) Erhöhung der Mauer, kleiner Schutzdamm

2.) Abgrabung Hirsauer Wiesenweg

GESCHÄTZTE KOSTEN:

1.) 1.500.000,- DM
2.) 500.000,- DM

MASSNAHMEN:
ausgeführt ☒
in Vorbereitung ☐
geplant ☒

Quelle: Flußgebietsuntersuchung Büro Wald und Corbe Dez. 91

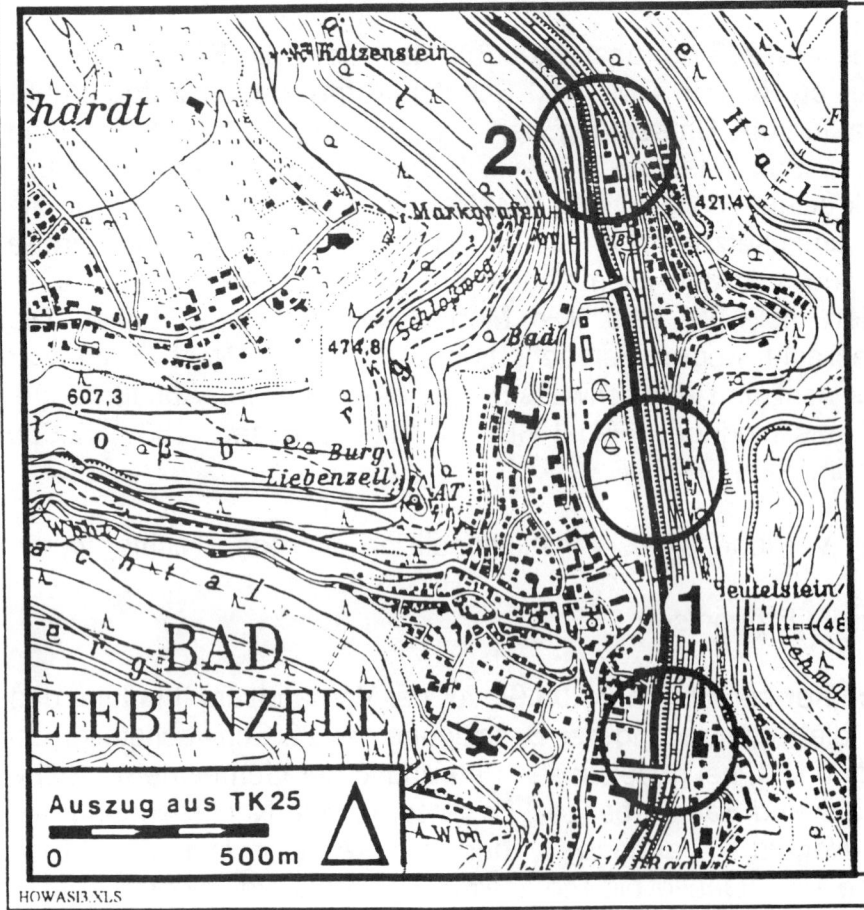

SCHWACHSTELLE Nr. 6

Gemeinde: Bad Liebenzell
Ortsteil :

ART DER VORGESCHLAGENEN MASSNAHMEN:

1.) Erhöhung der Mauer, kleiner Schutzdamm, Gebäudeschutz

2.) Abgrabung unterhalb der Markgrafenbrücke

GESCHÄTZTE KOSTEN:

1.) 500.000,- DM
2.) 500.000,- DM

MASSNAHMEN:
ausgeführt ☐
in Vorbereitung ☐
geplant ☒

RV NSW 04. 1994

sowie eine hydraulische Berechnung für die Enz zwischen Pforzheim und Regionsgrenze. Das Gesamtpaket ist mit **10,5 Mio DM** finanziert (Land).
Die Verbandversammlung hat als politisches Gremium im übrigen beschlossen, keinem Bauleitplan und keinem Bauvorhaben innerhalb der Schwemmsellinie des Hochwassers 1993 zuzustimmen.

Was haben wir daraus gelernt? Haben wir etwas gemanagt?
Natürlich haben wir etwas " gemanagt".

Lösungen im regionalen Konsens sind möglich durch enge **Kooperation**, **Beharrlichkeit** und fundiertes **Wissen**.
Hochwasser ist bekanntlich kein lokal begrenztes Ereignis, es ist mindestens **kreisübergreifend**. Also ist der Regionalverband gefordert.
Das Problem ist auch **nicht sektoral** in den Griff zu bekommen.
Fachübergreifend muß weiter daran gearbeitet werden.
Das nächste Hochwasser kommt bestimmt schneller, als wir es wollen können.

Das Beispiel zeigt:
Der Regionalverband ist eine geeignete Institution, die Thematik breit anzugehen und in enger Zusammenarbeit mit den betroffenen Gemeinden, Fachverwaltungen und Interessenvertretungen voranzubringen. Wir sind inzwischen Handlungsreisende in Sachen Hochwasser, von Bürgerinitiativen bis zu Interessengemeinschaften der Geschädigten oder dem BUND.
Offensichtlich haben wir in eine **Marktnische** gestoßen und werden als kompetente Gesprächspartner angesehen.

HOCHWASSER-SICHERUNG Nagold

Gegenüberstellung der untersuchten Lösungsvorschläge (Wirkung und Kosten)

	Lösungsvariante	Wirkung aus wasserwirtschaftlicher Sicht	Ökologische Beurteilung	Kosten
1	Vorlandabgrabungen in den Retentionsflächen	- Abflußminderung 2,0 bis 3,0 m³/s - Keine überörtliche Wirkung		ca. 25,0 Mio DM
2	Bau des Waldachspeichers	- Reduzierung des Abflusses v. Nagold um 38,0 m³/s bis Pforzheim- Dillweißenstein um 25 m³/s - Absenken des Wasserspiegels um 37,0 cm in Nagold und 11,0 cm in Pforzheim - Durchgehende Wirkung, jedoch für HW-Schutz ab Calw nicht ausreichend		'Kleine Lösung' ca. 58,0 Mio DM 'Große Lösung' ca. 73,0 Mio DM
3	Lokale Schutz- und Verbesserungsmaßnahmen von Nagold bis Pforzheim von Altenst. bis Nagold	- Direkter Objektschutz - Absenken des Wasserspiegels am Schutzobjekt - Sicherstellen des geforderten HW-Schutzes		 ca. 7,0 Mio DM ca. 0,75 Mio DM

Die Nachrechnung des 93er Hochwassers ist vom Büro nahezu abgeschlossen. Im Januar **1995** veranstaltet der **RVNSW** zusammen mit anderen ein weiteres **Kolloquium**. Dann werden die Ergebnisse mitgeteilt. Im April **1995** wird das Flußgebietsmodell Enz vorliegen. Eine weitere Veranstaltung mit Fachbehörden und Büros, sowie den Gemeinden muß also folgen.

Und im übrigen:
die ersten 5 Schwachstellen an der Nagold sind inzwischen beseitigt worden.
Kein "hohles Gerede" also, sondern die Fachbehörden haben durch uns erhebliche **Rückendeckung** bekommen.

Unser regionalpolitischer Druck hat gewirkt und Geld locker gemacht.
Wieder ein Erfolgserlebnis und damit ein Motivationsschub für die Regionalplanung.

- Kiesabbau im Hochrhein-Bodenseegebiet -

Bericht über die Arbeit des Ad-hoc-Ausschusses "Kiesabbau" der Deutsch-Schweizerischen Raumordnungskommission

von

Guido Köberle

Die Arbeitsgruppe der Deutsch-Schweizerischen Raumordnungskommission hat 1991 die Bildung eines Ad-hoc-Ausschusses "Kiesabbau" beschlossen.

Anlaß dafür waren:
- die Zunahme des Bedarfs an den Rohstoffen Kies und Sand in den vorangehenden Jahren
- die Zunahme des Exports aus den Regionen Bodensee-Oberschwaben und Hochrhein-Bodensee
- die daraus resultierenden Probleme für die Raumordnung und Regionalplanung in den kommenden Jahren
- eine Anfrage im Landtag von Baden-Württemberg und die Antwort der Landesregierung (Bemühungen um eine grenzüberschreitende Harmonisierung der Genehmigungspraxis).

Hierzu wurden im Ad-hoc-Ausschuß u. a. folgende Ziele genannt:
- Ermittlung der Rohstoffvorkommen
- Kennenlernen der gegenseitigen Situation
- Harmonisierung der Genehmigungspraxis in Baden-Württemberg und den Kantonen (evtl. auch im österreichischen Bundesland Vorarlberg)
- Ausweisung von Flächen für die langfristige Versorgung mit Rohstoffen auch in den kantonalen Richtplänen
- Empfehlungen an die Raumordnungskommission über Lösungsmöglichkeiten und Antwort an den Landtag von Baden-Württemberg.

Beteiligte:

Land	Teilnehmer
Schweiz	Kantonale Planungsämter der Kantone Zürich, Schaffhausen, Basel-Landschaft, Aargau, Thurgau und St. Gallen
	Schweizerischer Fachverband für Sand u. Kies, Nidau
Österreich/Vorarlberg	Vorarlberger Landesregierung
Deutschland / Bayern	Regionaler Planungsverband Allgäu, Kempten
Deutschland Baden-Württemberg	Wirtschaftsministerium Baden-Württemberg, Stuttgart
	Regierungspräsidium Tübingen
	Bezirksstelle für Naturschutz und Landschaftspflege, Freiburg
	Amt für Wasserwirtschaft und Bodenschutz, Waldshut
	Landratsamt Konstanz
	Geologisches Landesamt Baden-Württemberg, Freiburg
	Industrieverband Steine und Erden, Baden-Württemberg e.V., Stuttgart
	Regionalverband Hochrhein-Bodensee, Waldshut
	Regionalverband Bodensee-Oberschwaben, Ravensburg

Die Erfahrungen der am Kiesabbau beteiligten Stellen wurden zusammengetragen und eine Empfehlung erarbeitet, die in der Sitzung der Deutsch-Schweizerischen Raumordungskommission beraten und im Frühjahr 1994 verabschiedet wurde. Sie wird durch einen ausführlichen Bericht ergänzt. In ihm sind vor allem nähere Erläuterungen zur grenzüberschreitenden Bedarfsermittlung, den Planungsinstrumenten und der Genehmigungspraxis enthalten.

Über die technischen und rechtlichen Belange hinaus werden durch das Währungsgefälle weiterhin unterschiedliche Bedingungen vorhanden sein, die nur im Rahmen internationaler Währungsabsprachen ausgeglichen werden können. Sie wurden deshalb im Ad-hoc Ausschuss nicht näher behandelt.

Bei den miteinander geführten Gesprächen wurden die unterschiedlichen Situationen im Untersuchungsraum herausgearbeitet und dargestellt. Hierzu zählen u.a. folgende Themen:

Gründe für den stark zunehmenden Kiesexport in den 80er Jahren:
- fehlende Ausweisung von Abbauflächen als langfristige Konzepte in kantonalen Richtplänen (bislang fehlende kantonale Rohstoffpläne),
- dezentrale Siedlungsstruktur, starke Streusiedlungsentwicklung in d. Vergangenheit,
- Erbrecht - (Splitterparzellen durch Realteilung),
- großflächige Lagerstätten, wie das Thurtal, stehen unter Wasserschutz, (Beschränkung auf Trockenabbau),
- Währungsgefälle von SFR zur DM,
- fehlende Lagerstätten mit qualitativ hochwertigen Lockergesteinsvorkommen im Grenzbereich.

Beispiele für die bestehenden Preisunterschiede:
- Währungsgefälle vom Schweizer Franken zur Deutschen Mark,
- sehr unterschiedliche Bodenpreise zwischen der Schweiz und Deutschland,
- im Gegensatz zu Deutschland sind die Anlagen in der Schweiz nahezu alle winterfest,
- Mehrkosten durch höhere Transportkosten (28-t-Beschränkung für Lkw's in der Schweiz).

Rohstoffkonzepte:
Die Erstellung von Rohstoffkonzepten ist Angelegenheit der Kantone.
In allen Grenzkantonen sind inzwischen die Arbeiten an kantonalen Rohstoffplänen eingeleitet worden. Das Konzept des Kantons Aargau steht kurz vor dem Abschluß. Dabei werden folgende Zeiträume zugrunde gelegt: Jeweils ca. 15 Jahre für den kurz-, mittel- und langfristigen Abbau. Ähnliches gilt für den Kanton Schaffhausen.
Während der Kanton Zürich seit 1978 die Positivplanung betreibt, betreiben die Kantone Schaffhausen und St. Gallen bislang die Negativplanung.

Vergleich der einzelnen Verfahrensschritte im Untersuchungsraum:

	Schweiz	Vorarlberg	Baden-Württemberg
1	Richtplan		Flächennutzungsplan (FNP)
2	Nutzungsplan		Bebauungsplan
3	Abbaugesuch (für Material) Baugesuch (Gebäude etc.) UVP ab 300.000 m³ Abbauvolumen	Bewilligungsantrag UVP für Kiesabbau ab 10 ha offener Fläche (ab 01.07.1994)	Abbauantrag UVP für Abbauvorhaben > 10 ha Gesamtfläche

Festgestellte wesentliche Unterschiede im Kiesabbau zw. der Schweiz und Baden-Württemberg:

Die für Deutschland geltenden wesentlichen Merkmale für die Rohstoffgewinnung entsprechen weitgehend dem Richtplanverfahren nach Schweizer Recht. Allerdings bildet die Änderung des Richtplanes wegen einem Einzelverfahren eher die Ausnahme. Die entsprechende Bestimmung im Bundesgesetz über die Raumplanung lautet: "Verbindlichkeit und Anpassung. Richtpläne sind für die Behörden verbindlich. Haben sich die Verhältnisse geändert, stellen sich neue Aufgaben oder ist eine gesamthaft bessere Lösung möglich, so werden die Richtpläne überprüft und nötigenfalls angepaßt. Richtpläne werden in der Regel alle 10 Jahre gesamthaft überprüft und nötigenfalls überarbeitet".

Durch die unterschiedlichen Definitionen ist es nur bedingt möglich, direkt vergleichbare Kriterien einander gegenüberzustellen. Dies zeigt die Darstellung ausgewählter konkurrierender Nutzungsansprüche:

Nutzung	nördliche Kantone der Schweiz (CH)	Vorarlberg (A)	Untersuchungsraum Baden-Württemberg (BW) und Bayern (B)
Kiesabbau im Grundwasser	nicht möglich	nur noch Arrondierungen möglich	bedingt möglich
Maximale Abbautiefe über höchstem Grundwasserspiegel bei Trockenabbau	$\geq 2m$ Kanton Aargau: $\geq 3m$ Kanton Schaffhsn: $\geq 5m$	$\geq 2m$	$\geq 2m$
Grundwasserschonbereiche (D) (A) Gewässerschutzbereich A (CH)	Trockenabbau befristet mögl. bis 2 - 3 m über höchstem Grundwasserstand	in Ausnahmefällen bis max. 2 m über höchstem Grundwasserstand	BW: Trockenabbau nur bei Einzelfallbetrachtung möglich; B: im Lkr. Lindau bisher nicht ausgewiesen
Wasserschutzgebiet (D) (A), Grundwasserschutzzonen und -areale (CH)	nicht möglich	nicht möglich	Zone I und II nicht mögl. BW: Zone III Einzelfallentscheidung B: Zone IIIA nicht mögl. Zone IIIB Einzelfallentscheidung
Naturschutzgebiete	nicht möglich	nicht möglich	nicht möglich
Landschaftsschutzgebiete	mit Einschränkungen und Auflagen mögl.	nur in Ausnahmefällen möglich	mit Einschränkungen und Auflagen mögl.
Waldgebiete	möglich, soweit eine befristete Rodungsbewilligung erteilt werden kann; Flächen > 5.000 m² in Zuständigkeit des Bundes	außerhalb von Schutzwäldern befristet möglich	außer in geschützten Waldgebieten nach § 29 ff LWaldG befristet möglich

- Nach Schweizer Bundesrecht besteht keine Pflicht, Abbaustellen in den kantonalen Richtplänen (ähnlich den Flächennutzungsplänen in Deutschland) auszuweisen. Im Richtplan sollen in der Regel Gebiete ausgewiesen werden, in denen ein Materialabbau vorgesehen oder ausgeschlossen ist (ob Positiv- oder Negativplanung ist Angelegenheit d. Kantons).

- Nach der Umweltschutzgesetzgebung sind Abbauvorhaben von mehr als 300.000 m³ in der Schweiz einer UVP zu unterziehen.

- Gemäß der Rechtssprechung des Bundesgerichtes darf Kiesabbau in der Schweiz innerhalb von Landwirtschaftszonen nur für Kleinvorhaben zugelassen werden. Dies hat dazu geführt, daß die Kantone Spezialzonen erlassen.

- Grundwasserschutz: Die Mindestüberdeckung über dem höchstem Grundwasserstand liegt nach Entscheiden des Bundesgerichtes bei 2 m. Darüber hinaus bestehen kantonale Abweichungen bis zu einer Mindestüberdeckung von 5 m. Naßabbau findet in der Schweiz nur in Ausnahmefällen statt.

- Kiesabbau im Wald: Die Umwandlung forstwirtschaftlicher Flächen > 5.000 m² ist Angelegenheit des Bundes.

- Geologie: Die Schweiz verfügt über kein Geologisches Bundesamt, das die Erkundung von Lagerstätten betreibt. Dies ist Angelegenheit der Kantone bzw. der Unternehmen.

- Transport: Beim Kiestransport auf der Schiene wird die Rentabilität nach ökologischen und ökonomischen Kriterien beurteilt. Die Tonnagebeschränkung bei Lkw's liegt in der Schweiz bei 28 t (Sonderregelung für Grenzbereich bis zu 10 km ins Landesinnere), weshalb der Bahntransport aus wirtschaftlichen Gründen bereits bei kürzeren Distanzen als in der Bundesrepublik interessant wird.

- Kleinabbaustellen: Für Kleinabbaustellen sind Ausnahmegenehmigungen nach dem Bundesgesetz über die Raumplanung möglich, aber nicht in allen Kantonen praxisüblich.

- Übertragbarkeit der Abbaugenehmigung: Die Kiesabbaugenehmigung ist in Baden-Württemberg übertragbar, da sie grundsätzlich grundstücksbezogen ist. Die Genehmigung ist die Bestätigung, daß öffentlich-rechtliche Vorschriften diesem Vorhaben nicht entgegenstehen (Genehmigungsanspruch); sie ist unabhängig vom Betreiber.

Im Gegensatz zu Baden-Württemberg ist die Bewilligung in einzelnen Kantonen nicht übertragbar. Die Bewilligung erlischt mit dem Firmenwechsel. Der Verkauf des Grundstückes muß gemeldet, die Bewilligung muß vom Rechtsnachfolger neu beantragt werden.

- Maßnahmen der Kiesindustrie in der Schweiz:
  - Entwicklung eines Eigenkontrollverfahrens (Inspektorat) durch den Fachverband. Ziel ist die Förderung des Ansehens der Branche durch Selbstkontrolle (jährliche Inspektion durch Fachleute, z.T. im Auftrag der Kantone),
  - Unternehmen sind in "Kantonalen Kiesverbänden" oganisiert, die bei kantonalen Rohstoffkonzepten mitarbeiten und die Statisitk über Abbau und Bedarf führen,
  - Erarbeitung von Richtlinien für das Kiesgewerbe in den Bereichen Naturschutz, Rekultivierung landwirtschaftlicher und forstwirtschaftlicher Flächen.

- Landschaftsschutzabgabe in Vorarlberg: Inhaber einer Bodenabbaubewilligung haben eine Landschaftsschutzabgabe je Tonne entnommenem Material zu entrichten (bei Kies und Sand sowie Festgestein).

Instrumente:
Bei einer konsequenten Umsetzung des geltenden Rechtes und der vorhandenen Verordnungen bedarf es, soweit ersichtlich, keiner weiteren Instrumente.
Von Seiten der Kiesindustrie wird die Forderung nach einer Vereinfachung und Beschleunigung der Genehmigungsverfahren gefordert.

Kiesaustausch unter gleichartigen Rahmenbedingungen:
Unter gleichartigen Rahmenbedingungen sind keine Einwendungen gegen den Kiesaustausch im Untersuchungsraum vorzubringen. Dies erfordert jedoch die Angleichung in der Genehmigungspraxis und in den Vorgaben der Raumplanung (kantonale Rohstoffkonzepte in der Schweiz; Rohstoffsicherungskonzepte in den Regionen Baden-Württembergs).

Weiterer Handlungsbedarf:
Der Ad-hoc-Ausschuß hat ein 10-Punkte-Programm erarbeitet, das Bestandteil der Empfehlung der D-CH ROK ist und den weiteren Handlungsbedarf aufzeigt.
Nach dem Antrag Bayerns und dem Beschluß der D-CH-ROK soll sich die Arbeitsgruppe weiter mit dem Problem des Kiestransportes befassen. Die Fortführung des Projektes wurde für das INTERREG II Programm angemeldet und beinhaltet folgende Schwerpunkte:
- Erarbeitung eines Konzeptes zum Kiestransport im Untersuchungsraum
- Fortschreibung und Verbesserung der Kieskarte als Grundlage für die grenzüberschreitende Zusammenarbeit
- Vorlage eines Berichtes in der nächsten Sitzung der Deutsch-Schweizerischen Raumordnungskommission. Dabei sollten folgende Punkte vertieft werden:
  - Erfahrungsaustausch über Vollzugsfragen (Angleichung der Vorschriften)
  - Informationsaustausch über Fragen der Genehmigung, Folgenutzung, Gestaltung und Rekultivierung
  - Verbesserung von Kontrollmöglichkeiten (z.B. Eigenkontrolle).

Übersichtskarte "Kies- Grundwasser - Naturschutz für das Hochrhein-Bodensee-Gebiet"
Einen weiteren Schwerpunkt der Beratungen bildete die Bearbeitung einer grenzüberschreitenden "Übersichtskarte Kies - Grundwasser - Naturschutz", die der Empfehlung beiliegt. Die Karte wurde in Zusammenarbeit mit den Geologischen Landesämtern von Baden-Württemberg und Bayern, den am Projekt beteiligten Schweizer Kantonen und dem Österreichischen Bundesland Vorarlberg erarbeitet. Es handelt sich um die erste grenzüberschreitende Darstellung der Lockergesteinsvorkommen im Deutsch-Schweizerischen-Österreichischen Grenzgebiet. Die Karte gibt einen Überblick über die Vorkommen von Kiesen und Sanden im Untersuchungsraum. Als ausgewählte Nutzungs- und Schutzinteressen sind derzeit nur der Grundwasser- und Naturschutz enthalten. Die auf EDV-Basis erstellte Karte kann jederzeit ergänzt und fortgeschrieben werden. Die Karte wird von den beteiligten Ländern, Kantonen und Regionen sowie der Europäischen Union über das INTERREG-Programm finanziert.

Kiesabbau im Hochrhein-Bodenseegebiet - Abgrenzung des Untersuchungsraumes

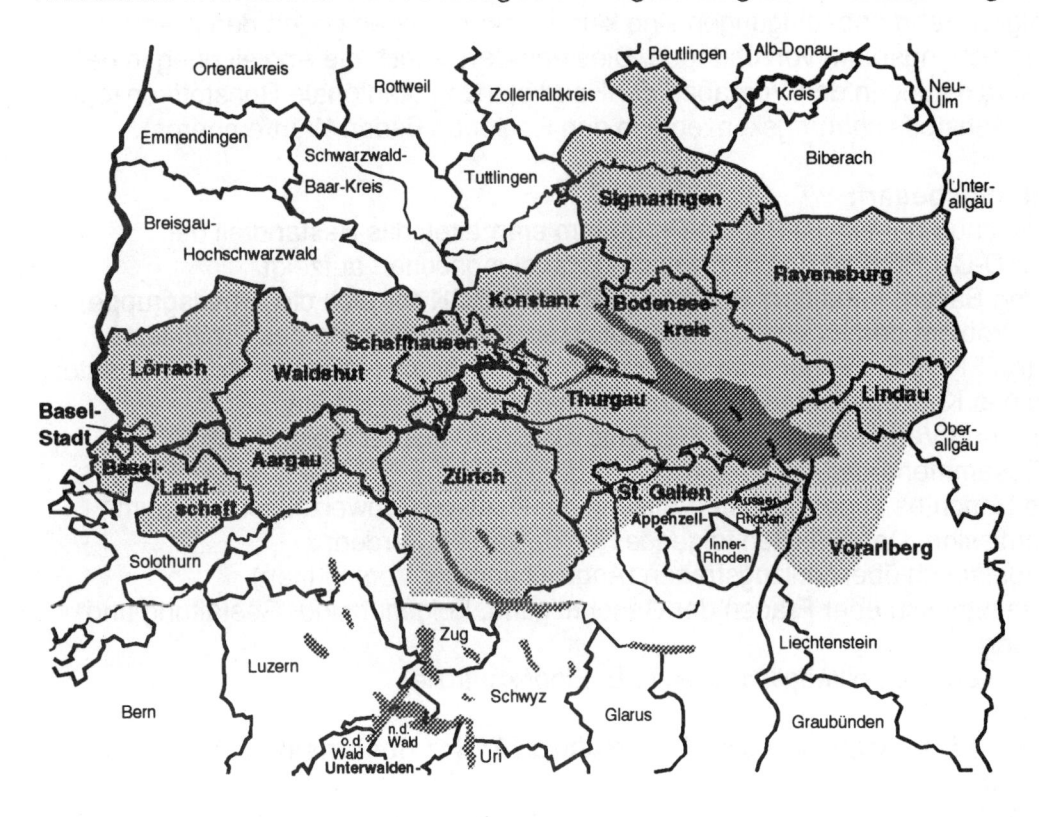

Kiesabbau im Hochrhein-Bodenseegebiet
Empfehlungen des "Ad-hoc-Ausschusses Kiesabbau":

1. Allgemeiner Grundsatz

Das Hochrhein-Bodenseegebiet (Untersuchungsraum) wird als einheitlicher Rohstoffversorgungsraum gesehen, in dem sich jeder Teilraum, soweit es die Rohstoffvorkommen und übrigen Nutzungs- und Schutzinteressen zulassen, aus eigenen Rohstoffreserven versorgt. Zur langfristigen Sicherung der Versorgung mit dem Rohstoff Kies ist ein verantwortungsvoller Umgang mit den vorhandenen Ressourcen unerläßlich.

2. Erkundung von Lagerstätten

Verantwortungsbewußter Kiesabbau setzt eine optimale Rohstofferkundung in allen Teilräumen voraus.
Bei der Rohstoffkartierung ist eine engere grenzüberschreitende Zusammenarbeit zur besseren Beurteilung der Gesamtsituation im Untersuchungsraum anzustreben.
Dazu ist eine grenzüberschreitende Koordination der Fachbehörden erforderlich.

3. Grenzüberschreitende Bedarfsermittlung

Für die Schätzung des mittel- und langfristigen Bedarfes sollen neben dem ständigen Grundbedarf regionale Großbaumaßnahmen erfaßt und für den gesamten Untersuchungsraum regelmäßig fortgeschrieben werden.
Dazu ist es wünschenswert, neben den benötigten Mengen auch die Kiesqualität und den Verwendungszweck darzustellen.
Räume ohne eigene Rohstoffvorkommen innerhalb des Untersuchungsraumes sind bei der Bedarfsermittlung zu berücksichtigen. Dabei ist der Austausch von oberflächennahen Rohstoffen unter der Voraussetzung gleichartiger Genehmigungs- und Abbaubedingungen zu ermöglichen.

4. Planungsinstrumente

Die Nutzungskonflikte haben im Hinblick auf den Rohstoffabbau in den vergangenen Jahren im gesamten Untersuchungsraum zugenommen. Deshalb müssen die Instrumente der Raumordnung und Landesplanung grenzüberschreitend abgestimmt werden.

In den beteiligten Ländern sollen die Standards der Planungsinstrumente und deren rechtliche Grundlagen einander so angeglichen werden, daß vergleichbare Verhältnisse geschaffen werden.

Es wäre sinnvoll, im gesamten Untersuchungsraum kantonale/regionale Rohstoffsicherungsgebiete festzusetzen. Um eine bessere Koordination zwischen den Teilräumen zu gewährleisten, wird die Erarbeitung eines grenzüberschreitenden Rohstoffsicherungskonzeptes vorgeschlagen.

5. Konkurrierende Nutzungsansprüche

Bei der Festlegung von Sicherungsflächen und der Kiesabbauplanung sind die konkurrierenden Nutzungen in entsprechender Dichte zu erheben und nach vergleichbaren Kriterien abzuwägen.

6. Genehmigungspraxis

Eine Harmonisierung der Genehmigungspraxis ist anzustreben.

Bei den Auflagen im Genehmigungsverfahren, die finanzielle Beschränkungen darstellen, ist wegen der Auswirkungen auf das unterschiedliche Preisniveau auf eine Angleichung hinzuwirken. Hierzu ist der ständige Informationsaustausch der Genehmigungsbehörden zu verbessern.

Für die Rekultivierung und Folgegestaltung sollen vergleichbare Konzepte und Leitlinien entwickelt werden. Dazu sind Forschungsaufträge für die Bereiche "Kiesabbau im Wald" und "Kiesabbau in Grundwasserträgern" erforderlich.

7. Transport

Zur Versorgung der regionalen und überregionalen Verbrauchsschwerpunkte soll der Transport auf der Schiene verstärkt werden.

Es soll überprüft werden, ab welcher Entfernung und unter welchen Voraussetzungen der Bahntransport dem Transport auf der Straße vorzuziehen und ggf. vorzuschreiben ist. Bei den erforderlichen Untersuchungen sind Kriterien der Ökonomie, der Ökologie und der Sozialverträglichkeit heranzuziehen.

Bei öffentlichen Baumaßnahmen sind umweltfreundliche Transportarten als Ausschreibungsbedingung aufzunehmen.

Der Aufbau eines Netzes von Entladestellen (Umschlag Schiene - Straße) und die räumliche Zuordnung der weiterverarbeitenden Industrie (z.B. Asphaltmischwerke, Betonteilwerke, Transportbetonwerke) an der Schiene ist schrittweise umzusetzen.

8. Bedarfsreduzierung - Substitution - Recycling

Zur Entlastung der Rohstoffvorkommen und der Deponiestandorte sind die Möglichkeiten des sparsamen Umgangs mit den Baustoffen weiter auszuschöpfen. Dazu ist das Zusammenwirken von Behörden, Planern, Auftraggebern und Unternehmen weiter zu verbessern.

Der Substitution von Lockergestein soll mehr Bedeutung beigemessen werden.

Der Einsatz alternativer Primärbaustoffe sollte innerhalb des Untersuchungsraumes überprüft werden.

Die Qualitätsansprüche und daraus resultierende Qualitätsnormen sind teilweise sehr hoch. Sie sollten insbesondere auf die Gewährleistungsanforderungen hin überprüft werden.

Der Abbruch von Gebäuden soll verstärkt selektiv erfolgen; verwertbares Material darf nicht deponiert werden, es ist der Wiederverwertung zuzuführen.

Durch eine verstärkte Aufklärungsarbeit und die Vorbildfunktion der öffentlichen Hand könnte beim Einsatz von Recyclingmaterial eine höhere Akzeptanz in der Öffentlichkeit erreicht werden. Dazu sind die gesetzlichen Grundlagen einander anzugleichen.

9. Weiterer Handlungsbedarf

Aus Sicht des Ad-hoc-Ausschusses Kiesabbau wird folgendes 10-Punkte-Programm empfohlen:

1. Abstimmung der Raumordnung in bezug auf die Rohstoffsicherung. Rechtliche Verankerung der Vorranggebiete für den Abbau oberflächennaher Rohstoffe.
2. Informationsaustausch über Kiesbedarf, Planungsvorhaben und Abbaukonzepte.
3. Austausch von Erfahrungen in Fragen der Abbaubewilligung. Versuch einer schrittweisen Anpassung der Genehmigungsstandards, vor allem in Fragen der Restriktionen.
4. Gemeinsame Erarbeitung neuer, umweltfreundlicher Methoden für die Folgenutzung und Gestaltung von Abbaugebieten unter Einbeziehung wissenschaftlicher Erkenntnisse.
5. Angleichung der Anforderungen bei der Substitution von Kies. Erarbeitung von gemeinsamen Qualitätsnormen unter Vermeidung von überzogenen Qualitätsansprüchen.
6. Auflagen beim Abbruch von Bauten und Anlagen mit dem Ziel der Gewinnung von Recyclingmaterial.
7. Erforschung technischer Grundlagen für neue Produkte aus Recyclingmaterial sowie dessen erweiterte Verwendung im Hoch- und Tiefbau.
8. Prüfung von Ausgleichsabgaben für einen umwelt- und sozialverträglicheren Kiestransport.
9. Fortschreibung und Verbesserung der Kieskarte als Grundlage für die grenzüberschreitende Zusammenarbeit.
10. Weiterführung der Arbeit des Ad-hoc-Ausschusses "Kiesabbau" und Vorlage eines Berichtes in der nächsten Sitzung der Deutsch-Schweizerischen Raumordnungskommission. Dabei sollten folgende Punkte vertieft werden:
    - Ergänzung und Fortschreibung der Kieskarte
    - Erfahrungsaustausch über Vollzugsfragen (Angleichung der Vorschriften)
    - Informationsaustausch über Fragen der Genehmigung, Folgenutzung, Gestaltung und Rekultivierung
    - Verbesserung von Kontrollmöglichkeiten (z.B. Eigenkontrolle).

Standortatlas für die Region Neckar-Alb

von

Susanne Schulz

Im Zeitalter der Datenbanken, Informationsbörsen und Informationssysteme verschiedenster Art ist es kein Problem, über Regionen, Landkreise und Gemeinden Berge von Informationsmaterial zusammenzutragen. Der Umfang der Datenbanken, statistischen Veröffentlichungen, "Langen Reihen", "Querschnitten" usw. wächst täglich. Schwieriger wird es schon, aus diesen Datenmassen eine Auswahl zu treffen und diese in eine Form zu bringen, die eine Region nach außen repräsentieren kann.

Mit dem Standortatlas für die Region Neckar-Alb hat der Regionalverband Neckar-Alb diesen Versuch unternommen.

Die Erarbeitung des Standortatlasses geht auf die im Jahr 1985 erschienene, im Auftrag des Regionalverbands Neckar-Alb erarbeitete Wirtschaftsstudie "Möglichkeiten zur Überwindung der strukturellen Defizite in der Region Neckar-Alb" zurück. Darin wurde u.a. ein Defizit beim Bekanntheitsgrad der Region als Einheit und dem Zusammengehörigkeitsgefühl von Behörden und Verbänden in der Region beklagt. Wer Einfluß nehmen will, muß erst einmal bekannt sein. Es wurde deshalb empfohlen, eine Arbeitsgemeinschaft - bestehend aus Vertretern von Behörden und Verbänden - einzusetzen, die wichtige demographische und wirtschaftliche Informationen über die Region zusammenträgt und diese der Öffentlichkeit zugänglich machen sollte.

Im Jahr 1986 wurde diese Arbeitsgemeinschaft eingerichtet. Sie bestand aus den Wirtschaftsbeauftragten der Landkreise und des Regierungspräsidiums, einem Vertreter der IHK und aus Vertretern der Fraktionen der Verbandsversammlung. Ihre Aufgabe war es nun, unter Federführung des Regionalverbands, einen Standortatlas zu erarbeiten. Dieser wurde 1988 vorgelegt. Die Nachfrage danach war recht groß. Die erste und die zweite Auflage (insgesamt 600 Exemplare) waren schnell vergriffen und die Anfragen danach rissen nicht ab. Die Verbandsverwaltung regte deshalb an, eine Neuauflage in Angriff zu nehmen.

Ende 1992 wurde die Arbeitsgemeinschaft wieder zusammengerufen, um den Standortatlas zu überarbeiten. Als zusätzliches Mitglied wurde ein Vertreter der Handwerkskammer aufgenommen.

Mitglieder der Arbeitsgemeinschaft haben auch kritisch die Frage gestellt, ob ein Standortatlas überhaupt notwendig ist, wenn entsprechende Daten in Datenbanken schon vorliegen. Ein Standortatlas hat jedoch gegenüber Datenbanken verschiedene Vorteile, z.B.: die Ausdrucke von Datenbanken sind meist umfangreich, eine Zusammenfassung der Daten in komprimierter Form erleichert demnach einen schnelleren Zugriff; ein solcher Atlas hat nach außen eine andere Wirkung als eine Datenbank, die der Öffentlichkeit nicht unmittelbar zur Verfügung steht.

Ziel des Standortatlasses ist:

1. einen schnellen Zugriff zu demographischen und wirtschaftlichen Daten über die Region, die Landkreise und die Gemeinden zu ermöglichen,
2. für Gewerbeansiedlungswillige die wichtigsten Standortbedingungen in der Region aufzuzeigen,
3. einen Überblick über die Förderprogramme für die Wirtschaft in der Region Neckar-Alb zu geben,
4. den Gemeinden zu ermöglichen, ihre Gemeinde mit anderen zu vergleichen,
5. die gesamte Region mit den Landkreisen und Gemeinde nach außen darzustellen und
6. schließlich sollte er eine Veröffentlichung sein, die von verschiedenen Behörden und Verbänden gemeinsam getragen wird.

Form, Inhalt und Gestaltung des neuen Standortatlasses wurde in der Arbeitsgemeinschaft "Regionale Wirtschaftsstruktur" beim Regionalverband Neckar-Alb besprochen. Auf die äußere Gestaltung des Bandes wurde großen Wert gelegt. Die Vergabe an eine Werbeagentur wurde nach Einholen von Angeboten verworfen, da dies mit den zur Verfügung stehenden Mitteln nicht finanzierbar gewesen wäre. Sie wurde demzufolge in eigener Regie durchgeführt. Man hat sich auf zwei Versionen geeinigt, eine als Ringbuch und, aus Kostengründen, eine als gebundenen Band. Die Ringbuchfassung wurde hauptsächlich für die Gemeinden vorgesehen, damit diese damit arbeiten können, etwa für eine eigene Präsentation, oder um Vergleiche mit anderen Gemeinden anstellen zu können.

Für die Neuauflage wurde der alte Standortatlas als Grundlage verwendet. Durch den Einsatz von EDV konnten nun mehr Informationen aufgenommen werden, ohne daß die Übersichtlichkeit darunter litt.

Der Standortatlas gliedert sich in ein allgemeines Kapitel über die Region Neckar-Alb, ein Kapitel über die Wirtschaftsförderung und ein Kapitel über die Standortbedingungen in den Landkreisen.

Der Regionsteil enthält eine Regionsbeschreibung, eine großräumige und eine kleinräumige Übersichtskarte, die wichtigsten Daten zu Bevölkerung, Wirtschaft und Verkehrsanbindungen sowie die Ansprechstellen für die Wirtschaftsförderung. Die gemeindebezogenen Informationen wurden auf Themenkarten zusammengefaßt dargestellt, wie z. B. Flächenverfügbarkeit, Bevölkerungsverteilung, Beschäftigtenquote, Pendlerbeziehungen, Gewerbesteuersätze und Grundstückspreise. Im Anschluß daran folgt ein Kapitel über die Wirtschaftsförderprogramme in der Region Neckar-Alb.

Das Kapitel "Standortbedingungen" ist nach den drei Landkreisen aufgeteilt und wird mit einem Einführungstext des jeweiligen Landrats eingeleitet.
Das Kernstück des Standortatlasses sind die Nahbereichskarten und die Gemeindedatenblätter. Diese mußten auf einem Blatt alle Informationen enthalten, da sonst der Umfang und unser Anspruch auf Überschaubarkeit nicht mehr gegeben gewesen wäre.

Die Arbeiten am Standortatlas wurden innerhalb der Arbeitsgemeinschaft besprochen und an die einzelnen Mitglieder aufgeteilt. Die Verbandsverwaltung hatte die Aufgabe übernommen, Daten vom Statistischen Landesamt, der Gesellschaft für Internationale Wirtschaftliche Zusammenarbeit und sonstige Informationen zusammenzutragen. Welche Daten erhoben werden sollten, wurde in der Arbeitsgemeinschaft entschieden. Für die Abfrage von Informationen von den Gemeinden wurde von der Verbandsverwaltung ein Fragebogen erarbeitet und entsprechend der vorhandenen Daten weitgehend ausgefüllt. Der Wirtschaftsbeauftragte des Regierungspräsidiums stellte die Wirtschaftsförderprogramme zusammen. Die Landkreise übernahmen die Erarbeitung der Landkreisbeschreibungen sowie den Versand der Fragebögen an die Gemeinden mit Bitte um Korrektur und Ergänzung. Die Fragebogenaktion dauerte rund drei Monate. Die Fragebögen wurden nach Rücklauf aktualisiert, redaktionell überarbeitet und zur Endkontrolle nochmals an die Gemeinden verschickt. Die gesamte Bearbeitungszeit mit zweimaliger Prüfung und Ergänzung durch die Gemeinden dauerte ca. ein Jahr. Der Standortatlas erschien im Herbst 1993.

Die Finanzierung des Standortatlasses wurde wie beim ersten Mal wieder von der IHK unterstützt, auch die Handwerkskammer leistete einen Beitrag, und man konnte auch die Kreissparkassen für eine finanzielle Unterstützung gewinnen. Insgesamt betrug die finanzielle Unterstützung rund 10.000.- DM. Die Auflage beträgt insgesamt 800 Exemplare.

Auch der neue Standortatlas stieß auf großes Interesse. Schulen, Unternehmen, Institutionen und Kommunen haben Exemplare angefordert.

Für den Regionalverband hatte die Aktion mehrere Vorteile: die Informationen über die Gemeinden sind schnell verfügbar, auch der Kontakt zu den Gemeinden war sehr intensiv. Es mußte im übrigen nur eine Gemeinde überredet werden, mitzumachen.

Die Zusammmenarbeit in der Arbeitsgemeinschaft war sehr angenehm. Die Kontakte zu den Behörden und Kammern haben sich dadurch verbessert.

Im übrigen hat die AG "Regionale Wirtschaftsstruktur" mit zusätzlichen Mitgliedern von der Universität Tübingen, der Fachhochschule Reutlingen, den Arbeitsämtern und der Gewerkschaft mittlerweile eine Wirtschaftsstudie für die Region Neckar-Alb erarbeitet.

STANDORTATLAS

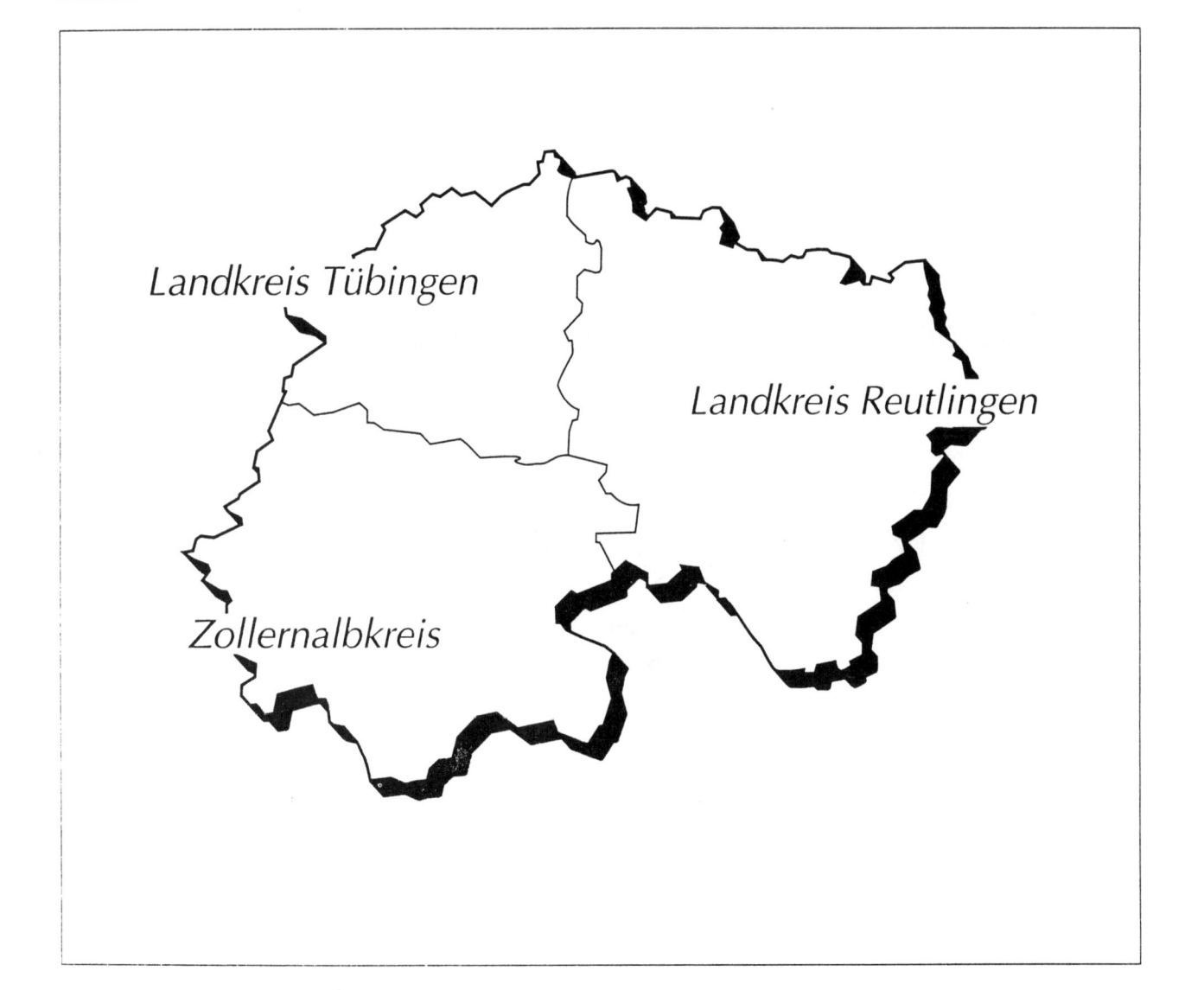

Landkreis Tübingen

Landkreis Reutlingen

Zollernalbkreis

Region Neckar-Alb

Baden-Württemberg

Die Region Neckar-Alb   -   Lagebeziehungen

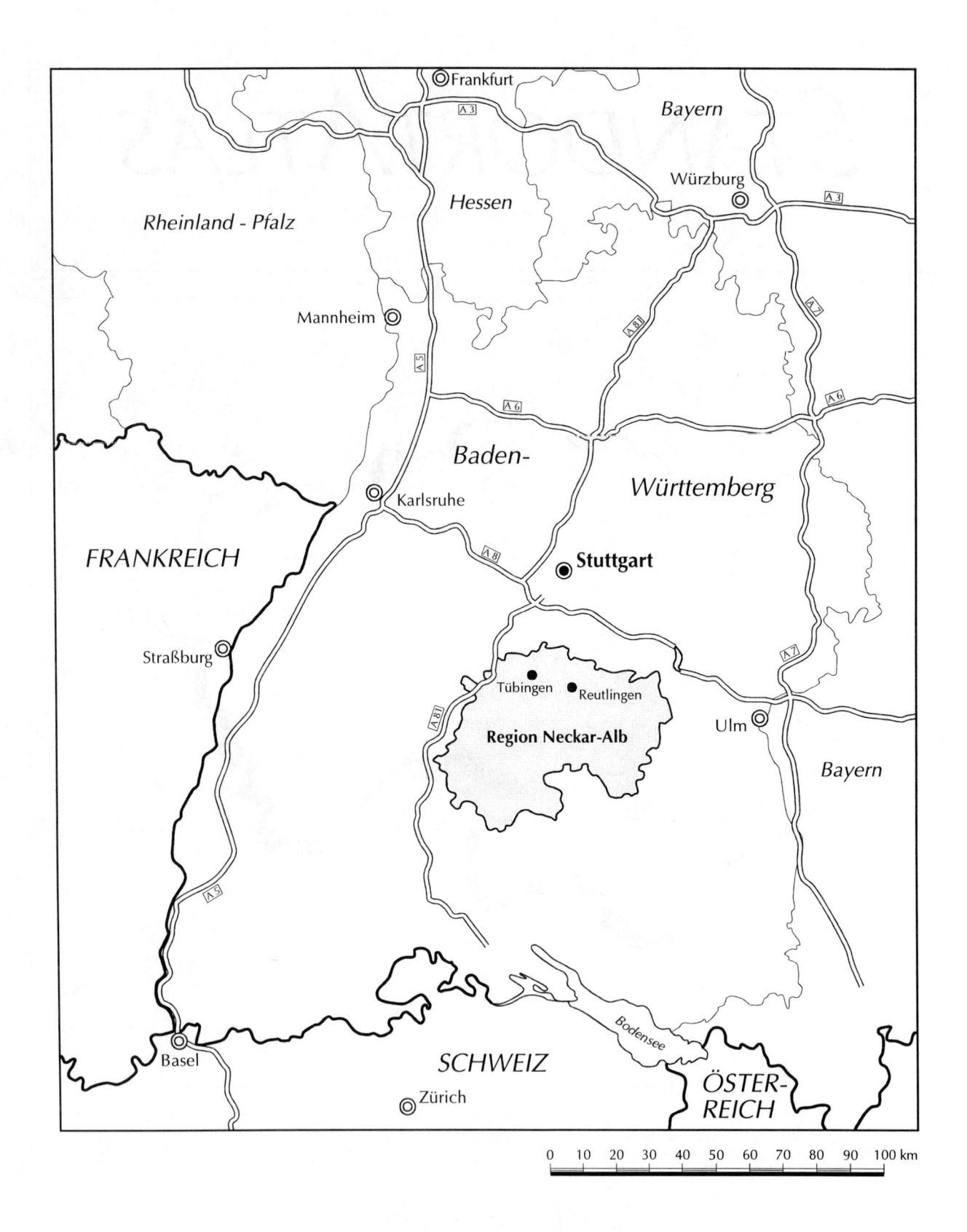

Region Neckar-Alb:

Flächenangebot in größeren Gewerbe- u. Industriegebieten 1993 (> 5 ha)

Karte 1

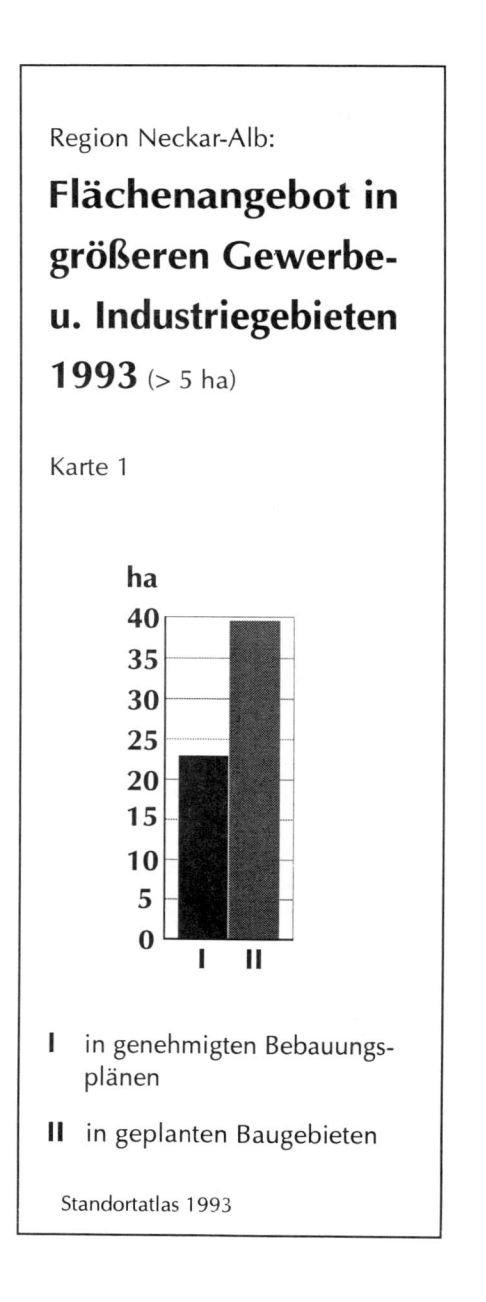

I in genehmigten Bebauungsplänen
II in geplanten Baugebieten

Standortatlas 1993

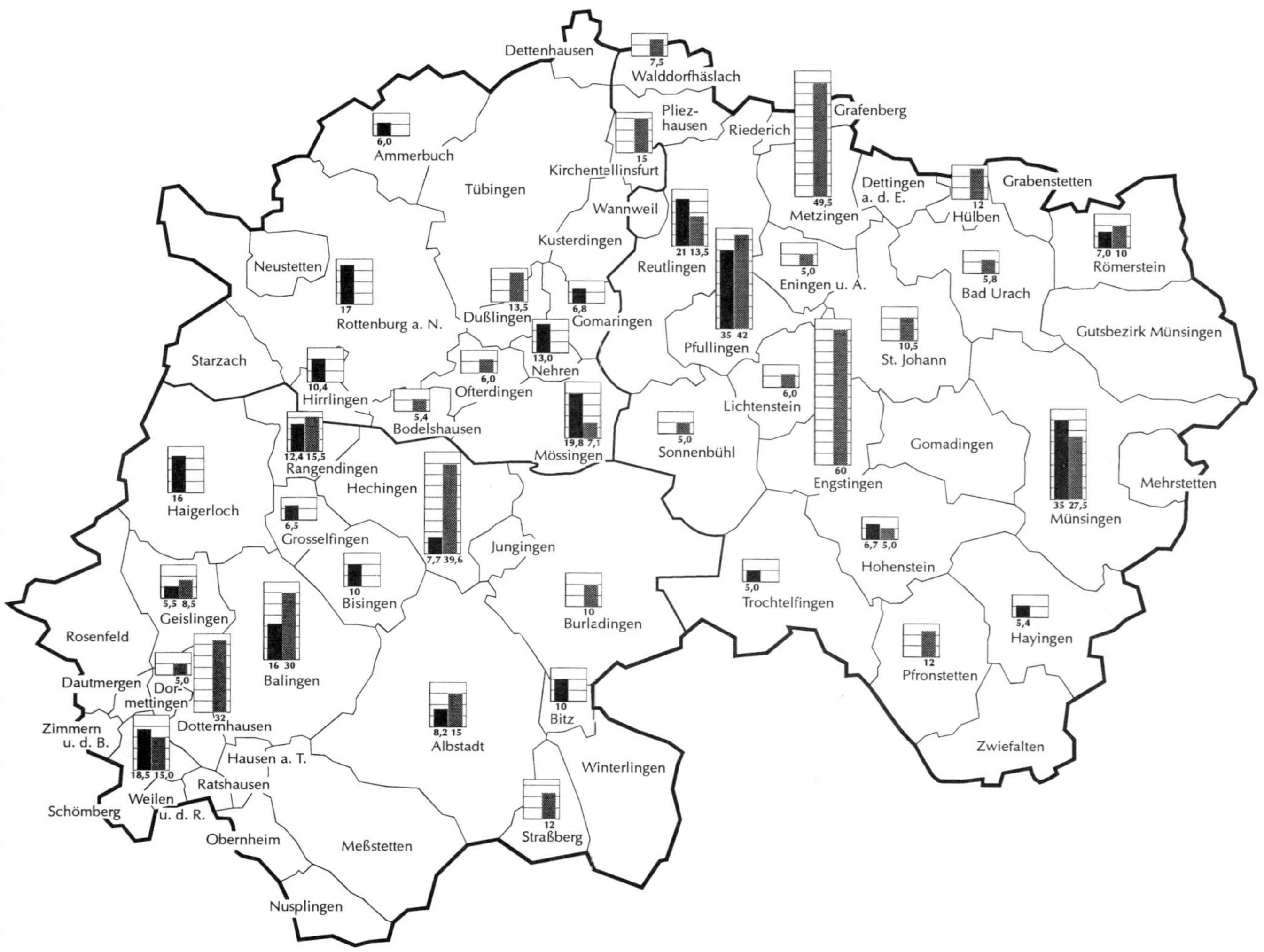

Quelle: Gemeindebefragung Juni 1993

NAHBEREICH SONNENBÜHL

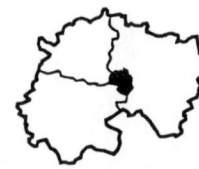

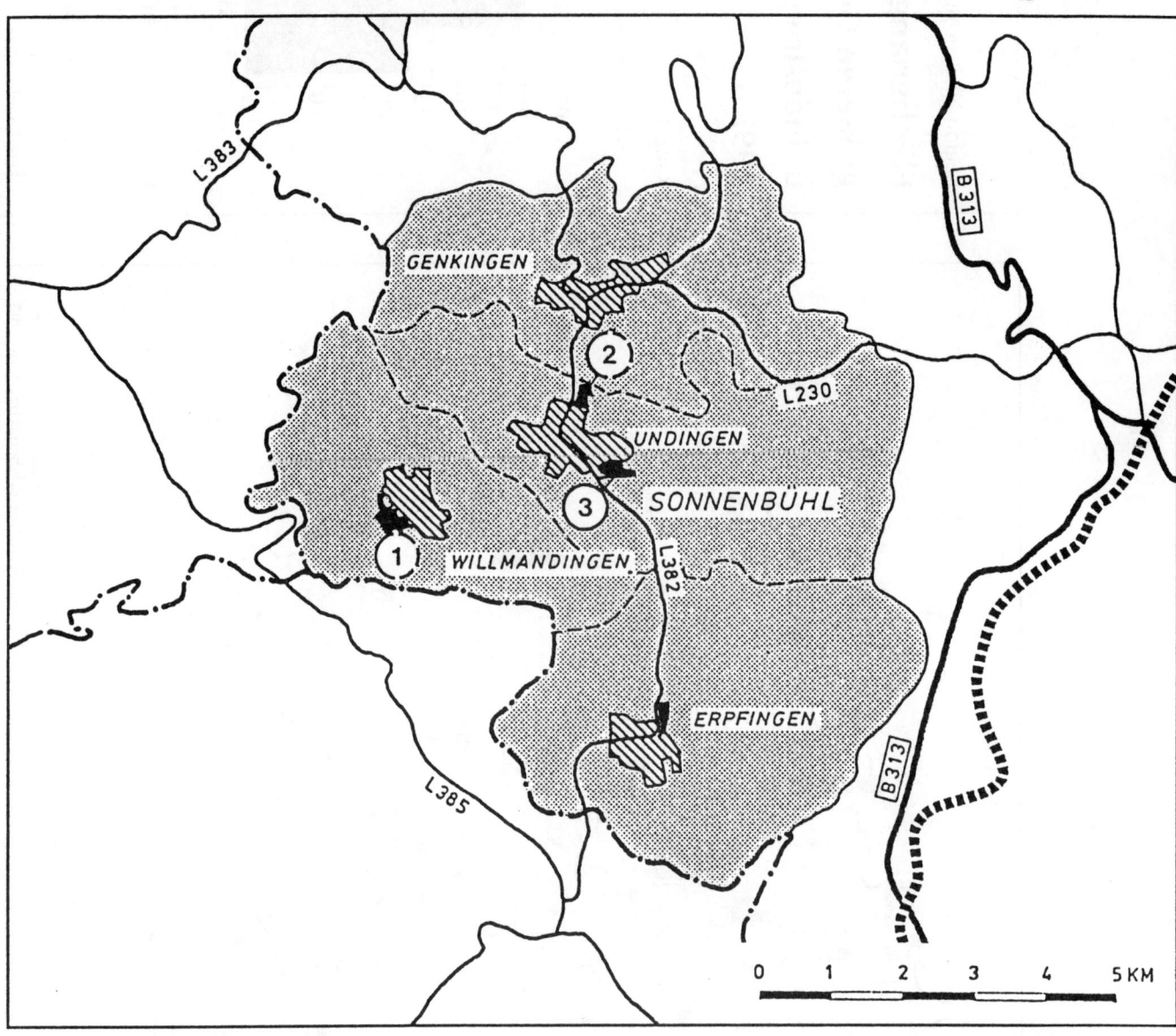

Raumplanerische Festsetzungen
(Regionalplan- Entwurf Juni 1993)

Raumkategorie:	Ländlicher Raum
Einwohnerzahl 2005:	7.400 Einwohner
Achse:	-
Zentraler Ort:	Kleinzentrum Sonnenbühl-Undingen
Schwerpunkte für:	
Siedlungsentwicklung	-
Gewerbe/Industrie	-
Dienstleistung	-
Erholung	Bärenhöhle, Nebelhöhle, Skizentrum, Golfplatz, Feriendorf Sonnenmatte
Fremdenverkehr	Sonnenbühl-Erpfingen

Größere Gewerbegebiete/Industriegebiete

Nr.	Ortsteil	Gebiet	Bestand	in Planung
1	Sonnenbühl-Willmandingen	Bitze / Schmiede / An der Thomasgasse / Heiligenwiese	4,0 ha	1,5 ha
2	S.-Undingen	Quartbühl	1,5 ha	3,5 ha
*3	S.-Undingen	Geißäcker / Südlicher Triebweg	8,5 ha	

* Gewerblich nutzbare Baufläche (siehe Gemeindedatenblatt)

Gemeinde

Sonnenbühl

Bürgermeister: **Dieter Winkler**

Anschrift: Rathaus, 72820 Sonnenbühl

Telefon/Telefax: 07128/925-0   07128/925-50

Ansprechpartner: Bürgermeister Winkler

Verkehrs- und Lagebeziehungen

Entfernung zum Oberzentrum Reutlingen/Tübingen	Reutlingen		20 km
Nächster Zentraler Ort	Unterzentrum Pfullingen		15 km
Entfernung nach Stuttgart			54 km
Straßenverbindungen	Ortsdurchfahrt:	L 382, L 230, K 6731; B 312/313 bei Engstingen	
	A 8:	Stuttgart-Degerloch	44 km
	A 81:	Rottenburg	42 km
Schienenverbindungen			
Personenverkehr	nächster Haltepunkt/Bahnhof	Reutlingen	20 km
	nächster IC-Anschluß	Stuttgart	54 km
	nächster ICE-Anschluß	Stuttgart	54 km
Güterverkehr	Stückgutbahnhof	Reutlingen	20 km
	Expressgutbahnhof	Reutlingen	20 km
	Containerverladung	Stuttgart	54 km
Flugverkehr	nächster Flughafen	Stuttgart-Echterdingen	42 km
Schiffsverkehr	nächster Binnenhafen	Plochingen (Neckar)	50 km
ÖPNV			

Bevölkerung

	27.05.1970	25.05.1987	31.12.1991	31.12.1992
Einwohner insgesamt	4888	5888	6425	6599
Veränderung (1970=100)	100,0	120,5	131,4	135,0
davon Erwerbspersonen (15-65jährige) (%)	60,7	70,1	70,1	70,2
davon Ausländer (%)	5,5	3,4	5,0	5,8
Erwerbstätige insgesamt	2740	3034		
davon I. Sektor (Land- u.Forstw.) (%)	16,6	1,4		
davon II. Sektor (Prod.Gewerbe) (%)	69,6	63,6		
davon III. Sektor (Dienstleistung) (%)	13,8	35,0		
Berufspendler				
Einpendler	179	325		
Auspendler	587	1474		

Beschäftigte, Arbeitsmarkt, Betriebe

	30.06.1975	30.06.1987	30.06.1991	30.06.1992
Versicherungspflichtig Beschäftigte	1434	1393	1450	1476
davon weiblich (%)	54,0	45,3	41,9	
nach Wirtschaftsbereichen:				
Produzierendes Gewerbe (%)	87,7	77,0	75,2	
Handel und Verkehr (%)	2,0	7,0	6,1	
Sonstiges (Dienstleistung) (%)	9,8	15,1	17,4	

	27.05.1970	25.05.1987		
Arbeitsstätten	347	320		
Produzierendes Gewerbe	227	185		
Handel, Verkehr, Dienstleistung	98	114		
Organ. ohne Erwerbscharakter	16	19		
Anzahl der Betriebe ab 20 Beschäftigte		15		

Anzahl der Betriebe im Verarb. Gewerbe ab 20 Beschäftigten nach Wirtschaftsgruppen (1991)	Steine und Erden	3	Textilien	3
	Holzbearbeitung	1	Bekleidung	1
	Maschinenbau	3		
	Elektrotechnik	1		
Unternehmen des Handwerks (1992)	150 (davon Metallgew. 53, Bau- und Ausbaugew. 40, Bekleid.-,Textil.-Gew. 24)			
Wichtigste Wirtschaftszweige/ Produktionszweige	Elektrowerkzeuge, Baustoffe, Strickwaren, Betriebsmittel für Elektronikproduktion, Maschinenbau			

Gewerbeflächen (1993)

Gewerblich nutzbare Bauflächen:	Mischgebiet (MI)	Gewerbegebiet (GE)	Industriegebiet (GI)
insgesamt		5,3 ha	
in genehmigten Bebauungsplänen		0,3 ha	
davon in Gemeindebesitz		0,3 ha	
davon erschlossen		0,3 ha	
über FNP geplante Bauflächen		5,0 ha	
Grundstückspreis (incl. Erschl.)		65,00 DM/m²	
Erschließungskosten			
Erschließung:			
Gleisanschluß	nicht vorhanden	Wasserpreis 2,25 DM/m³	
Gasanschluß	nicht vorhanden	Abwassergebühr 2,00 DM/m³	
freie Klärkapazität	vorhanden		
Deponiekapazität bis			
Verfügbare Gewerbebrachflächen	nicht vorhanden		
Mietpreise:			
Gewerbefläche (Produktion und Lager)		Büroflächen	
Ladenmieten			
Geschäftskern		Nebenkern	
Gemarkungsfläche (1989)	6127 ha	Einw./km² (1992) 108	Siedlungsfläche 8,0 %

Wohnungsmarkt (1993)

Ausgewiesene Wohnbauflächen		Grundstückspreis
bebaubar und erschlossen	0,8 ha	125,00 - 180,00 DM/m²
zur Erschließung innerhalb 5 J. vorgesehen	15,0 ha	
Durchschnittliches Wohnungsmietpreisniveau		
Altbau (bis 1960)		4,50 - 6,50 DM/m²
Neubau		6,50 - 9,50 DM/m²

Finanz- und Steuerdaten

Steuerkraftsumme/Einwohner (1991)	1111,00 DM		
Steuerhebesätze (in %) (1991)	Grundsteuer A	Grundsteuer B	Gewerbesteuer
	280	230	320
Kaufkraft (ungebundene am Wohnort) (1987)	19.195,00 DM/EW		54.285,00 DM/Haushalt

Infrastrukturausstattung (1993)

Bildungseinrichtungen	Grundschule	4	Hauptschule	1
	Realschule	Pfull., Engst.	Gymnasium	Pfullingen
	Privatschule	Tüb., Rtlg.	Sonderschule	Pfullingen
	Berufsschule	Reutlingen	Berufsfachschule	Reutlingen
	Fachhochschule	RT, Albst., NÜ	Universität	Tübingen, Stuttgart
Gesundheits- und Sozialeinrichtungen	Ärzte	7	Apotheke	1
	Krankenhaus	Reutlingen	Kurhaus	
	Kindergärten	x	Kindertagesstätten	
	Altenheim	Pfullingen	Altenpflegeheim	Pfullingen
	Sozialstation		Krankenpflegeverein	x
Kultur-, Sport-, Freizeiteinrichtungen	4 Sportplätze, 12 Tennisplätze, 2 Tennishallen, 4 Mehrzweckhallen, 1 Reithalle, 4 Skilifte, 5 Skiloipen, 1 Golfplatz, 2 Schießsportanlagen, 1 Campingplatz, 1 Jugendherberge, Museen, Bücherei			
Gastronomie	1 Hotel, 6 Restaurants, 797 Gästebetten			
Städtepartnerschaft	Corseul/Bretagne (Frankreich)			

Fördermöglichkeiten

vgl. Teil III "Wirtschaftsförderung" und Tabelle "Regionale Finanzhilfen"
Fördergebiet Strukturprogramm Ländlicher Raum (PLR)
Fremdenverkehrsfördergebiet

Der Arbeitskreis Rhein-Neckar-Dreieck - Dialog über Grenzen

von

Hans Joachim Bremme

Das Rhein-Neckar-Dreieck ist der siebtgrößte deutsche Ballungsraum. Diese anhand der Bevölkerungsdichte erstellte Reihenfolge sagt zunächst nichts über Leistungsfähigkeit und Güte einer Region aus. Solche Leistungen und Werte bedürfen daher um so mehr der sorgfältigen Darstellung nach außen, die wiederum ohne das Engagement möglichst vieler Kräfte der Region nicht auskommt. Das Rhein-Neckar-Dreieck hat unbestreitbar markante und populäre Anziehungspunkte wie Heidelberg, Weinstraße und Bergstraße im Bereich Tourismus, die verschiedenen Wissenschafts- und Forschungseinrichtungen der Region und nicht zuletzt die hier ansässigen großen Industrieunternehmen. Doch diese reichen als einzelne Faktoren nicht länger aus, um das Profil der Region wirksam darzustellen. Dabei kommt gerade den Regionen seit der Öffnung des europäischen Binnenmarktes eine neue Rolle zu. In diesem "Europa der Regionen" verlieren Grenzen zunehmend an Bedeutung, während die besonderen Eigenheiten der Regionen wichtiger werden.

Angesichts des auch über Landesgrenzen hinweg herrschenden Wettbewerbs der Kommunen und Regionen um das Interesse von Investoren und Führungskräften wurde im Rhein-Neckar-Dreieck vor einigen Jahren erkannt, daß für die konzertierte Imagepflege der Region neue Impulse nötig sind. Daher gründeten 1989 die Städte Heidelberg, Ludwigshafen und Mannheim, die IHK Rhein-Neckar, die IHK für die Pfalz, der Raumordnungsverband Rhein-Neckar und Vertreter der Wirtschaft den Arbeitskreis Rhein-Neckar-Dreieck als gemeinnützigen eingetragenen Verein. Dieser macht seither durch systematische Öffentlichkeitsarbeit Informationen über die Region verfügbar, pflegt ihr Image und fördert die Zusammenarbeit in allen Bereichen innerhalb der Region. Die Förderung und Entwicklung von Dialog und Koordination als permanente Aufgabe des Arbeitskreises entwickelte sich von ersten bescheidenen Schritten zu deutlichen Akzenten in der Region.

Die Anstrengungen richteten sich zunächst nach außen. Der Arbeitskreis begann 1991 mit Anzeigenkampagnen, um den Begriff Rhein-Neckar-Dreieck zu positionieren. Damit wurden die Gemeinsamkeiten der Region bundesweit und auch innen dargestellt.

Eine Studie der Universität Mannheim hatte 1987 bei Studierenden der Betriebswirtschaft eine weitgehende Unkenntnis des Rhein-Neckar-Raumes festgestellt, die sich beispielsweise in einer zum Teil erheblichen Überschätzung der geographischen Entfernung Mannheim - Heidelberg manifestierte. Unter dem Aspekt der Gewinnung von Führungskräftenachwuchs mußte dies für die Wirtschaft der Region ein Alarmsignal sein. Auch unter veränderten wirtschaftlichen Bedingungen, bei denen weniger die Expansion als der Strukturwandel und die Ansiedelung neuer Gewerbe im Mittelpunkt stehen, erfordern die "harten" und "weichen" Standortfaktoren verstärkt Aufmerksamkeit. Bemühungen zur Imagepflege müssen sich indessen auch nach "innen" richten. Umfragen unter den Bewohnern des Rhein-Neckar-Raumes hatten eine kaum vorhandenen Identifizierung mit der Region ergeben, nur 17 Prozent empfinden sich über Ländergrenzen hinweg als Bewohner des "Rhein-Neckar-Raumes".

Mit gezielter PR und einer Hochschul-Journalistenreise in die Region setzte der Arbeitskreis seine Imageförderung in Gang. Dazu gehört auch die Einrichtung eines regelmäßigen Gesprächskreises, in dem sich Experten für Öffentlichkeitsarbeit aus Kommunen, Unternehmen und Kammern beraten.

Im Initiativkreis Wirtschaft entwickeln seit 1990 der Vorstandsvorsitzende der BASF AG und Vertreter der 20 bedeutendsten Unternehmen der Region gemeinsame Aktionen zur Unterstützung des Arbeitskreises.

Weitere Gesprächskreise und Arbeitsgruppen tagen themen- oder projektorientiert und dienen der Anbahnung informeller Kontakte, der Verbesserung des Informationsaustausches und letztlich der Institutionalisierung des sachbezogenen Dialogs. In solchen, vom Arbeitskreis begleiteten Gesprächsrunden, trafen und treffen sich die Museen und Kunstvereine, die Hochschulen, die Wirtschaftsförderer, die PR- und Werbeleiter und die Gewerkschaften. In ähnlicher Weise organisierte der Arbeitskreis 1994 ein erstmaliges Treffen der Landtagsabgeordneten der Region, also Mandatsträgern aus drei Landtagen. In allen Fällen bringen diese Gremien Fachleute an einen Tisch, die sich ansonsten in den jeweiligen Strukturen der Bundesländer bewegen und - mit Ausnahme der grenzüberschreitenden Arbeit des Raumordnungsverbandes - darüber hinaus keine institutionalisierten Kontakte haben.

Diese besondere Problematik der Dreiländer-Lage, die in der Regionalplanung des Raumordnungsverbandes Rhein-Neckar sowohl reflektiert wie auch in Ansätzen überwunden wird, stellt eine ständige Herausforderung für den Arbeitskreis dar. Auf seine Einladung hin wurden 1991 den drei zuständigen Ministerpräsidenten der Bundesländer Baden-Württemberg, Hessen und Rheinland-Pfalz (Teufel, Eichel, Scharping) bei einem gemeinsamen Treffen regionale Themen vorgetragen. Verbesserung des Öffentlichen Nahverkehrs, TGV-Anbindung, Regionalflughafen, gemeinsame Kulturprojekte und Wirtschaftsförderung und die Nutzung ehemaliger Militärflächen haben nur als grenzüberschreitende Maßnahmen eine reale Perspektive.

Die Sammlung und Bereitstellung von Informationen über die Region ist eines der Ziele des Arbeitskreises, dies dokumentiert die Palette der von ihm herausgegebenen und angeregten Veröffentlichungen. In Broschüren werden beispielsweise sieben ausgewählte Wirtschaftsentwicklungsgebiete (ein Ergebnis des Gesprächskreises der Wirtschaftsförderer) oder die insgesamt 126 Museen der Region vorgestellt, ein Sportkalender informiert über den regionalen Spitzensport in Fußball, Eishockey, Tennis oder Handball. Die Broschüre "Daten und Fakten" bündelt, jährlich aktualisiert, relevante Zahlen der Region. 1991 begann die Herausgabe eines monatlichen Kulturkalenders, der seit Februar 1994 in erneuerter Form als "SCALA - Kulturkaleidoskop für das Rhein-Neckar-Dreieck" jeden Monat kulturelle Ereignisse vor allem aus den Bereichen klassische Musik, Oper, Theater, Literatur verzeichnet. Eine Übersicht über Ausstellungen und Galerien, Buchbesprechungen, gastronomische Tips, kurze, informative Artikel über Akteure und Veranstaltungen sowie ein Adressenteil ergänzen das in einer Auflage von 20 000 Exemplaren in der Region kostenlos verteilte Heft. Ähnlich wie SCALA richten sich kleine, handliche Bändchen über die 126 Burgen und Schlösser oder die Feste und Märkte im Rhein-Neckar-Dreieck sowohl an Gäste wie Bewohner der Region. Sie entstanden ebenso auf Anregung und mit Unterstützung des Arbeitskreises wie ein Mitte 1995 erschienener Bildband über die großen Museen des Rhein-Neckar-Dreiecks.
Gerade die Kultur der Region vermag es, durch ihre Ausstrahlung den 1,9 Millionen Einwohnern so etwas wie ein "Wir-Gefühl" zu vermitteln - vorausgesetzt, es gelingt, kulturelle Ereignisse in der gesamten Region auch bekannt zu machen. Dazu will der Arbeitskreis beitragen.
Die im Aufbau befindliche "Datenbank regionale Landeskunde" sammelt darüber hinaus Informationen aus unterschiedlichsten Gebieten. Zahlen, Personen und Ereignisse etwa aus Geschichte und Politik, Wirtschaft, Kunst und Literatur, Natur, Wissenschaft und Technik, aber auch Sagen, Märchen und Kuriosa aller Art verdichten sich - denn Vollständigkeit wird angestrebt - zu einem interessanten Panorama.

Die visuelle Umsetzung regionaler Facetten leistet das Projekt eines Videofilmes, der wie andere Medien, Stellwände und Broschüren zur Präsentation der Region in der Öffentlichkeit, beispielsweise auf Messen, dienen wird.

Für medienwirksame Präsenz des Rhein-Neckar-Dreiecks bzw. des Arbeitskreis-Logos sorgt das Engagement bei den Bundesligisten SV Waldhof Mannheim im Fußball und Grün-Weiß Mannheim im Tennis. Sowohl den Zuschauern aus der Region wie denjenigen der Fernsehübertragungen wird dabei in Erinnerung gerufen, daß beide Vereine "Zuhause im Rhein-Neckar-Dreieck" sind.

Mit solchen Aktivitäten will der Arbeitskreises dazu beitragen, die sich noch wiederspiegelnde Unheitlichkeit des Rhein-Neckar-Dreiecks - wie etwa bei Tageszeitungen und Rundfunksendern - zu überwinden.

Neben der Initiierung und Organisierung des Dialoges versteht sich der Arbeitskreis auch als Koordinator, der über vorhandene Strukturen hinweg neue Formen der Zusammenarbeit insbesondere über die Ländergrenzen der Region hinaus anstrebt. Ein erster Beispiel dafür war ein länderübergreifendes Treffen der Wirtschaftsminister, das 1993 schließlich in die Gründung einer zweimal jährlich tagenden interministeriellen Arbeitsgruppe mündete, in der zusammen mit dem Arbeitskreis Rhein-Neckar-Dreieck neue Wege zu Kooperationen und Lösungen gesucht werden.

Initiierend und moderierend leitet der Arbeitskreis neue Formen der Zusammenarbeit ein, um sie dann, wie etwa beim Thema "Forschung und Entwicklung" unter die federführende Obhut der Universität Mannheim, in eigendynamische Existenz zu überführen. Mit den gemachten Erfahrungen werden dann neue Themen angegangen, gegenwärtig eine Untersuchung des "Medienstandortes Rhein-Neckar-Dreieck".

Ein bemerkenswertes Beispiel der Koordination vorhandener regionaler Kräfte und Fähigkeiten war die vom Arbeitskreis initiierte Ausstellungs- und Veranstaltungsreihe "Widerstreit der Bilderwelten - Kunst und Kultur der 20er Jahre", die 1994/95 über die Region hinaus Aufmerksamkeit erfuhr. Hier war es gelungen, mit der Kunsthalle Mannheim, dem Wilhelm-Hack-Museum Ludwigshafen, dem Reiß-Museum Mannheim, dem Landesmuseum für Technik und Arbeit Mannheim, dem Kurpfälzischen Museum Heidelberg, den Kunstvereinen in Heidelberg, Ludwigshafen und Mannheim, den Archiven der Region, dem Mannheimer Kommunalen Kino Cinema Quadrat, der Universität Heidelberg, den kulturellen Veranstaltungen der BASF AG sowie dem Nationaltheater Mannheim, dem Theater der Stadt Heidelberg und dem Theater im Pfalzbau Ludwigshafen wichtige Kulturveranstalter zu einem in der Region bislang einmaligen Projekt zusammen zu bringen. Mehr als eine Viertelmillion Menschen sahen zehn Ausstellungen der Museen, Kunstvereine und Archive. Über 17.000 Besucher kamen zu 30 Vorstellungen der Theater und 6500 Interessenten fanden den Weg zu weiteren Veranstaltungen innerhalb des Gesamtprojektes. Das Rahmenprogramm und die direkten Berichte von 3 sat, insgesamt 38 Sendungen, wurden von insgesamt 2,7 Millionen Zuschauern gesehen.

Ein qualitativ völlig neues Engagement wagte der Arbeitskreis in Zusammenarbeit mit vier seiner Mitglieder, den Städten Ludwigshafen und Mannheim und den Firmen Bilfinger + Berger Projektentwicklung GmbH und Fay KG, auf der MIPIM, der größten Immobilienmesse der Welt in Cannes. Im März diesen Jahres trafen sich dort rund 6000 Experten aus 47 Ländern. Neben Immobilienmaklern, Projektentwicklern, Banken, Architekturbüros und Baufirmen präsentierten sich auch internationale Metropolen, Regionalverbände und kommunale Wirtschaftsförderer. Das Rhein-Neckar-Dreieck war auf der MIPIM zum ersten Mal mit einem Gemeinschaftsstand vertreten. Als Modelle vorgestellt wurden dabei gegenwärtig projektierte Vorhaben in den beiden Großstädten. Das Werben um Investoren und Projektentwickler findet - gerade seit der Öffnung des EU-Binnenmarktes - verstärkt auf internationalem Parkett statt, um so mehr wurde am Stand des Rhein-Neckar-Dreiecks Wert darauf gelegt, durch die Präsentation vor allem den Bekanntheitsgrad der Region zu steigern und ihre Entwicklungsmöglichkeiten darzustellen. Der erste Auftritt des Arbeitskreises Rhein-Neckar-Dreieck auf einem solchen Forum kennzeichnet die gewachsenen Aufgaben und den Reifeprozeß im Selbstverständnis dieses Zusammenschlusses. Die dabei gewonnenen Erfahrungen und Erkenntnisse sollen nutzbringend eingesetzt werden, wenn sich der Arbeitskreis auf der nächsten Hannover-Messe präsentieren wird.

Für den in der Darstellung nach außen gewonnen Elan war Voraussetzung, daß auch im Arbeitskreis selbst eine entsprechende Entwicklung stattfand. Dies dokumentiert auf der quantitativen Seite die mittlerweile fast erreichte Zahl von 100 Mitgliedern, auf der qualitativen Seite spiegelt die Struktur der Mitgliedschaft die Vielfalt wieder. Neben den Gründungsmitgliedern sind weitere 12 Kommunen und Landkreise darunter, außerdem die Universität Mannheim sowie Banken, Industrieunternehmen, Verlage, Nahverkehrsunternehmen, Versicherungen, Immobilien- und Wirtschaftsförderungsgesellschaften. Daß unter den Vertretern der Wirtschaft fast sämtliche renommierten Unternehmen der Region zu finden sind, unterstreicht gerade angesichts der Freiwilligkeit der Mitgliedschaft das Potential des Arbeitskreises. Im Vorstand wird dieses Spektrum mit Vertretern der Wirtschaft, der Kommunen und zwei Hauptgeschäftsführern der IHK repräsentiert. Das Kuratorium aus führenden Persönlichkeiten der Region begleitet die Tätigkeit des Arbeitskreises beratend und unterstützend. Die Kuratoriumsmitglieder wie Bundeskanzler Helmut Kohl, Regierungspräsidentin Gerlinde Hämmerle (Karlsruhe), Regierungspräsident Rainer Rund (Pfalz), die Oberbürgermeister wichtiger Kommunen, die Präsidenten der IHK Rhein-Neckar und der IHK für die Pfalz, die Vorstandsvorsitzenden von BASF und ABB, die Rektoren der Universitäten, zwei Museumsdirektoren und ein Theaterintendant signalisieren die grenz- und tätigkeitsübergreifende Bedeutung der Arbeit des Arbeitskreises.

Der Arbeitskreis selbst - mit der Rechtsform eines eingetragenen Vereins - kann als einmalig und modellhaft angesehen werden. Kein anderer Ballungsraum der Bundesrepublik Deutschland liegt in drei Bundesländern und nirgendwo sonst hat sich auf der Basis der Freiwilligkeit ein Bündnis der wichtigsten Kräfte einer Region zusammengefunden. Daß die aus dem Drei-Länder-Eck resultierenden Besonderheiten nicht einfach hingenommen werden, sondern daß immer mehr Personen, Städte und Gemeinden, Institutionen und Unternehmen die Gemeinsamkeiten des Rhein-Neckar-Dreiecks in den Vordergrund stellen, kann bereits als wichtige Voraussetzung für die Entfaltung der Region angesehen werden. Da außer in den bekannten Oberzentren, den Großstädten, auch in den Mittelzentren mehr und mehr festgestellt wird, daß das Image der Region auch ureigene Entwicklungschancen beeinflußt, bildet sich nun ein Denken in Gemeinsamkeiten heraus. Diese Gemeinsamkeit hat nicht nur historische Wurzeln in der längst vergangenen Kurpfalz, sondern auch höchst aktuelle Verflechtungen rechts und links der beiden Flüsse, die dem Rhein-Neckar-Dreieck den Namen geben. Etliche Unternehmen sind mit Dependancen im ganzen Rhein-Neckar-Dreieck vertreten. Pendlerströme wie Produkte der einheimischen Landwirtschaft verteilen sich großflächig im gesamten Gebiet, der Öffentliche Nahverkehr kennt schon länger keine Ländergrenzen mehr. In der Freizeit oder beim Sport sind Weinstraße und Pfälzer Wald, Bergstraße und Odenwald, Heidelberg und das Neckartal oder der SV Waldhof und der Hockenheimring Ziele, mit denen die Region sich identifiziert.

Nach wie vor kann das Rhein-Neckar-Dreieck als Region angesehen werden, die einem verstärkten Strukturwandel unterliegt und gerade daraus besondere Stärken entwickeln kann, wenn sich dieser Wandel mit den vorhandenen Vorzügen verbindet. Mehr denn je zählt dazu die zentrale Lage in Deutschland und Europa und die damit einhergehende günstige Verkehrslage. Mannheim beherbergt einen der wichtigsten Knotenpunkt des IC/ICE-Netzes und zusammen mit Ludwigshafen eines der größten Binnenhafenzentren Europas. Unternehmen von Weltruf haben in der Region ihren Sitz. Banken, Versicherungen und andere Dienstleister, Chemie, Kraftfahrzeug- und Maschinenbau, Elektroindustrie und die Nahrungs- und Genußmittelbranche bilden die Schwerpunkte. Insgesamt bieten mehr als 60.000 Unternehmen qualifizierte Arbeitsplätze an; 1,9 Millionen Einwohner machen das Rhein-Neckar-Dreieck wie eingangs erwähnt zum siebtgrößten Ballungsraum in der Bundesrepublik Deutschland. Im Vergleich zu 1970, als noch 62 Prozent aller Beschäftigten im produzierenden Gewerbe tätig waren, sank dieser Anteil auf 49 Prozent, während Dienstleistungen und Handel nun 51 Prozent der Beschäftigten aufweisen.

In Sichtweite der Industriekulissen existiert im Rhein-Neckar-Dreieck nach wie vor eine vielseitige Landwirtschaft, die sich harmonisch mit touristisch attraktiven Zielen verbindet.

Die traditionsreiche Heidelberger Universität, die Universität Mannheim, die Verwaltungshochschule in Speyer sowie verschiedene Fachhochschulen bieten hervorragende Möglichkeiten zur Aus- und Weiterbildung junger Leute. Zusammen mit bedeutenden Forschungseinrichtungen wie dem Europäischen Laboratorium für Molekularbiologie, den Max-Planck-Instituten für Völkerrecht, Astronomie, Kernphysik und medizinische Forschung, dem Deutschen Krebsforschungszentrum, dem Institut für Deutsche Sprache und Forschungseinrichtungen der Industrie (IBM, ABB) stellt dies ein gewichtiges Potential für die Entwicklung der Region dar.

Die strukturelle Vielgestaltigkeit der Region, deren Ländergrenzen im Alltag oft allenfalls noch anläßlich der Schulferien oder Kommunalwahlen auffallen, wird von vielen Menschen im Berufsleben wie in der Freizeit positiv wahrgenommen. Eine Umfrage der Universität Mannheim unter 128 Führungskräften der Region hat ergeben, daß sich 113 von ihnen hier "zu Hause" fühlen und 122 ihren Wohnort im Rhein-Neckar-Dreieck noch einmal wählen würden. Die Studie ergab auch, daß vor allem Personen, die länger als fünf Jahre in der Region lebten, sie auch besonders schätzten. Die räumliche Nähe von Industrie und Gewerbe, Wissenschaft, Naherholung, Einkaufsmöglichkeiten und Wohnen trägt wesentlich zu solch positiven Einschätzungen bei. Dennoch kann sich die Region nicht auf der Wertschätzung ihrer Bewohner ausruhen. Um mit Stärken und Schwächen der regionalen Struktur besser umgehen zu können, gab der Arbeitskreis eine Studie in Auftrag. "Der Wirtschaftsstandort Rhein-Neckar-Dreieck: Standortqualität, Wirtschaftsstruktur und mögliche Entwicklungspfade" lautet der Titel der Untersuchung, die das Zentrum für europäische Wirtschaftsforschung GmbH (ZEW) in Mannheim im Herbst 1995 vorlegen wird. Insbesondere erhofft man von der Studie, für Ansiedlungspolitik und Bestandspflege neue Indikatoren gewinnen zu können.

Das Potential des Rhein-Neckar-Dreiecks in seiner Vielseitigkeit zu nutzen, die Chancen zur Veränderung wahrzunehmen und durch die Zusammenarbeit vieler Kräfte neue Ziele zu erreichen, kann als Herausforderung der Region wie auch des Arbeitskreises Rhein-Neckar-Dreieck begriffen werden. Nur die Fortsetzung des begonnenen Weges der Kooperation wird sichern, daß gemeinsame Ziele und nicht Partikularinteressen zu einer wahrhaft regionale Dynamik führen.

Regional-Marketing Wirtschaftsregion Heilbronn

von

Ekkehard Hein

1. Ziel:

Image ist das Bild, das sich andere von uns machen, aber auch das, das wir selbst von uns haben.

Unsere regionalen Vertreter der Region Franken wollen, daß sich andere ein besseres Bild von der Region machen.

Die regionalpolitischen Akteure möchten **aus ihrer lokalen Zersplittertheit heraus und wollen nach außen ein überzeugendes Image präsentieren, um den Bekanntheitsgrad zu erhöhen und eine neue vermarktbare Identität zu gewinnen.**

2. Ausgangspunkt

Vor dem Hintergrund eines zunehmenden Wettbewerbes der Regionen in Deutschland gab es Ende der 80er Jahre bei wachsender Standortkonkurrenz um gewerbliche Betriebe bundesweit eine vehemente regionale Standortdiskussion. Zudem gewannen im Zuge des sozialen Wertewandels "weiche Standortfaktoren" zunehmendes Gewicht und kulturell wichtige Veranstaltungen wurden auch in ländliche Räume getragen. Das bekannteste Beispiel hierfür war das "Schleswig-Holstein-Festival" mit Justus Frantz.

Landschaftliche, wirtschaftsstrukturelle und kulturelle Elemente wurden erfolgreich im Ruhrgebiet zusammengeführt. Das Ruhrgebiet war angeschlagen, litt unter einem negativen Image, da dessen industrieller Kern Kohle und Stahl einem dramatischen Schrumpfungsprozeß unterlag. In der "Initiative Ruhrgebiet" wurde von Repräsentanten der Wirtschaft und des öffentlichen Lebens beispielhaft der Versuch unternommen, gemeinsamen Willen und regionale Identität zu demonstrieren.

Andere Regionen, wie das Rhein-Neckar-Dreieck folgten.

Vor diesem Hintergrund empfanden wir in Heilbronn schnell den Mangel, eine bundesweit **völlig unbekannte Region** zu sein, die es schwer haben wird, sich im zusammenwachsenden Europa mit 111 selbstbewußten Bürgermeisterstimmen Gehör zu verschaffen oder sich doch wenigstens bemerkbar zu machen. Bei zunehmender Globalisierung der Märkte konnte Nichtstun bedeuten, in provinzieller Enge zu verharren.

Mit großem Interesse verfolgten wir beim Regionalverband Franken die Aktion im benachbarten Rhein-Neckar-Dreieck und erschraken über die dort gehandelten finanziellen Beträge. Denn bei uns ist man sparsam. Uns wurde leider bewußt, wir würden uns mit einer solchen Aktion finanziell übernehmen und sahen auch keine regionalpolitische Basis, weder von der gesetzlichen Kompetenz noch von eigenem Personal oder der Finanzkraft. Der insgesamt erforderliche Finanzeinsatz von ca. 1. Million DM für eine breit angelegte Imagewerbung hätte für uns eine Verdoppelung der Umlage bedeutet.

Wir erkannten für uns intern:
Eine Imagewerbung für die Region kann nicht von einzelnen Personen oder Institutionen umgesetzt werden, vielmehr brauchen wir dafür eine Seilschaft.

3. Institutioneller Ansatz

Diese Seilschaft war in unserem Fall der Arbeitskreis **"Wirtschaftsförderung Region Franken"**.

Dieser Arbeitskreis ist Mitte der 70er Jahre ad hoc entstanden, als eine große Beschäftigungskrise wegen der drohenden Schließung des NSU-Werks in Neckarsulm über dem ganzen Heilbronner Raum schwebte. Dieser Arbeitskreis arbeitet also schon seit 20 Jahren und das ohne jede Satzung, Vereinsstatut oder Gesellschaftsvertrag.

Seit Gründung waren in dem Arbeitskreis folgende Institutionen vertreten: IHK Heilbronn, Regionalverband Franken, HWK Heilbronn, Stadt Heilbronn, unsere vier Landkreise, drei Arbeitsämter sowie einige Städte. Später kamen die Gewerkschaften (IGM, DGB) dazu. Zur Zeit wird eine Erweiterung um Unternehmerpersönlichkeiten vorgenommen. Dann wird der Arbeitskreis mit ca. 25 Teilnehmern allerdings auch an die Grenze der Beweglichkeit ankommen. Den Hauptanteil der Arbeit hat die ganze Zeit die IHK übernommen, für den Hauptgeschäftsführer Dr. Schmalz war der Arbeitskreis immer ein Herzensanliegen.

Seit 1980 geht der Arbeitskreis auf die große Industriemesse in Hannover. Anfangs wurde dort ein kleiner Stand mit ca. 30 qm Fläche betrieben, mit dem in erster Linie Wirtschaftswerbung für die Region Franken gemacht wurde. Seit 1985 wird ein Stand mit etwa 200 qm präsentiert, in dem ca. 10 Firmen aus der Region als Unteraussteller auf die Messe gehen. Im nächsten Jahr soll der Stand auf 300 qm ausgedehnt werden. Bisher blieb aus der Messebeteiligung ein Zuschußbedarf von ca. 50.000 DM, den sich die IHK und die Kreise der Region teilten. Der Regionalverband beteiligte sich mit manpower.

Der Arbeitskreis hat die ganze Zeit nicht krampfhaft versucht, den großen Goldfisch zu angeln, sondern auch viel Informationsmaterial gestreut. Schon immer war die Leitlinie, daß die Bestandspflege die wichtigste Wirtschaftspolitik eines Raumes sein muß. Das steht auch in unserem Regionalplan von 1980. Es kam also immer auf Informationsvermittlung, auf Kontakte und Gespräche an.

In diesen "Arbeitskreis Wirtschaftsförderung Region Franken" brachte ich 1989 die Idee ein, die Tragfähigkeit unsere Region für eine solche Aktion zu prüfen. Es wurde darauf hin ad hoc eine Arbeitsgruppe gebildet, die sich mit der Imagewerbung beschäftigen sollte.

Diese auf Zuruf entstandene Arbeitsgruppe entwickelte ein Konzept über Stärken und Schwächen der Region Franken. Insbesondere wurde ein Stichwortkatalog entwickelt, der die Vielfalt der Informationen für eine Imagekampagne systematisierte und einen Vorschlag für potentielle Zielgruppen vorlegte.

Es war allen Beteiligten klar, daß die Arbeitsgruppe nur Vorbereitungen leisten konnte. Die Imagekampagne sollte dann von einer professionellen Agentur ausgeführt werden.

Eigentlich war die Vorbereitungsarbeit schon 1989 beendet, aber dann kam die deutsche Wiedervereinigung. Die federführende IHK Heilbronn war durch vielfältige Hilfen an ihre Partnerkammer in Frankfurt/Oder belastet. Ich habe dann im Jahr 1990 die Ergebnisse referiert und stets dran erinnert, daß wir eine regionale Imagewerbung für unabdingbar halten, wenn wir nicht das Risiko eingehen wollen, in eine Negativspirale zu rutschen.

Es dauerte aber bis zum Juni 1991, bis der Punkt wieder auf die Tagesordnung kam. Wieder berichtete ich über die bisherige Arbeit und betonte die Wichtigkeit einer Imagewerbung.

Sie können sich vorstellen, daß es 1991 mitten im deutschen Aufschwung gar nicht so einfach war, bei den beteiligten Institutionen überhaupt das Problem als dringlich darzustellen. Dennoch wurde die grundsätzliche Notwendigkeit gesehen und anerkannt, so daß die Frage, welches "Produkt" eigentlich vermarktet werden solle, konkretisiert werden mußte.

4. Produktentwicklung

Für eine Imagewerbung mußte das passende **Leitbild** gefunden werden. Dabei galt es zwischen dem derzeitigen äußeren Image und der Selbsteinschätzung den richtigen Weg zu finden.

Die subjektive Bewertung ist stärker von der **vielfältigen Struktur** in unserer Region geprägt.

Historisch spiegelt sich noch heute die Rolle der ehemals freien Reichsstädte Heilbronn, Bad Wimpfen und Schwäbisch Hall in einem ausgeprägten Selbstbewußtsein ihrer Bürger. Auch die reiche historische Vergangenheit aufgrund der territorialen Zersplitterung der übrigen Gebiete manifestiert sich in zahlreichen historischen Zeugnissen, so hat die Region mehr Schlösser und Burgen als Gemeinden.

Im 19. Jahrhundert avancierte Heilbronn zur größten Industriestadt des Königreiches Württemberg, währenddessen der Hohenloher Raum sich als "württembergische Kornkammer" eher stiefmütterlich behandelt fühlte.

In neuerer Zeit versuchte sich Heilbronn zwar als Käthchen- und Weinstadt, blieb jedoch eigentlich Industriestadt oder selbstkritisch die Stadt der Händler und Krämerseelen, während sich der ländliche Raum der übrigen Region als strukturschwacher dünnbesiedelter Raum wiederfand, der abfällig in Teilräumen in dem wenig schmeichelhaften Begriff "Badisch Sibirien" umschrieben wurde.

Wie sollte man bei einer kritischen Bewertung vermitteln, daß die Region heute nicht nur die flächenmäßig größte Region in Baden-Württemberg ist, sondern auch eine der dynamischsten Regionen in Bezug auf Wohnungsbau und Beschäftigtenentwicklung ist. In den 80er Jahren wurden beispielsweise allein im Kraftwerksbau mehr als 6 Milliarden DM investiert.

Gleichwohl war uns bewußt, daß die Region Franken außerhalb im übrigen Baden-Württemberg wohl eher als ländliche Region bekannt war. Allenfalls genießt noch der Raum Heilbronn Neckarsulm im "Unterland" die Bekanntheit eines industriellen Kerns, der Restraum gilt eher als Notstandsgebiet, das jahrzehntelang von Bund und Land gefördert werden mußte. Garniert wird der Raum allenfalls durch ein bißchen Kultur, wie Langenburg, Schwäbisch Hall oder Kloster Schöntal, Provinz eben.

Noch problematischer stellt sich die Situation für unsere Region außerhalb von Baden-Württemberg dar. Eine Befragung über das Image unserer Region ist nördlich der Mainlinie völlig überflüssig, denn wie sollen die Befragten sich über einen Landstrich äußern, den sie überhaupt nicht kennen.

Nur punktuell sind das Heilbronner Käthchen, insbesondere bei der älteren Generation bekannt, ebenso NSU und AUDI, eine Bausparkasse in Schwäbisch Hall, vielleicht noch das Nahverkehrsmodell Hohenlohe oder der Bundschuh in Boxberg, der die Daimler Teststrecke vertrieb. Eine geographische Verortung ist den meisten nicht möglich.

Wie soll eine solche regionale Provinz ein interessantes Profil zeichnen und eine klare Individualität herausarbeiten, um den Standort von anderen positiv abzuheben? Die Durchführung mußte klar in professionelle Hand.

5. Durchführung

Die Durchführung erfolgte ab 1991 unter Federführung der IHK Heilbronn im "Arbeitskreis Wirtschaftsförderung Region Franken". Die Kerngruppe bestand aus den jeweiligen hauptamtlichen Leitern der IHK-Heilbronn, der Handwerkskammer Heilbronn, des Regionalverbandes Franken, der Stadt Heilbronn und den vier Landkreisen der Region, also acht Institutionen.

Zufällig bemühte sich zu diesem Zeitpunkt auch die Stadt Heilbronn um ein neues Image, um das Bild der Käthchen- und Weinstadt neu zu entwickeln und setzte dafür ca. 200.000,- DM ein. Das war eine wichtige Initialzündung, das war eine erste finanzielle Basis, ein fester Kern, um den herum sich etwas entwickeln ließ.

Im April 1992 waren die Finanzzusagen da, um durch drei Agenturen die Grobkonzepte erstellen zu lassen. Im Juli 1992 wurden dann auch Beträge genannt. Für die Kampagne sollten 400.000 DM pro Jahr aufgewendet werden, die dann von den vorhin genannten acht Institutionen aufgebracht werden sollten. Es wurden also keine Privatunternehmen für die Finanzierung eingeschaltet.

Im Dezember 1992 war dann eine Frankfurter Werbeagentur aus dem Wettbewerb der Agenturen als Siegerin hervorgegangen. Bis zur Hannover Messe im April 1993 wurde ein neues Layout für alle Werbeträger entwickelt.

Ein besonderes Problem war dabei ein zugkräftiger Name. Es gibt Regionen und auch IHKs, die uns um unseren kurzen Namen beneiden. Aber der Begriff **Franken** wird leider von den Bayern beansprucht und was schlimmer ist, auch von anderen Bundesbürgern so mißverstanden, d. h. uns war schmerzhaft bewußt, daß eine erfolgreiche Imagewerbung für die Region Franken ein großer Erfolg für Nürnberg oder Würzburg werden könnte. Deshalb wurde für die Imagewerbung viel über den Namen diskutiert. Hier brach die ganze Regionsproblematik (fehlendes Regionalbewußtsein, Kirchturm- oder Tälerdenken, große interne Verschiedenheit) wieder auf. Ich könnte Ihnen schildern, wieviele Doppel- und Dreifachnamen gehandelt und wieder verworfen wurden. Die allgemeine Entwicklung kam uns zu Hilfe, ich erinnere an die Umbenennung der Region Stuttgart. Schließlich hat man sich auf folgende Formel geeinigt: Die politische Region Franken wird nicht angetastet. Als Versuch wird für die Imagekampagne der Begriff **"Wirtschaftsregion Heilbronn"** verwendet. Alle hoffen, daß es dabei bleibt: Die einen, weil der Name dann wieder verschwinden würde, die anderen, weil er dann auf Dauer bliebe.

Nach etwa fünf Jahren Vorbereitung, die aber große Pausen enthielten, wurde 1993 wirklich begonnen. Es waren im einzelnen folgende Aktionen:

- Signet für die Wirtschaftsregion
- Broschüre für die ganze Region mit Strukturblättern für die Stadt Heilbronn und die vier Landkreise,
- große Schautafeln, z. B. für die Messe oder Ausstellungen,
- Anzeigenmotive (Schraube, Salz, Stein, Glas, Götz v. Berlichingen, Bundesadler) und
- Schaltung von Annoncen beispielsweise in der Frankfurter Allgemeinen Zeitung, in Capital oder in der Herald Tribune.

Die jährlichen Kosten für diese Gemeinschaftsaktion betrug 1993 ca. 435.000,00 DM, die sich folgendermaßen verteilten:

Standortmarketing Einnahmen 1993

Landkreis Heilbronn	40.000,00 DM
Main-Tauber-Kreis	20.000,00 DM
Hohenlohekreis	20.000,00 DM
Landkreis Schwäbisch Hall	20.000,00 DM
Stadt Heilbronn	220.000,00 DM
Regionalverband Franken	40.000,00 DM
IHK Heilbronn	50.000,00 DM
gesamt	**435.000,00 DM**

Hinzukommen Personal- und Sachkosten der betreuenden Institution der IHK Heilbronn, so daß realistisch von jährlich einer halben Million ausgegangen werden muß.

6. Heutige Zielsetzung

Ich bin mir mit der IHK Heilbronn einig, daß die jetzige Imagewerbung zwar fortgesetzt werden muß, aber nur der Einstieg für ein umfassenderes Standortmarketing sein kann.

Die derzeit laufende Gemeinschaftsinitiative Imagewerbung umfaßt fünf Bausteine:

1. Basismaterial, also Statistiken mit Schautafeln, Prospekte, Stukturblätter der Kreise, Standortbörsenordner

2. Media-Anzeigenwerbung, wie Capital, Top Business, FAZ

3. Messebeteiligung, insbesondere Hannover Messe, Cebit und Frankfurter Messe

4. PR-Aktionen, beispielsweise im ICE, Pressearbeit, Einbindung von Firmen und Hotels, bei Veranstaltungen

5. Streumaterial, d. h. einfache Werbemittel für Normalbürger, wie Autoaufkleber, Regionskarte, Uhr, o. ä.

Die Aktionen müssen weiterentwickelt werden zu einem Standortmarketing. Die ersten vorbereitenden Gespräche sind angelaufen.

7. Erfolg/Rücklauf

Eigentlich ist es noch zu früh, aber Media-Leute können immer Erfolge vorweisen.

Wir wissen aus anderen Untersuchungen vom großen Streuverlust solcher Aktionen, z. B. erfolgen auf eine Veröffentlichung allenfalls fünf Erstkontakte, d. h. jede solche Anfrage kostet durchschnittlich 2.500,– DM.

Bei uns gab es bisher ca. 100 Reaktionen mit ganz unterschiedlicher Ausrichtung.

Neuere Untersuchungen belegen, daß allenfalls jede 8. Ansiedlung durch Aktivitäten des Standorts beeinflußt oder induziert wurde (Wirtschafts- und Kommunalberatung Dr. Steinröx, Medientest Wirtschaftsförderung, Hamburg 1993), d. h. hier handelt es sich überwiegend um einen Nachfragemarkt. Die Unternehmen machen ihre Standortuntersuchungen selbst. Ich will nicht verschweigen, daß in der oben genannten Untersuchung darauf verwiesen wird, daß insbesondere die Imagewerbung für größere Regionen nur geringe Erfolge erzielten.

Weiterer sichtbarer Einzelerfolg: Einige Gemeinden haben ihren Prospekt dem regionalen Layout angepaßt, z. B. die Kreisstadt Künzelsau.

Die eigene Rolle des Regionalverbands Franken kann ich so umreißen: Wir waren immer gut eingebunden. Das spricht für ein sehr gutes Verhältnis zur IHK. Das war aber nur möglich, weil wir uns personell und finanziell beteiligt haben. Es war uns vom personellen und finanziellen Aufwand her aber nicht möglich, nach der Initialzündung die Sache allein voranzutreiben oder gar die Federführung zu übernehmen. Ich will Ihnen nicht verhehlen, daß mich diese regionale Aufgabe schon gereizt hätte, auch eigenverantwortlich durchzuführen.

8. Zusammenfassung

Der Anlaß für die Gemeinschaftsinitiative war der Wunsch der regionalen Akteure nach einer besseren regionalen Repräsentation im Rahmen der Wirtschaftsförderung.

Aus dem Bewußtsein einer ausreichenden lokalen Identität, man könnte dies auch Lokalpatriotismus oder Kirchturmsdenken nennen, sind durch die Gemeinschaftsinitiative "Imagewerbung" erste vorsichtige Ansätze einer inneren regionalen Identität entstanden. Gespeist wird diese positive Rückkoppelung wohl aus einem naiven Grundvertrauen, man habe die gedruckte Werbung für die "Wirtschaftsregion Heilbronn " in überörtlichen, bundesweit bekannten, seriösen Zeitungen gelesen.

Selbstkritisch ist anzumerken, daß die bisher angesprochenen Zielgruppen sich vorerst fast ausschließlich auf prozentual sehr kleine "wirtschaftsnahe Kreise" beschränken, die eben Wirtschaftszeitungen lesen.

Eine positive Rückkoppelung erwarte ich über die "wirtschaftsnahen Persönlichkeiten", die in der Region wirken, also Unternehmer und leitende Angestellte aber auch die Herren Bürgermeister, die immer mehr Gemeinsamkeit fordern und jetzt erste Ansätze dazu erkennen können. Dies wäre ein guter Einstieg in eine Regionales **Standort-Marketing.** Denn meine persönlicher Einschätzung über die mögliche Wirkung dieser Initiative bezieht sich heute weit überwiegend auf die Binnenwirkung in einer Relation von 1:10, wenn es uns mit der Gemeinschaftsinitiative gelingt, die regionale Bewertung soweit zu verbessern, daß unsere Betriebe in der Regel bei uns erweitern und sich für die Menschen in der Region die eigene Bewertung ihres regionalen Umfeldes verbessert, dann ist schon der erste Schritt in die richtige Richtung gemacht. Über die nächsten Schritte eines konkreteren Standortmarketings berichte ich Ihnen gerne in der Regionalplanertagung 1999 hier in Überlingen.

II Anforderungen an die Fortschreibung des Landesentwicklungsplans Baden-Württemberg

Zur Rolle der Regionalplanertagung und des Regionalplaners

von

Gottfried Schmitz, Mannheim

Das Grußwort im Namen des Präsidiums der Akademie für Raumforschung und Landesplanung, einem der Mitveranstalter dieser jährlich stattfindenden Fachtagung der Regionalplaner in Baden-Württemberg, gibt mir (letztmalig) die Gelegenheit, einige Bemerkungen über die Rolle der Regionalplanertagung in diesem Land und die Rolle der Regionalplaner(innen) im allgemeinen zu machen.

Das jährlich stattfindende Treffen hat zum einen eine große Bedeutung für die Binnenstruktur der Landes- und Regionalplanung im Land und in den Regionen des Landes, indem es Gelegenheit bietet zur Vertiefung der fachlichen und persönlichen Kontakte unter den Kolleginnen und Kollegen und zum anderen für die Pflege unserer Außenbeziehungen, indem es eine Plattform darstellt für die Präsentation der Erfahrungen in der Raumplanung der Nachbarländer und Nachbarstaaten. Diese Funktion beweist auch "unser" diesjähriges Tagungsprogramm. Es gibt kaum Gründe dafür, in der Zukunft daran nicht festzuhalten.

Ich verstehe die Themenstellung auch der diesjährigen Tagung so, daß dies der Ort ist, an dem der für unsere planerische Arbeit so dringend notwendige Dialog geführt wird zwischen verantwortlichen Vertretern der Bundesraumordnung, der Landesentwicklung und Landesplanung, der Regionalen Planung und Regionalpolitik, der Raumordnungsbehörden und der planenden Verwaltung, zwischen den Generalisten und den Fachplanern. Diese Dialogfähigkeit muß gepflegt werden. Denn wir haben in den unterschiedlichen Funktionen doch eine gemeinsame Aufgabe.

Die Raumplanung ist nach einem Diktum eines meiner ehemaligen Chefs die Instanz für den Zusammenhang. Das ist ein hoher Anspruch und eine dementsprechende Aufgabenerfüllung setzt ausreichende Informationen voraus. Eine nicht unbedeutende Informationsquelle stellen die Veröffentlichungen der Akademie dar. Auf den Informationsstand, den das Sekretariat beigesteuert hat, darf ich besonders hinweisen.

Die Regionalplanertagungen sind ein Spiegelbild der aktuellen Sorgen, Anliegen, Probleme und des Diskussionsstandes über Planungsinstrumente, neue Modelle und Verfahren. Mir scheint, daß wir nach einer Phase der Verrechtlichung der Planung und der Vervollkommnung der Planungsverfahren wieder mehr Offenheit gewinnen müssen für die wichtige Rolle nichtförmlicher Planungen, Konzepte und

Verhandlungslösungen in der räumlichen Entwicklung . Der Bund hat dafür im Raumordnungspolitischen Orientierungsrahmen und im Raumordnungspolitischen Handlungsrahmen starke Anstöße gegeben. Wir sollten die in den Regionen - auch inBaden-Württemberg - zahlreich vorhandenen Ansätze und Beispiele auch mit unkonventionellen Methoden fortentwickeln und erweitern. Die Regionalplanung war schon immer das Einfalltor für Experimente und Innovationen in die Raumplanung und Raumordnungspolitik.

So waren auch Kollegen aus Baden-Württemberg aktive Mitstreiter im Arbeitskreis "Regionalplanung 2000" der ARL, dessen Ergebnisse im Band 200 der Forschungs- und Sitzungsberichte unter dem Titel "Zukunftsaufgabe Regionalplanung", veröffentlicht wurden. In seiner Stellungnahme zu den Ergebnissen dieses Arbeitskreises stellte das Präsidium der Akademie für die Förderung der künftigen Regionalplanung in der augenblicklichen Phase der Neuorientierung der Raumordnungspolitik zwei wichtige Aufgabenfelder heraus :
 die Stärkung der regionalen Ebene durch klare und weiterführende Rahmenbedingungen sowie
 die Weiterentwicklung der Inhalte, Konzepte und Verfahren der Regionalplanung und Regionalpolitik.
"Das Präsidium der ARL ist davon überzeugt , daß die Region eine geeignete Umsetzungsebene für raumordnerische Aktivitäten ist und damit dem Ausbau und der Festigung des Wirtschaftsstandortes Deutschland dienen kann"

In diesem Sinne hat auch die Arbeitsgemeinschaft der Regionalverbände in Baden-Württemberg sich vor den Koalitionsverhandlungen und der Regierungsbildung nach den letzten Landtagswahlen an die politischen Kräfte im Land gewandt mit der Forderung, den in der vergangenen Wahlperiode mit dem Gesetz über die Region Stuttgart begonnenen Weg in der neuen Wahlperiode konsequent fortzusetzen und auch in den übrigen Regionen des Landes die Rahmenbedingungen für die regionale Zusammenarbeit zu verbessern.

Wenn wir uns diese Vorstellungen und Forderungen zu eigen machen , so ergeben sich daraus aber auch bestimmte Anforderungen an die Regionalplanerinnen und Regionalplaner .Ich benutze den Anlaß , meine Version von den Elementen eines Planerprofils vorzutragen , was selbstverständlich - und dies sollte nicht als Anmaßung mißverstanden werden - auch für Regionalplanerinnen gültig sein soll . Denn die neuen Anforderungen an die Regional- und Landesplanung sollten auch zu einem Überdenken unserer eigenen Position und Profession Anlaß geben . Als Anregung dazu möchte ich zwölf Elemente eines Regionalplanerprofils vorstellen und um kritische Überprüfung und Beachtung bitten :

1. muß er, der Regionalplaner, begreifen, daß Planung nicht Selbstzweck, sondern mittel zum Zweck ist. Planung hat nämlich der Vorbereitung von Entscheidungen zu dienen.
2. muß er Regionalpanung als Instrument regionaler Entwicklungspolitik verstehen.

3. muß er beherzigen, daß die Regionalpläne nur nach dem Gegenstromprinzip zu entwickeln sind, d.h. daß die Ordnungs- und Entwicklungsvorstellungen des größeren Raumes wie auch die Entwicklungsbedürfnisse des kleineren Raumes zu berücksichtigen sind.

4. muß er die Rolle der Regionalplanung als Bindeglied zwischen Landesplanung und kommunaler Planung akzeptieren.

5. darf er nicht nur auf die Rechtsverbindlichkeit seiner förmlich aufgestellten und genehmigten Pläne hoffen, sondern er sollte mehr deren sachlicher und fachlicher Überzeugungskraft vertrauen, und deshalb sollte er immer die Planadressaten umfassend beteiligen.

6. sollte er die politischen Vorgaben ernst nehmen und nach bestem Wissen und Können das Zusammenspiel von politischer Vertretung und planender Verwaltung organisieren und optimieren

7. sollte er seinen Regionalplan auf dessen Umsetzbarkeit hin anlegen.

8. muß er Planung als Prozeß verstehen.

9. sollte er einsehen, daß kooperieren mit den Fachkollegen allemal zu besseren Ergebnissen führt, als recht zu haben und recht behalten zu wollen.

10. sollte der Regionalplaner hinnehmen, daß es außer raumplanerischen Zielen, Grundsätzen und Planungsmethoden auch noch andere Entscheidungskriterien in dieser unserer Gesellschaft, in diesem unserem Staat gibt.

11. sollte er immer bedenken, daß zum Planen zuerst und und vor allem auch das Denken gehört und daß das, was andere gedacht, erforscht und ermittelt haben, auch nützlich sein könnte.

12. sollte er sich immer bewußt sein, daß Planung bedeutet: zusammendenken, konzipieren, nämlich das Zusammensetzen von zusammengehörigen Elementen zu einem Ganzen. Dies ist eine Tätigkeit, die vor allem auch Kreativität, und nicht nur breite Kenntnisse und Erfahrungen zur Voraussetzung hat.

Wenn wir nach diesen zwölf Kriterien handeln, werden wir auch den künftigen Anforderungen an die Regionalplanung gerecht werden können. Ich wünsche uns allen dazu ein herzliches " Glückauf " !

Raumordnungspolitischer Orientierungsrahmen und Handlungsrahmen-Orientierungen für einen neuen Landesentwicklungsplan Baden-Württemberg?

von

Peter Runkel, Bonn

1. Einleitung

Die Raumordnung im Bund war in den letzten Jahren durchaus aktiv. Vier Produkte dieses Diskussionsprozesses möchte ich herausgreifen:
- den Raumordnungspolitischen Orientierungsrahmen von 1993,
- den Raumordnungspolitischen Handlungsrahmen von Anfang 1995
- die Raumordnungsprognose 2010 von Mitte 1995 und
- den nationalen Beitrag zu Trendszenarien der Raumentwicklung in Europa von Ende 1995.

Bei den ersten beiden Dokumenten handelt es sich um abgestimmte Positionsbestimmungen der Ministerkonferenz für Raumordnung, bei der Raumordnungsprognose und den Trendzenarien um Eigenprodukte in der wissenschaftlichen Verantwortung der Bundesforschungsanstalt für Landeskunde und Raumordnung. Diese sind in mehreren Runden mit Mitarbeitern des Ministeriums und Ländervertretern aus dem Bereich der MKRO erörtert, aber nicht formell abgestimmt worden.

Das Ergebnis der beiden unterschiedlichen Vorgehensweisen ist nicht überraschend:

- die formell abgestimmten Dokumente, der Orientierungs- und der Handlungsrahmen, lassen in ihrer Aussagenschärfe deutliche Spuren eines Abstimmungsprozesses erkennen, sind aber zum raumordnerischen Allgemeingut geworden, auf das man sich gerne und vielseitig beruft;

- die Eigengewächse der BfLR - die Raumordnungsprognose 2010 und das nationale Trendzenario - enthalten dezidierte analytische Ergebnisse für das Bundesgebiet und seine Teilräume, erlauben aber zugleich eine Distanzierung von den Ergebnissen, indem man die ihnen zugrunde liegenden Annahmen in Frage stellt, wie z.B. zu den Außenwanderungesüberschüssen.

Lassen Sie mich versuchen, die wichtigsten Erkenntnisse dieser vier Dokumente darzustellen. Dabei ist zu berücksichtigen, daß sie untereinander in einem Entwicklungsprozeß stehen, der manches Vorangegangene um neue Akzente bereichert erscheinen läßt.

2. Der Raumordnungspolitische Orientierungsrahmen von 1993

Auch mit einigem zeitlichen Abstand betrachtet kommt dem Raumordnungspolitischen Orientierungsrahmen von 1993 in mehrfacher Hinsicht Bedeutung zu:

- Deutschland wurde nach der Wiedervereinigung unter raumstrukturellen Gesichtspunkten neu dekliniert.

- Unsere Raumstruktur wurde über den nationalen Tellerrand hinaus als Teil Mitteleuropas begriffen; neben den Siedlungs- und Verkehrsachsen zu den westlichen und südlichen Nachbarn wurden auch die Verbindungen zu den östlichen Nachbarn Polen und Tschechien einbezogen.

- Der Orientierungsrahmen leitet eine Konzentration des raumordnerischen Handelns auf ausgesuchte Schwerpunkte ein, indem er sich auf fünf Themen beschränkt - Siedlungsstruktur, Umwelt und Raumnutzung, Verkehr, Europa sowie Ordnung und Entwicklung.

- Der Orientierungsrahmen stellt erstmals Leitbilder für den Gesamtraum Bundesrepublik Deutschland auf. Er versucht damit die Lücke zu schließen, von der schon das Bundesverfassungsgericht in seinem sog. Baurechtsgutachten von 1954 als der Raumplanung in ihren über die Länder hinausgehenden Zusammenhängen sprach. Wie ein

Regionalplan nicht aus der Addition der gemeindlichen Flächennutzungspläne bestehen kann, der Landesentwicklungsplan nicht aus der Summe der Regionalpläne, so ist die Raumplanung für den Gesamtstaat nicht die Summe der Landesentwicklungspläne. Der Orientierungsrahmen schließt diese gesamtstaatliche Lücke, indem er räumliche Leitbilder aufstellt. Diese sind grobmaschig und informell, also nicht für nachfolgende Planungen bindend, erlauben aber der Landesplanung eine Einordnung ihrer Planungsabsichten in den Kontext gesamtstaatlicher und europäischer Bezüge.

- Zu den Verdiensten des Orientierungsrahmens gehört ferner, daß er von überkommenen raumordnerischen Diskussionsmustern Abschied nimmt und differenzierter argumentiert. Ein Beispiel ist der Gegensatz von Stadt und Land und die Mähr, daß ländliche Räume immer auch strukturschwache Räume seien.

- Der Orientierungsrahmen hat schließlich Anstöße instrumenteller Art gegeben, die sich zum Teil auf Raumordnungspläne im klassischen Verständnis, zum Teil aber auch auf informelle Instrumente zur Umsetzung vor allem regionalpolitischer Zielsetzungen beziehen. Ein Beispiel ist die Städtenetzidee - im Orientierungsrahmen allerdings noch recht großräumig angelegt -.

3. Der Raumordnungspolitische Handlungsrahmen von Anfang 1995

Der Raumordnungspolitische Handlungsrahmen von Anfang 1995 versucht aus dem Orientierungsrahmen mit seinen Leitbildern konkrete Schlußfolgerungen im Sinne eines mittelfristigen Arbeits- und Aktionsprogramms der Ministerkonferenz für Raumordnung zu ziehen. Die wesentlichen Punkte sind dabei:

- Die Raumordnung in Bund und Ländern erkennt an, daß sie sich aufgrund einer geänderten Planungslandschaft mit einem Trend zu Fachplanungen und einer geringeren gesellschaftlichen Werthaltung von räumlicher Planung fortentwickeln muß. Sie ist bereit, entsprechende Schritte zu unternehmen und dabei auch zu experimentieren.

- Angesichts steigender Mobilität und zunehmender Verflechtungen kommt nach dem Handlungsrahmen der Region eine zunehmende Bedeutung zu. Nicht ausgesprochen wird allerdings, zu wessen Lasten dieser Bedeutungszuwachs gehen wird. Nicht angesprochen ist ferner, daß der faktische Bedeutungszuwachs der Region von dieser auch institutionell und instrumentell wahrgenommen werden muß, was ohne einschneidende organisatorische Maßnahmen nicht möglich ist; das Beispiel der Region Stuttgart verdeutlicht das Problem.

- Zu den Grundannahmen des Handlungsrahmens zählt ferner, daß Raumordnung sich nicht im Planen und Abstimmen raumbedeutsamer Vorhaben erschöpfen darf. Neben die Planung muß die Initiierung von Umsetzungsprozessen als zweites Bein der Raumordnung hinzukommen. Die Projektebene muß neben die Planungsebene treten. Dies bedingt neue, zumeist informelle Instrumente, wie Städtenetze oder regionale Entwicklungskonzepte.

- Der Handlungsrahmen zerlegt ferner das Thema der zunehmenden europäischen Einbindung nationaler Raumentwicklung in drei Bereiche: in den der räumlichen Leitvorstellung für den Raum der Europäischen Union und des gesamten Europas, in den Bereich der grenzüberschreitenden Zusammenarbeit mit unseren Nachbarstaaten und schließlich in die Anforderungen, die an unsere nationalen Metropolregionen von europäischer Bedeutung aus der erweiterten Konkurrenzsituation mit anderen Metropolregionen wie Paris, London und Brüssel zu stellen sind. Die nationalen sechs Metropolregionen, die sich in der europäischen Oberliga behaupten sollen - Berlin, Hamburg, München, Rhein-Main, Rhein-Ruhr und Stuttgart - müssen für diese Aufgabe fit gemacht werden. Dazu kann Raumordnung beitragen.

- Räumlich vertieft der Handlungsrahmen zwei Raumkategorien mit besonderem Handlungsbedarf: das sind einmal die stukturschwachen ländlichen Räume der neuen Länder und zum anderen die großen Verdichtungsräume der alten Länder mit ihrem jeweiligen Umland. Gilt es in den strukturschwachen ländlichen Räumen bei abnehmender Bevölkerung zu einer Stabilisierung der Entwicklung zu gelangen, sind in den Verdichtungsräumen und ihrem Umland ein Siedlungserweiterungsbedarf mit Ressourcenschutzzielen in Übereinstimmung zu bringen. Die Probleme beider Raumkategorien werden exemplarisch in Modellregionen über einen mittelfristigen Zeitraum verfolgt.

- Fachpolitische Schwerpunkte setzt der Handlungsrahmen bewußt nur zwei: Dies sind die Freiraumstruktur mit dem Ziel einer nachhaltigen Sicherung und Entwicklung der natürlichen Lebensgrundlagen und die Verkehrspolitik mit dem Ziel der Entlastung verkehrlich hochbelasteter Korridore und Räume vom Kraftfahrzeugverkehr.

Bei der Freiraumstruktur ist erfreulich, daß die Raumordnung gegenüber dem Natur- und Umweltschutz langsam ein eigenständiges Profil gewinnt. Freiraumpolitik ist nicht identisch mit Natura 2000, ist nicht nur Schutz des Freiraums, sondern auch Nutzungen im Freiraum und Sanierung von ausgeräumten Landschaften. Erfreulich ist ferner, daß die Überzeugung an Boden gewinnt, eine aktive Freiraumpolitik der Raumordnung erfordere geeignete Instrumente, die nicht notwendigerweise in jedem Land anders ausgestaltet sein brauchen. Ein einheitliches Verständnis von Vorranggebieten, Vorbehaltsgebieten und Eignungsgebieten zeichnet sich ab.

Als raumordnerisches Anliegen an die Verkehrspolitik ist schon seit längerem ein Paradigmenwechsel erkennbar. Stand lange Zeit die Verbesserung der Erreichbarkeit von Teilräumen im Vordergrund, ist es nun die Verlagerung des Kraftfahrzeugverkehrs - Personen- und Güterverkehr - von der Straße auf die Schiene oder Wasserstraße. Ein wichtiger Ansatz dazu sind die hochbelasteten Verkehrskorridore, in denen Straße und Schiene weitgehend parallel verlaufen. Für einzelne Strecken, wie die von Karlsruhe über Stuttgart nach München, soll dies operationalisiert und in den Bundesverkehrswegeplan 1997 eingebracht werden. Dabei muß man sich allerdings darüber im klaren sein, daß es allein mit einer besseren Verknüpfung von Straße und Schiene nicht sein Bewenden haben kann, sondern preis- und ordnungspolitische Maßnahmen flankierend hinzukommen müssen.

- Der Handlungsrahmen vertieft für die Zwecke der Raumordnung zwei informelle Instrumente der Umsetzungsebene: die Städtenetze sowie die regionalen Entwicklungskonzepte und Raumordnungskonferenzen.

Bei den Städtenetzen geht es darum, Städte einer Region im Rahmen von Zweckbündnissen zu Trägern regionaler Entwicklung zu machen. Damit wird das System zentraler Orte nicht überflüssig, sondern ergänzt. Städte und Gemeinden, die zur Umsetzung regionaler Zielsetzungen beitragen können und wollen, werden als willkommene Partner begriffen.

Eine andere Umsetzungsstrategie betrifft die regionalen Entwicklungskonzepte, auch wenn sie nicht von der Raumordnung erfunden worden sind. Dieses Instrument - integrativ ausgerichtet - soll genutzt werden, um zu einem regionalen Dialog über Umsetzungsprojekte zur Verwirklichung regionaler Zielsetzungen zu gelangen.

Im Rahmen von Modellvorhaben der Raumordnung sammeln wir z.Zt. Erfahrungen sowohl mit Städtenetzen als auch mit regionalen Entwicklungskonzepten. Ein erstes Fazit wird Sie sicher nicht überraschen: diese informellen Instrumente sind so gut, wie die Personen, die sie handhaben.

- Schließlich enthält der Handlungsrahmen noch die Aufforderung, das Raumordnungsrecht in Bund und Ländern einer grundlegenden Überprüfung zu unterziehen. Der Kollege Bihr wird Ihnen am Freitag darüber berichten. Meinerseits möchte ich mich daher auf eine kurze Bemerkung beschränken: Gesetze ändern nicht von heute auf morgen das Denken und Handeln eines Fachbereichs. Gesetze spiegeln aber sehr wohl gesellschaftliche Prozesse und Werthaltungen wieder. Wenn man daher berücksichtigt, welch ein Geflecht an Fachplanungsrecht sich um das ROG seit dessen Inkrafttreten im Jahr 1965 entwickelt hat und welche Dynamik das Städtebaurecht als der andere Zweig der Raumplanung genommen hat, dann erscheint mir eine gründliche Überprüfung und anschließende Neubestimmung des Rechts der Raumordnung dringend geboten. Der Raumordnerische Orientierungs- und Handlungsrahmen haben hierfür wichtige Vorarbeiten geleistet.

4. Die Raumordnungsprognose 2010 der BfLR

Wenn die Annahme des Orientierungs- und Handlungsrahmens zutrifft, daß die Kernbereiche raumordnerisches Aufgabestellungen die Siedlungsstruktur, Freiraumstruktur und Infrastruktur mit ihren jeweiligen mittelfristigen Entwicklungen sind, dann ist eine der Basisgrößen räumlicher Entwicklung die regionale Bevölkerungsentwicklung und daraus abgeleitet die Entwicklung der Haushalte, der Wohnungsnachfrage sowie des Wohnbaulandbedarfs.

So können wir uns glücklich schätzen, für den Bereich der regionalen Bevölkerungsentwicklung und dem daraus abzuleitenden Wohnraum- und Wohnbaulandbedarf eine Prognose der BfLR bis zum Jahr 2010 vorliegen zu haben. Nun sind Prognosen nicht die Vorwegnahme der vor uns liegenden Entwicklung, sondern das Fortschreiben heute erkennbarer Entwicklungen in eine etwa 15 jährige Zukunft, zumindest soweit es sich um eine status-quo-Prognose handelt. Das ist bei der Bevölkerungsentwicklung zwar technisch aufwendig aber hinsichtlich solche Parameter nachvollziehbar, die heute schon angelegt sind, wie der Altersaufbau und die regional unterschiedliche Geburtenhäufigkeit. Was also schon in der Pipeline ist, läßt sich verhältnismäßig sicher für die Zukunft vorhersagen. Der Unsicherheitsfaktor liegt in der Außenwanderung und dem dabei zu erwartenden Saldo. Niemand kann z.B. genau vorhersagen, wieviele der Flüchtlinge aus dem ehemaligen Jugoslawien in ihre zerstörte Heimat zurückkehren werden. Diese Unsicherheiten im einzelnen sollten aber nicht über den Trend hinwegtäuschen, daß wir auch weit in das Jahr 2000 mit einer nennenswerten Zuwanderung von Außen zu rechnen haben, die den negativen natürlichen Bevölkerungssaldo mehr als ausgleichen.

Unter diesen Grundannahmen zeichnen sich vier großräumig bedeutsame Entwicklungen ab:

1. Die prognostizierten Bevölkerungszunahmen von jährlich rd. 400.000 Personen werden sich schwerpunktmäßig auf das weitere Umland der großen Verdichtungsräume in den alten Ländern verteilen.

2. Gleichzeitig werden weiter vor allem junge Menschen, also das sog. Humankapital, aus den peripheren ländlichen Räumen der neuen Länder abwandern.

3. Der Anteil der ausländischen Bevölkerung an der Gesamtbevölkerung wird weiter zunehmen, wobei sich eine starke räumliche Konzentration auf die Verdichtungsräume der alten Länder und Berlin abzeichnet.

4. Es werden sich deutliche Verschiebungen in der Altersstruktur ergeben; der Anteil der älteren Personengruppen wird in allen Regionen ansteigen.

Die aus der Bevölkerungsprognose abgeleitete Wohnungsprognose der BfLR ist eine Bedarfsprognose, die um die Entwicklung der Pro-Kopf-Nachfrage nach Wohnfläche erweitert wurde und zwischen Eigentumsformen und Haushaltsgrößen differenziert. Insgesamt wurde von der empirischen Entwicklung der Vergangenheit ausgegangen und für die Zukunft eine abgeschwächte Entwicklung prognostiziert. Die Prognose kommt zu folgenden Ergebnissen:

- Die Zahl der privaten Haushalte wird zwischen 1990 und 2010 um knapp 11 v.H. steigen, davon 7,5 v.H. aufgrund des prognostizierten Bevölkerungswachstums und 3,3 v.H. aufgrund von Haushaltsverkleinerungen. Fast ein Viertel des Zuwachses wird sich auf die bevölkerungsreichsten Raumordnungsregionen Berlin, Stuttgart, Hamburg, München, Köln und Frankfurt konzentrieren.

- Die Zunahme der privaten Haushalte und die Wohnflächenzunahme je Haushalt führen bis zum Jahr 2000 zu einer jährlichen Nachfrage nach Wohnungen in neu zu bauenden Wohngebäuden von rd. 410.000 (also ohne neue Wohnungen im Bestand oder in Nichtwohngebäuden). Die Nachfrage flacht dann zwischen 2001 bis 2010 auf etwa 340.000 Wohnungen in neu zu bauenden Wohngebäuden ab.

- Die Zuwanderer in den westlichen Verdichtungsräumen werden vor allem Mietwohnungen als Geschoßwohnungen nachfragen.

- Die geburtenstarken Jahrgänge, die in den 80er und frühen 90er Jahren auf den Mietwohnungsmarkt drängten, werden nun verstärkt Wohneigentum begründen wollen.

- Die durch die steigende Wohnungsnachfrage ausgelöste Wohnbautätigkeit wird erheblichen Wohnbaulandbedarf hervorrufen. Unter Status-quo-Annahmen wächst das Bruttowohnbauland in den 20 Jahren des Prognosezeitraums um rd. 370.000 ha, oder im Durchschnitt der Jahre um täglich rd. 51 ha. Davon werden rd. 40 Prozent inklusive der Nebenflächen versiegelt, d.h. rd 20 ha täglich. In den alten Ländern besteht die Baulandnachfrage zu rd. 80 v.H. zugunsten von Eigenheimen insbesondere im Umland der Verdichtungsräume.

Vergegenwärtigt man sich diese Entwicklung, wird deutlich, wie dringend eine Umkehr der Bodeninanspruchnahme zum flächensparenden Bauen ist. Die Bodeninanspruchnahme könnte so um rd. ein Drittel reduziert werden.

5. Trendszenarien der Raumentwicklung in Deutschland

Zur Vorbereitung des informellen Ministertreffens der EU Ende März 1995 unter französischer Ratspräsidentschaft hat die Bundesforschungsanstalt für Landeskunde und Raumordnung ein Trendszenario der Raumentwicklung in Deutschland erstellt. Ich möchte mich aus dieser interessanten Arbeit auf das Thema Siedlungsstruktur und Wirtschaftsdynamik sowie auf das Problem der Verkehrsentwicklung beschränken, weil sie die Aussagen der Raumordnungsprognose sinnvoll ergänzen.

Die Trendszenarien gehen auf der Grundlage bestimmter Indikatoren, die ich hier nicht näher ausführen kann, davon aus, daß wir auf der einen Seite Stadtregionen mit hoher Wettbewerbsfähigkeit und hoher Entwicklungsdynamik haben werden und auf der anderen Seite Stadtregionen mit modernisierungsbedürftigen Strukturen. Hinsichtlich der ersten Kategorie - also den Stadtregionen mit hoher Wettbewerbsfähigkeit-; und nur diese sind in Baden-Württemberg anzutreffen - wird nochmals zwischen solchen mit hoher Dynamik und mit möglichen Dynamikabschwächungen unterschieden. Bei der letzten Gruppe handelt es sich um Stadtregionen mit traditionell erfolgreichen Industriestrukturen. Infolge produktzyklisch verursachten Alterungen können die Entwicklungsprozesse jedoch mittelfristig in eine Stagnationsphase eintreten.

Einige der Stadtregionen mit hoher Wettbewerbsfähigkeit tendieren zu überdurchschnittlicher Expansion und versuchen weitere Metropolfunktionen im europäischen Kontext zu übernehmen. Hierzu zählen stark vom tertiären Sektor geprägte Räume wie Rhein-Main, Hamburg und Köln/Düsseldorf. Die stärker industriell orientierten Regionen dieses Typs, wie z.B. Stuttgart, besitzen infolge ihres ausgeprägten Technologie- und Wissenschaftspotentials und hohen industriellen

Inovationspotentials weiterhin insgesamt günstige Entwicklungsperspektiven. Dennoch werden sich diese Regionen mit Dynamikabschwächungen konfrontiert sehen, die sich aus den Lebenszyklen bestimmter Produkte herleiten. Im industriellen Bereich werden diese Regionen mit Umstrukturierungen zu rechnen haben.

Werfen wir schließlich noch einen Blick auf die Aussagen des Trendszenarios zu den Verkehrs- und Erreichbarkeitsverhältnissen. Beim Personenverkehr muß weiterhin mit einem zunehmenden Pkw-Bestand und zunehmenden Fahrleistungen gerechnet werden. Der Anteil des motorisierten Individualverkehrs an den gesamten Fahrleistungen im Personenverkehr von z.Zt. etwa 82 % wird auch weiter den Verkehrsinfrastrukturausbau bestimmen. 48 % der gesamten Fahrleistung werden heute bereits mit Freizeit- und Urlaubsfahrten erbracht. Berufs- und Ausbildungsfahrten machen dagegen nur 24 %, Geschäftsreiseverkehr 17 % und Einkaufsfahrten 11 % aus. Die Verkehrsprognosen zurückliegender Bundesverkehrswegepläne haben gezeigt, daß die Entwicklungen noch drastischer ausfallen, als vorhergesagt.

Der weitaus überwiegende Anteil der gesamten Fahrleistung im Personenverkehr ist Nahverkehr. Die Hauptverkehrsströme fließen in den Großstädten und Verdichtungsräumen sowie zwischen den Kernstädten und ihrem Umland. Die fortschreitende Suburbanisierung wird ein weiterer Grund zunehmender Fahrleistungen sein. In diesen Bereichen sind die größten Zuwächse zu erwarten.

Anders ist die Situation im Güterverkehr. Die Verkehrsleistung ist hier stärker von der Konjunkturentwicklung abhängig. In diesem Rahmen verzeichnet der LKW-Verkehr einen stetigen Zuwachs zu Lasten der übrigen Verkehrsträger. Der Straßengüterverkehr hat heute bereits einen Anteil von über 60 % am Binnenverkehr mit steigender Tendenz. Der grenzüberschreitende Güterverkehr soll bis zum Jahr 2010 von jetzt 43 % auf 57 % anwachsen. Die größten Zuwächse werden dabei ins benachbarte östliche Ausland prognostiziert.

Die räumlichen Auswirkungen des Verkehrs zeigen schon heute eine hohe Belastung der Städte und Verdichtungsräume, vor allem durch den Nahverkehr. Die größeren Verkehrskorridore werden vor allem durch den Fernverkehr belastet. Die Hauptbelastungen geht in beiden Bereichen vom Straßenverkehr aus. Die Autobahnkorridore mit durchschnittlichen Tagesverkehrsmengen von über 40.000 Kfz sind die am höchsten belasteten Verkehrskorridore im Bundesgebiet.

Die Bundesraumordnung hat sich zum Ziel gesetzt, die Straßenverkehrsbelastungen in den hoch belasteten Regionen und Korridoren durch Verkehrsverlagerungen auf die Schiene zu reduzieren. Eine Chance dafür bietet der Ausbau des Hochgeschwindigkeitsnetzes der Bahn sowie von Güterverkehrszentren.

Das geplante Hochgeschwindigkeitsnetz der Bahn für den Personenverkehr wird etwa im Jahr 2010 so dicht sein, daß die wesentlichen Bevölkerungspotentiale über die Hauptknotenpunkte erschlossen sind, wenn man eine PkW-Anreisezeit von einer Stunde zugrunde legt.

Im Güterverkehr werden die kombinierten Verkehre (Straße, Schiene) an Bedeutung gewinnen. Die gute Erreichbarkeit von Umschlagplätzen, insbesondere von Container-Umschlagbahnhöfen wird für viele transportierende Unternehmen immer wichtiger. Die heutige räumliche Verteilung von Containerbahnhöfen ist in den Großstadt- und Industrieregionen bereits recht gut. Sie sind dort in der Regel innerhalb 30 bis 60 Minuten LKW-Fahrtzeit zu erreichen. Hier gilt es insbesondere, das Angebots- und Leistungsspektrum dieser Umschlagplätze zu Güterverkehrszentren auszubauen, um mehr Güterverkehr von der Straße auf Schienen und Wasserstraßen verlagern zu können.

Insgesamt bieten sich, wenn der Ausbau der Schieneninfrastruktur und der Güterverkehrszentren nach den bisherigen Plänen für das Jahr 2010 realisiert wird, gute Voraussetzungen, um nennenswerte Anteile des Straßenverkehrs auf die Schiene verlagern zu können. Gleichzeitig müssen allerdings die verkehrspolitischen und wirtschaftlichen Rahmenbedingungen zugunsten des Schienenverkehrs verbessert werden.

6. Schlußfolgerungen

Sind diese bundesweiten Entwicklungen und Trends nun auch Orientierungen für einen neuen Landesentwicklungsplan Baden-Württemberg? Diese Frage meines Referatsthemas läßt sich aus Bundessicht wie folgt beantworten. Der Raumordnungspolitische Orientierungs- und der Handlungsrahmen spiegeln aktuell die nationale und europäische Diskussion um Raumordnung und Landesplanung wieder:

- thematisch konzentriert,
- instrumentenbezogen,
- die Region in den Mittelpunkt stellend,
- europäisch ausgerichtet
- und umsetzungsorientiert.

Die Raumordnungsprognose und das nationale Trendszenario der BfLR zeigen unter status-quo Bedingungen einige räumliche Entwicklungen, auf die sich Deutschland in den nächsten 15 Jahren einzustellen hat. Der neue Landesentwicklungsplan Baden-Württemberg wird sich mit beidem auseinander setzen müssen. Unkritische Übernahme ist dabei genauso wenig anzuraten wie eine Negierung.

Insgesamt stellt sich auch in Baden-Württemberg die Aufgabe, angesichts
- eines weiteren Bevölkerungswachstums mit einem zusätzlichen Bedarf an Wohnbaulandflächen,
- eines steigenden Verkehrsaufkommens und
- einer wirtschaftlichen Entwicklung mit Umstrukturierungsnotwendigkeiten

eine nachhaltige Raumentwicklung zu betreiben, die die sozialen und wirtschaftlichen Ansprüche an den Raum mit seinen ökologischen Funktionen in Einklang bringt und zu einer dauerhaften, großräumig ausgewogenen Ordnung führt. Inwieweit es dabei gelingt, die Flächeninanspruchnahme vergleichbar dem Energieverbrauch proportional von der wirtschaftlichen Entwicklung abzukoppeln, wird eine der zentralen Fragen künftiger Landesentwicklungsplanung sein.

**Anforderungen an einen Landesentwicklungsplan
der neuen Generation -
Gedanken zu Ziel und Zweck, Verfahren und Ergebnis
sowie zum Selbstverständnis der Landesplanung**

von

Werner Köhl, Karlsruhe

Ausgangslage

Ich rufe in Erinnerung: Ein Plan ist eine Handlungsanweisung zur Veränderung oder Erhaltung eines Zustandes. Den Entwurf dieser Handlungsanweisung unter Erörterung von alternativen Entwürfen nennt man Planung. Planung ist ein Prozeß zur Erzeugung des Planes mit vielen Beteiligten. Pläne haben einen Planverfasser, einen Planadressaten und Planbetroffene. Alle drei können zusammenfallen. Der Landesplanung ist eigentümlich, daß sie nicht selbst den Plan umsetzen kann. Sie benötigt also Dritte, die den Plan ausführen.

Planung bedarf eines Grundes. Planungsgründe liegen in Problemen, die eine Ursache haben. Dazu meint Lukas: „Ein jeglicher Baum wird an seiner Frucht erkannt. Denn man liest nicht Feigen von den Dornen, auch liest man nicht Trauben von den Hecken" [Lukas 6,44]. Und bei Buddha ist dazu nachzulesen: „Alles in der Welt ist eine Aufeinanderfolge von Ereignissen, wobei eines die Ursache des anderen ist, und diese Ursachen lassen sich in einem gewissen Maße verändern und steuern" [Buddha: Dharma, Kap. 1 III, Nr.3]. Probleme sind durch Unzulänglichkeiten der Gegenwart oder plausibel befürchtete Unzulänglichkeiten der Zukunft und durch Unklarheiten über die Gegenwart, die Zukunft oder im Übergang von der Gegenwart in die Zukunft gekennzeichnet. Ein Problem kann aber nicht einfach durch Beseitigung der Ursachen gelöst werden, denn „die Ursache (hat) in der Zeit ihrer Wirksamkeit zu weitreichenden Folgen und Veränderungen geführt" [de Bono 1987:61]. Treuner nennt zwei Hauptaufgaben für eine Planung: Erstens, das Erkennen der Konflikte und zweitens, das Konzipieren und Durchsetzen von verbindlichen Konfliktregelungsmechanismen [Treuner 1994:57]. Ich möchte dem ersten Punkt hinzufügen: Benennen der Konflikte. Genau daran mangelt es den Planwerken der Landesplanung, die im Gegenteil (mit altmodischen Leitbildern oder neumodischen Visionen) ein konfliktfreies Bild einer schönen Zukunft zeichnen. Mangels Konkretheit an vielen Stellen geht das nur nicht. Insbesondere nicht durch Leitbilder als „in die Zukunft vorgeschriebene generalisierte und harmonisierte Zustandsbilder", die Linde für den

„(a)

Ausgangslage

primitivsten und in jedem Sinne des Wortes (b) beschränktesten Versuch (hält), sich der Möglichkeiten der Zukunft in unser dynamischen Welt zu vergewissern". Erforderlich ist vielmehr jeweils ein "Problemlösungs-, d.h. Zielfindungsprozeß". [Linde 1971: 101 f] Bezüglich der Visionen halte ich es mit Manfred Rommel, der empfohlen hat, Visionäre dem Psychiater zu überstellen, denn nach dem Großen Brockhaus ist Vision eine Halluzination.

Für die künftige Landesentwicklungsplanung ist also eine saubere Benennung der Konflikte geboten (vgl. z.B. LEP III NRW, wenn auch zu ausführlich[1], unter "Allgemeines"), denen dann Konfliktlösungen zuzuordnen sind. Alles andere ist verzichtbar, insbesondere die so beliebten, aber völlig nutz- und schadlosen, aber Ressourcen fressenden Deklamationen, Wiederholungen von Texten vom Grundgesetz an abwärts, dem Aufführen von Wünschen, Hoffnungen, der Verteilung von Orden und Ehrenzeichen der Kategorie "Zentrale Orte" oder das Erfinden unerprobter, nicht durchreflektierter, aber lukrativer Modemaschen für die "politisch-administrative Ratlosigkeit" [Linde 1971:96], zu denen jüngst die (ebenfalls lukrativ geförderten) Städtenetze gekommen sind [Raumordnungspolitischer Orientierungsrahmen 1995:13 ff]. Landes- und Regionalplanung dieser Art "stellt sich zunehmend mehr lediglich als ein planerisches Subsystem dar, das Konflikte verlagert, verschiebt und in der Schwebe hält, ..." [Fürst/Hesse 1981:117]

Wenn die Ursachen der Mißstände oder die Reichweite der zur Lösung benötigten Ressourcen landesweite Bedeutung haben, ist Landesplanung gefordert. So ist Landesplanung entstanden. Schon in geschichtlicher Zeit ging es um Bewässerung und Hochwasserschutz, Verkehrswege und Standorte für die Siedlungen [Schirrmacher 1994]. Mit der Bevölkerungskonzentration in großen Städten kamen Fragen des Gesundheitsschutzes dazu (heute unter Umweltschutz), wie z.B. im Bereich London zur Auflösung des Konflikts zwischen Abwassereinleitung und Trinkwassergewinnung. Schließlich hat

---

[1] Die ausführliche Begründung müßte sich z.B. im vorhergehenden Landesentwicklungsbericht finden.

Ausgangslage

in moderner Zeit 1910/12 der Bauingenieur Robert Schmidt, Baubeigeordneter in Essen, die Grundlagen für die moderne Landesplanung gelegt und ihr folgende Aufgaben zugewiesen:

1. Gewisse Landstreifen wie Bänder zwischen den Städten von Bebauung freihalten

2. Bestimmung von Flächen, die unabhängig von politischen Grenzen für Wohnstätten besonders geeignet sind und sinngemäß von Flächen für die Großindustrie

3. Angabe der Lage der Volkserholungsstätten, der Luftgeneratoren des ganzen Bezirks, der Großgrünflächen einschließlich des Schutzes der Umgebung dieser Flächen vor Verunstaltung

4. Vorsorge für die Verkehrswege

5. Die öffentliche Gesundheitspflege zur höchsten Wirksamkeit bringen [Schmidt 1912:6 und 22]

Planungsgegenstand der Landesplanung ist also die Sachausstattung eines Gebietes. Hans Linde nennt beispielsweise Arbeitsstätten, Wohnungen, Freizeitflächen, Straßen, Wege, Leitungen. [Linde 1971:85] Dabei kann die Landesplanung nicht selbst investieren und auch nicht für Investitionen sorgen[2]. Sie ist auf Zweite angewiesen, die investieren und Dritte, die diese Investitionen nutzen. Es sollte deshalb der Eindruck vermieden werden, als wenn das doch ginge, wenn z.B. Funktionen zugewiesen werden, geschrieben wird, hier und dort sei der Standort für dies und das und das dann in die Form einer Anweisung gekleidet wird: "Im Netz der Zentralen Orte des Landes sind auszubauen als Oberzentrum die Landeshauptstadt Stuttgart" [LEP 1983, Pls. 3.1.61] ... Ja, was fehlt

---

[2] Es muß vielleicht in Zukunft eine engere Koppelung von Landesplanung und Förderprogrammen erfolgen, wenngleich dabei die Gefahr besteht, daß Landesplanung dadurch ihre Vermittlerfunktion verliert und 'Partei' wird

denn in Stuttgart, und wer soll denn ausbauen? Gibt es Geld dafür? Nein: es handelt sich nur um Angebote, es sei denn, der Staat legt sich selbst bereits im LEP auf Investitionen fest.

Handlungsanweisungen müssen daher für die Adressaten verständlich, plausibel, zumutbar und entweder erstrebenswerte Zustände erwarten lassen, so daß sie gutwillig befolgt werden oder wenigstens so bewehrt sein, daß sie auch gegen Widerstände durchgesetzt werden können.

2 Überlegungen

Und nun zum Landesentwicklungsplan. Landesentwicklungsplanung bezweckt nichts anderes als "Ergänzung und Erweiterung der Sachausstattung eines mit Leben eigenen Rechts bereits erfüllten Landes durch Dritte, ist also Landesausbau" [Linde 1971:91]. Von Abbau ist nirgends die Rede. Zum Ausbau rechnen aber nicht nur Baumaßnahmen, denn wir sprechen auch vom Ausbau des Schienenverkehrs oder vom Ausbau des Umweltschutzes und darunter auch vom Abbau von Umweltbelastungen. Der Begriff Entwicklung ist in seiner heutigen inflationären Verwendung im Stadium eines "Breiwortes"[3] verblieben [de Bono 1971:25] und zum "Redenschmuck" geworden. [Heidemann 1993]. Im strengen Sinne kennzeichnet Entwicklung die aus innerer Notwendigkeit und in einer Richtung stattfindenden unterschiedlichen Zustände im "Zusammenwirken von Einpassung und Angleichung", wodurch vorhandene Zustände überformt und durch Übergang in einen anderen entfaltet werden, so daß sich eine bessere Befähigung ergibt [Heidemann 1993]. Die Verwendung von "Entwicklung" suggeriert, daß es immer 'aufwärts' geht; wir wissen aber, daß das ganz und gar nicht so ist. Wenn wir also vom Landesentwicklungsplan sprechen, meinen wir mit Hans Linde eine aus alternativen Handlungsentwürfen zur

---

[3] Nach Eduard de Bono sind Breiwörter nützlich, um Fragen aufzuwerfen, um handliche Erklärungen zu liefern, um Querverbindungen beim Denken herzustellen, um als Schwarze Kästen zu dienen und um eine **zu frühe** Festlegung auf einen bestimmten Gedanken zu verhindern. Aber am Ende dieses Denkprozesses müssen sie präzisiert werden!

Überlegungen

Lösung konkreter Probleme ausgesuchte und untereinander abgestimmte Anweisung zum Landesausbau von Baden-Württemberg.

Wer ausbauen will, muß etwas zum Ausbauen haben, d.h. eine Menge, die genügend groß ist, verteilt und aufgeteilt werden soll oder muß und den Einsatz und das Engagement des Landes verdient. Alles andere ist hinderlich, lenkt vom Ziel ab, ist also entbehrlich, wie z.B. bloße Deklamationen.

Solche Verteilungsmengen sind in erster Linie Standorte[4] und Flächen für Wohn- und Gewerbebauten, wenn es dafür Gründe gibt, Kapazitätserhöhungen und Umweltentlastungen im Verkehrsbereich, Standorte und Schutzflächen im Umweltbereich usw. Zu letzteren gehören auch Standorte für Abfallbehandlungsanlagen, die ja dem Umweltschutz dienen, was von ihren Gegnern gerne übersehen wird.

Solange sich die Handlungsanweisungen an den Plangeber selbst richten, ist eine Abstimmung und eine Bemühung um Verständigung und Zustimmung obsolet. Sind aber Dritte betroffen, empfiehlt sich deren Mitwirkung bei der Planung. Je mehr Handlungsanweisungen zur Konfliktlösung ausgehandelt sind und damit Zustimmung finden, desto mehr dürften befolgt werden. Also gehört das Aushandeln mit zur Planung dazu (s.a. Fürst 1990:74). Aushandeln heißt Anregen und Verhandeln über verschiedene mögliche Problemlösungen. Dies könnte man als den Kern des Gedankens zum an sich selbstverständlichen Aushandeln unter Nachbarn bezeichnen, dem in der neuesten Planermode der Name "Städtenetz" gegeben wurde. Damit enthält das Aushandeln ein Element der Konkurrenz. Es sollte deshalb überlegt werden, wie diese zum essentiellen Bestandteil der Planung gemacht werden kann. So könnte eine Ausweisung konkurrierender Standorte z.B. nur dort erfolgen, wo die Bereitschaft zur Realisierung nachgewiesen ist oder wo die Möglichkeit besteht, dies anzuordnen.

---

[4] Damit sind nicht die in manchen Regionalplänen nahezu parzellenscharf festgelegten Aktionsflächen gemeint, sondern die nach der Gemeindereform hervorgegangenen neuen Kommunen mit ihrem gesamten Gebiet zu deren eigener Verfügung unter der Einschränkung des § 2 (2) BauGB; landesplanerische Standorte des LEP sind ganze Kommunen.

Überlegungen

Da Verhandeln Zeit benötigt - auf beiden Seiten, auch zum Überlegen und Sich- Entscheiden - kann es sein, daß sich damit die bisherige Ausrichtung auf einen Plan als gewissen Abschluß von Planungsüberlegungen mehr und mehr auf das Planen als Prozeß verschiebt, und der Plan dafür die konkurrierenden Lösungen enthält. Die Konsequenz wäre, daß er in kürzeren Abständen ergänzt werden müßte. Dabei ergibt sich selbstverständlich die Frage nach der Bestimmtheit der Handlungsanweisung. Über sie müssen wir deshalb noch nachdenken, wenn die grundsätzliche Richtung für zweckmäßig gehalten wird.

Damit ist klar, was einen guten Landesentwicklungsplan bzw. Landesausbauplan kennzeichnet. Wir folgen Linde, der vorschlägt:

1. Eine Ursache für das Tätigwerden, also die Aufdeckung der Diskrepanz zwischen Ist und Soll und

2. die Angabe der Veränderungsmasse.

Der LEP müßte also durchgängig enthalten:

Eine landesplanerische Problembeschreibung und einen Lösungsvorschlag:

"so und so ist es und das soll
 - so bleiben oder
 - nicht so bleiben und wie folgt verändert werden: ..."

Das Abschreiben der im Raumordnungsgestz aufgeführten Grundsätze und das Erfinden neuer Formeln ähnlicher Art ist überflüssig. Was folgt zum Beispiel aus: "Die räumliche Struktur (was ist das?) der Gebiete mit gesunden Lebensbedingungen (was ist noch gesund?), insbesondere mit ausgewogenen wirtschaftlichen (wirklich? gerade die Potentialunterschiede sind doch das Lebenselixier der Wirtschaft), sozialen, kulturellen und

Überlegungen

ökologischen Verhältnissen (darüber ist doch nie Konsens zu erreichen), soll gesichert und weiter entwickelt werden." (Da haben wir die Entwicklungsvokabel zur Tarnung des Nichtwissens[5]) [ROG § 2 Nr. 2] Und wenn man wüßte, was zu tun wäre, wäre der Satz überflüssig, denn das Gegenteil zu tun, wäre Unfug. Was folgt daraus für die Landesplanung, was ist konkret zu tun? Nichts. Grundsätze sind Leerformeln, d.h. ohne substantielle Zielansprache für die Planungspraxis, leer durch "meisterhafte Glätte der ... immunisierten Formulierungen" ... und "leer für freibleibende Meisterstücke juristischer Kasuistik, ..." Linde meint: "Dagegen erlauben sie (a) sowohl der lavierenden politischen Ratlosigkeit als auch (b) zielstrebigen Interessen, sich ihrer als teils schützendes, teils rechtfertigendes Tarnnetz ihrer Taktik zu bedienen."[Linde 1971:93f] Auf die Aufführung von Grundsätzen jedweder Art kann deshalb völlig verzichtet werden. Und wenn das Raumordnungsgesetz solche auch noch nach der Novellierung enthält, müssen wir in Baden-Württemberg die "immunisierten Formulierungen" im LEP nicht noch nachdrucken.

Auch auf die Aufzählung von "Zentralen Orten" kann verzichtet werden, schon aus Pietät Walter Christaller gegenüber, dem mit der falschen Übernahme seines Analysebegriffes durch das damals zuständige Bundesinnenministerium bitter Unrecht getan wurde. Vermutlich hat keiner der Propagandisten seine Dissertation wirklich gelesen, auch nicht bis zur Seite 25, denn das hätte ausgereicht. Christaller beschreibt Zustände der Agrargesellschaft, nicht der Industriegesellschaft. Schon im alten Preußen litten die damaligen "Zentralen Orte", nämlich die Einzelhändler in der Provinz, darunter, daß die Oberschicht hauptsächlich in Berlin einkaufte [Max Sering 1910, nach Gottfried Müller, 1970:2464]. Ihre Ressourcen erlaubten ihnen auch die dazu nötige Raumüberwindung. Was meinte Christaller mit einem "Zentralen Ort"? Er schreibt: "Im konkreten Sinn ist der Ausdruck "Ort" auch insofern richtiger, da es sich in unser Betrachtung weder um eine Siedlungs-

---

[5] Ähnlich einzuordnen ist die Formel von den "Gleichwertigen Lebensverhältnissen", die in Widerspruch zum unbestimmten Rechtsbegriff des Grundgesetzes Art 72 Abs. 2 Nr. 3 (ist mit Brief der Miltitärgouverneure an Konrad Adenauer vom 12.5.1949 zu interpretieren) nach 'einheitlichen Lebensverhältnissen' steht, wie es Konrad Adenauer wollte ("vernüftige Einheitlichkeit"; sie verschleiert, daß man tatsächlich "die Ungleichheiten gleichstellt" (siehe Köhl 1977). Nach der Wende haben die Politiker ausnahmslos nur von 'gleichen Lebensverhältnissen' gesprochen, die herzustellen seien; seit etwa einem Jahr taucht die falsche alte Formel wieder auf.

Überlegungen

einheit, noch um eine politische Gemeinde, noch um eine wirtschaftliche Einheit handelt; dieser "Ort" reicht vielmehr so weit in die umgebenden Siedlungen hinein, als deren Bewohner städtische, oder, wie wir jetzt vielleicht besser sagen, zentrale Gewerbe ausüben; der Ort kann also größer sein, aber auch kleiner als die Siedlungseinheit oder die Gemeinde." [Christaller 1933:25] Zur Operationalisierung mittels Quantifizierung, die er für ein Problem hält (das er elegant eindimensional durch Zählen der Telefonanschlüsse löst, [141f]) weist er ausdrücklich auf den "Bedeutungsüberschuß" hin, der den "dispersen Orten, die ein entsprechendes Defizit aufweisen" zu danken ist [Christaller 1933:26], weshalb der "Zentrale Ort" Christallerscher Originalität den jeweiligen Standort der Einrichtung und das gesamte Einzugsgebiet meint [S. 30, FN 1]. Deshalb sind auch Einkaufszentren auf der Grünen Wiese mit ihrem Einflußgebiet[6] "Zentrale Orte" im Sinne Christallers. Das Einzugsgebiet ist selbstverständlich je nach betrachtetem Gut verschieden [S. 32] und von den Verkehrsverhältnissen abhängig [S. 33]. "Das erklärende Prinzip ist die Minimierung des mittleren Zeit-Wege-Aufwands" schreibt Linde [1971:97]. Also ändert sich nicht nur das Einzugsgebiet von Christallers Zentralen Orten, sondern auch in unserer heutigen Realität: Tante Emmas Laden wird geschlossen, weil ihre Kunden dank besserer Verkehrsverhältnisse und hoch gehaltener Konsumentensouveränität aufgrund geänderter Konsumentenwünsche woanders einkaufen. Dank der gleichen Verkehrsverhältnisse und der Gesetze der Marktwirtschaft florieren Einkaufszentren an anderer Stelle. "Zentrale Orte" kommen also und vergehen. Auch ein Landesentwicklungsplan kann sie nicht festbinden, denn ihm fehlen die unternehmerischen Qualitäten und Befugnisse, und er kann auch an ihnen nichts festmachen, weil das dann genau so flüchtig ist (vgl. dazu sogar den Kontra-Effekt bei Fürst/Hesse 1981:31]. Deshalb ist eine Bezeichnung von ganzen Städten als "Zentralen Orten" im Lindeschen Sinne "leer" und im Christallerschen Sinne falsch, so daß dem künftigen Landesentwicklungs-

---

[6] Wir unterscheiden 'Einzugsgebiet' für administrierte oder andere technisch feste, alternativenlose Zuordnungen, über welche die Verwaltung entscheidet (z.B. Grundschule, Strom, Gas, Wasser, Abwasser), und 'Einflußgebiet' für Anlagen und Einrichtungen unter Konkurrenz, über das die Kunden frei entscheiden (z.B. Einzelhandel, Freizeitanlagen, Arbeitsplätze); nur bei ersteren kann die Verwaltung Standorte 'festlegen', bei letzteren aber nur Standortangebote machen, über deren Annahme Dritte entscheiden, was bei der Dimensionierung besonders zu beachten ist.

Überlegungen

plan nichts fehlt, wenn in der heutigen Industrie- und künftigen Informationsgesellschaft der Bezug auf Verhaltensweisen der vergangenen Agrargesellschaft unterbleibt. Ganz im Gegenteil: er wird schon durch Unterlassen problemgerechter. Worum es geht, ist die Benennung von landesplanerisch erwünschten Standortgemeinden (a) für steuerfinanzierte öffentliche Einrichtungen mit festlegbarem Einzugsbereich und (b) vorzugsweisen Standortangeboten für die der Konkurrenz und dem eventuellen Konkurs unterliegenden privaten Einrichtungen, deren Einflußbereich dem Verhalten folgt und eben nicht angeordnet werden kann. Deshalb kann auch die Landesplanung nicht über ihr Wohl und Wehe entscheiden.

Die so beliebten mehr oder weniger breiten bunten Striche auf Karten tragen auch nur zum Verbrauch von Farben bei, lösen aber keine Probleme. "Achsen" dieser Art stammen auch aus der Agrargesellschaft, als sie am Ochsenkarren, und nach seinem Vorbild an den ersten Autos, von Rad zu Rad reichten. Sie waren Hilfseinrichtungen, um die an den Enden befindlichen Räder in der Spur zu halten und den Karren zu tragen. Die Musik spielt nur an ihren Enden. Heute sind die Achsen zu kurzen Stummeln geschrumpft, die Karosse trägt sich selbst; es gibt die Achse rudimentär nur noch im Rad - sonst nirgends. Bei Planern soll sich aber auch "auf den Achsen" etwas und "in den Achsenzwischenräumen" (bei kaputten Achsen?) nichts abspielen. Man wurde an Akrobatenstückchen chinesischer Vollkommenheit erinnert, als bei der letzten ARL-Tagung in Chemnitz der dortige Landesplanerkollege auf der Busfahrt vom Gebirge nach Chemnitz im Brustton der Überzeugung verkündete, "jetzt fahren wir auf der Achse Annaberg - Chemnitz". Ich konnte es mir nicht verkneifen zu bemerken, daß ich den Bus nur auf einer leidlich ausgebauten und schlecht trassierten Bundesstraße fahren sähe. Als Antwort gab es nur einen verblüfften Blick.

Ich frage Sie, welches Problem soll mit den diversen "Achsen" gelöst werden, welche Theorie liegt dem zugrunde? ("nicht sehr fundierte Ansätze" [Fürst/Hesse 19981:32]) Ist es nicht selbstverständlich, daß zwischen großen Städten starke Austauschbeziehungen herrschen und deshalb Verkehrswege mit größerer Kapazität angelegt sind, als zwischen

Überlegungen

kleineren Städten oder zwischen kleinen und großen? Das kann man schon in Standorttheorien vor der Erfindung des Autos nachlesen. Welche neue Information soll da ein Strich auf der Landkarte entlang solcher Verkehrswege enthalten, außer man will angeben, daß es hier an Kapazität fehlt? Und wie die Nähe zu solchen "Achsen" gesucht wird! Dabei fallen mir immer die Produzenten von Harzer Käse ein. Der wird offensichtlich auch an Produktionsstandorten als solcher bezeichnet, von denen aus man den Harz nur noch mit dem Fernglas sehen kann - so ähnlich verhält es sich mit der segensreichen Wirkung von "Achsen".

Man komme mir nicht damit, daß das Landesplanungsgesetz solche Ausweisungen vorschreibe. Der Landtag hat beschlossen, was ihm die Verwaltung als Beschlußempfehlung vorgelegt hat. Das kann man kraft besserer Einsicht also ändern, wie es z.B. Niedersachsen gemacht hat, indem es auf "Achsen" verzichtet [Landes-Raumordnungsprogramm 1994].

Auch Deklamationen, wie (als Beispiel für viele gleichartige und deshalb ohne Quellenangabe) "es ist eine räumliche Entwicklung anzustreben, die dazu beiträgt, daß möglichst jeder Erwerbsfähige im Verbandsbereich einen Arbeitsplatz nach seinen Fähigkeiten und Neigungen erhält usw. usw." sind völlig folgenlos und deshalb überflüssig.

Was soll der Satz: "Durch die städtebauliche Entwicklung (was ist das, bitte schön?) ist eine Siedlungsstruktur anzustreben, die den unterschiedlichen vorrangigen Erfordernissen in den einzelnen Räumen entspricht"? [LEP 1983, 2.2.3] Man muß sich jedes Wort einmal auf der Zunge zergehen lassen. Ich kann mir beim besten bösen Willen - und ich kann zwischen den Zeilen solcher Sätze schon eine Menge herausholen - nicht ausdenken, wie man gegen diesen Satz verstoßen kann. Ich könnte noch viele ähnliche und noch schlimmere Sätze aus dem LEP oder aus Regionalplänen vorlesen - ich werde das unterlassen, weil ich einen Mordsrespekt vor der von Ihnen dafür benötigten Zeit und Mühe habe, aber Sie fragen: haben wir das als Fachleute, die ernst genommen werden wollen, eigentlich nötig?

Überlegungen

Wir müssen über Problemlösungen in Varianten nachdenken, beipielsweise: Sollten wir nicht beim Wohnungsbedarf den aus dem Überschuß der Geborenen über die Gestorbenen, den aus dem Überschuß der Zuzüge über die Wegzüge und darunter den aus regionalen Wanderungen von dem aus überregionalen Wanderungen unterscheiden, den aus Komforterhöhungen von dem aus Eigentumsänderung?

Um welche Mengen geht es denn in der Laufzeit der Pläne eigentlich im ganzen Land, in den Regionen, an einzelnen Standorten? Lohnt sich denn im Einzelfall die Erwähnung im LEP oder im Regionalplan wirklich?

Wo kommen eigentlich der Präferenzen der standortflüchtigen und der standorttreuen Bürger vor, wenn dauernd von "Verdichtung" und "Nachverdichtung" geredet wird? Folgt der 'Verdichtung' der Bauten das 'Verduften' der Bürger? Und bezieht nicht das Argument des Verdichtenmüssens seine Begründung in der Enge der kommunalen Grenzen (die dem Verhalten nicht entspricht), wo wir doch eigentlich in Deutschland Platz genug haben? Schöne Pläne gibt das, es hört sich vielleicht auch gut an, aber ist der relative Vorteil der Lösung eines bestimmten Wohnungsproblems so groß, daß er die relativen Nachteile[7] überwiegt? Meint irgend jemand, die Erben der großen Vermögen, die demnächst ja am Markt erscheinen sollen, bauen alle ihre Komfortwohnungen in Bahnhofsnähe im Stockwerksbau?

Wie wollen wir das Problem der Senkung von Emissionen angehen? Was folgt daraus für die Landesplanung?
- nicht mehr Verkehrsstraßen?
- nicht mehr Verkehrsbelastung?
- Nutzungsänderung nur, wenn dies an ohnehin schon kritischen Standorten oder in

---

[7] 'relativ' bezeichnet hier den Bezug zur Alternative, das Problem anders zu lösen. Die Abwägung mit anderen Lösungen wird unter dem Eifer, der neuen städtebaulichen Mode zu folgen, völlig unterlassen, mindestens aber unvollständig vorgenommen (Abwägungsausfall, Abwägungsfehlgewichtung, unvollständige Zusammenstellung des Abwägungsmaterials). Zur Abwägungsmethodik s. Köhl 1994a; Köhl 1994b; Strassert 1995.

Überlegungen

total überlasteten Netzen auf keinen Fall zu einem höheren Verkehrsaufkommen, eher zu einer Absenkung führt? (man denke als Beispiel für viele an "Stuttgart 21")
-- oder nicht zu einer Erhöhung der derzeitigen Spitzenstundenbelastung?
-- oder wollen wir auch eine Verbreiterung der Belastung, d.h., eine höhere Auslastung der Kapazitäten durch zeitliche Verkehrsverlagerungen akzeptieren, wie schon zu beobachten ist? Damit würden wir aber mehr Umweltbelastung akzeptieren!

Es lassen sich bei etwas Nachdenken noch weitere sehr relevante Handlungsvarianten aufzählen, die aber alle unterschiedliche relative Vor- und relative Nachteile haben.

Wie reagiert die Landesplanung eigentlich auf die unbestreitbare Tatsache, daß der S-Bahn-Ausbau in die Region zur Erhöhung des Verkehrsaufwandes und zur Ausdehnung des Einzugsbereiches entlang der S-Bahnlinien führt, statt zur Senkung und Reduzierung? (s. Abbildung 1). Oder will die Landesplanung auch in Zukunft nur dort steuern, "wo der Widerstand kraftlos oder nicht-existent ist", nämlich außerhalb der Verdichtungsräume? [Fürst/Hesse 1981:106]

Was sagt die Landesplanung zum S-Bahn-Ausbau, wenn dort schon vor der Inbetriebnahme die Bodenpreise exorbitant steigen und damit die Chancen der Haushaltsgründer mit niedrigem Einkommen zur Eigentumsbildung sinken? Wie geht die Landesplanung mit diesem eklatanten Verstoß gegen die Forderung nach Berücksichtigung der "Eigentumsbildung weiter Kreise der Bevölkerung" [§ 1 Abs. 5 Nr. 2 BauGB] um?

Es ist bekannt, daß der Verkehrsaufwand bei einem Verhältnis von Beschäftigten zu Erwerbstätigen in der Nähe von 1 ein Minimum erreicht. Wie geht die Landesplanung damit um? Werden massiv Wohnbauflächen ausgewiesen (und keine verkehrserhöhend wirkenden Arbeitsplätze zugelassen), wenn das Verhältnis z.B. über 1,5 liegt und gewerbliche Bauflächen angeboten (und weitere Ausweisung von Wohnbauflächen gestoppt), wenn es z.B. unter 1 liegt? Abbildung 2 zeigt das Ergebnis eines Forschungsvorhabens der BfLR für das Bundesgebiet unter der Leitung von Christian Holz-Rau und

Überlegungen

Eckhard Kutter [Verkehrsvermeidung 1995:58] und Abbildung 3 das Ergebnis einer Recherche für Baden-Württemberg für das Verhältnis von Beschäftigten zu Erwerbstätigen in einigen ausgewiesenen "Zentralen Orten".

Überlegungen

Pendlerrate nach Stuttgart / MIV-Pendlerrate nach Stuttgart

Die hier ausgewiesenen Auspendlerraten geben an, wie viele der Erwerbstätigen der Gemeinden im Umkreis von 30 km nach Stuttgart insgesamt (links) und mit dem MIV (rechts) pendeln. Der abnehmende Anteil mit zunehmender Entfernung ist ein Maß der "Entfernungsempfindlichkeit". Die Gemeinden mit S-Bahnanschluß in Luftliniendistanzen von über 20 km (bis zum Stadtzentrum Stuttgarts) liegen bei der Pendlerrate insgesamt jeweils im *oberen* Bereich, bei der Pendlerrate mit dem MIV auf dem gleichen Niveau wie Gemeinden ohne S-Bahn. Dies ist ein Hinweis auf die Ausdehnung des Einzugsbereichs entlang der S-Bahnlinien.

Verkehrsaufwand je Arbeitsverhältnis / MIV-Verkehrsaufwand je Arbeitsverhältnis

Verkehrsaufwand je Arbeitsverhältnis = (für MIV sinngemäß)
$$\frac{\text{(Distanz der Erwerbstätigen + Distanz der Beschäftigten)}}{\text{(Anzahl der Erwerbstätigen + Anzahl der Beschäftigten)}}$$

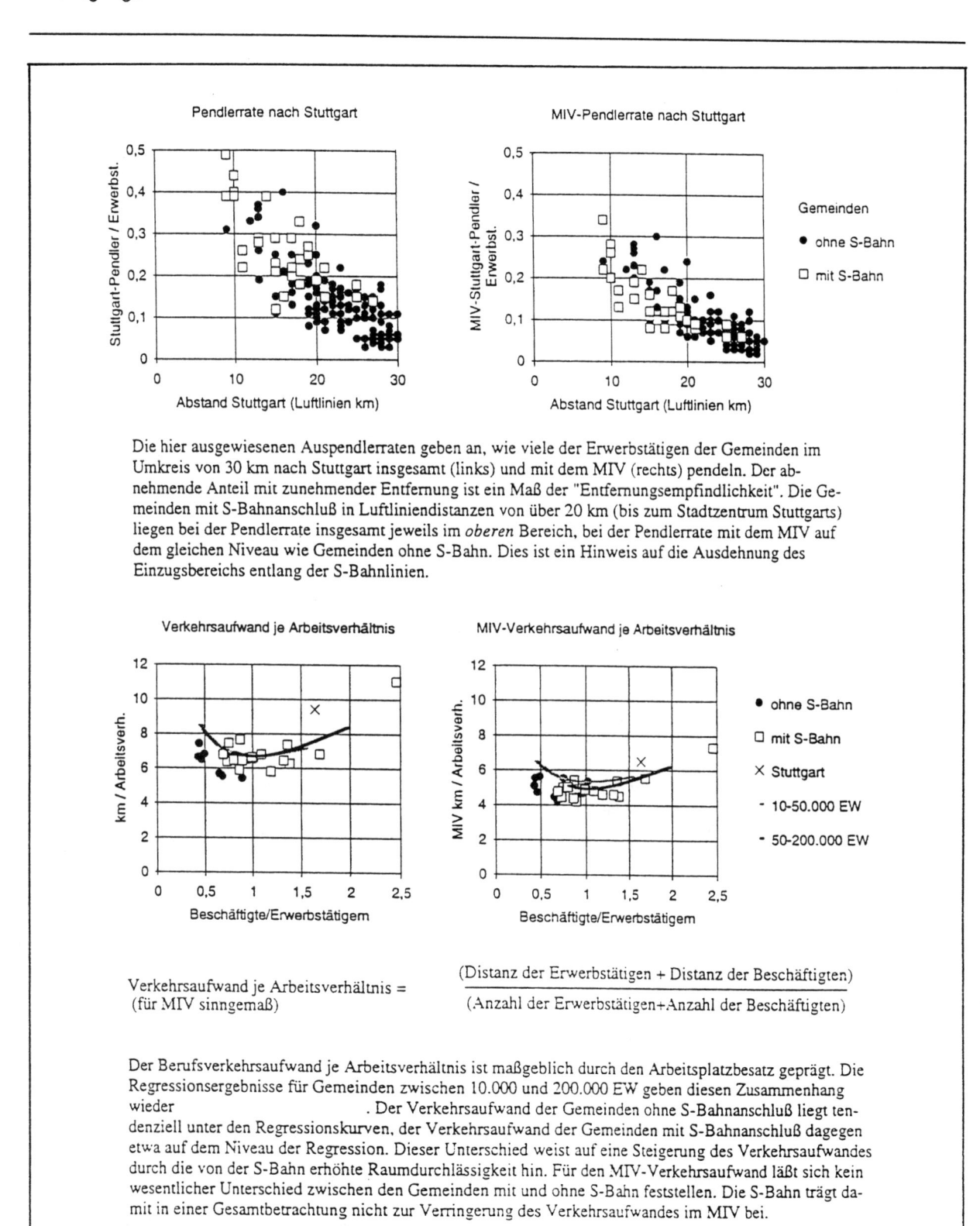

Der Berufsverkehrsaufwand je Arbeitsverhältnis ist maßgeblich durch den Arbeitsplatzbesatz geprägt. Die Regressionsergebnisse für Gemeinden zwischen 10.000 und 200.000 EW geben diesen Zusammenhang wieder. Der Verkehrsaufwand der Gemeinden ohne S-Bahnanschluß liegt tendenziell unter den Regressionskurven, der Verkehrsaufwand der Gemeinden mit S-Bahnanschluß dagegen etwa auf dem Niveau der Regression. Dieser Unterschied weist auf eine Steigerung des Verkehrsaufwandes durch die von der S-Bahn erhöhte Raumdurchlässigkeit hin. Für den MIV-Verkehrsaufwand läßt sich kein wesentlicher Unterschied zwischen den Gemeinden mit und ohne S-Bahn feststellen. Die S-Bahn trägt damit in einer Gesamtbetrachtung nicht zur Verringerung des Verkehrsaufwandes im MIV bei.

Abb. 1: Anteil der Stuttgart-Pendler insgesamt und im MIV nach Stuttgart an den Erwerbstätigen in den Umlandgemeinden (oben) und Verkehrsaufwand je Arbeitsverhältnis insgesamt und im MIV für Gemeinden des Nachbarschaftsverbandes Stuttgart (unten) [Verkehrsvermeidung 1995:62 f]

Überlegungen

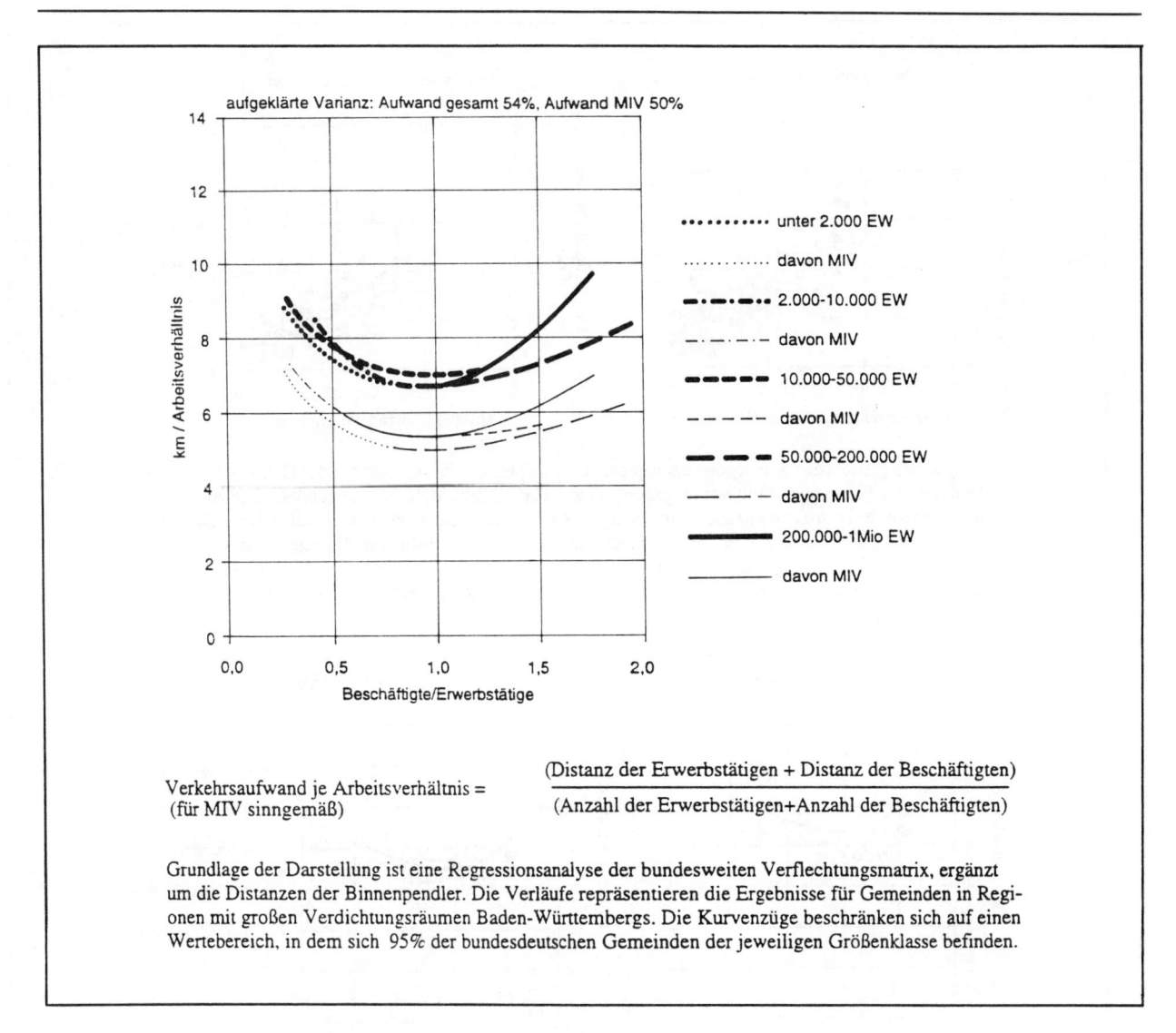

Abb. 2: Zusammenhang zwischen Arbeitsplatzbesatz und Verkehrsaufwand je Arbeitsverhältnis [Verkehrsvermeidung 1995:58]

Was sagt die Landesplanung, wenn die größeren Städte ständig Einwohner verlieren und auf ihrer teuren Infrastruktur sitzen bleiben, die mit Billigung und Förderung des Landes errichtet worden ist? Wird noch weiter von "Verdichtung" geredet oder die Ausweisung von attraktiven Wohngebieten in diesen Städten mit dem faulen Argument "Stop dem Flächenverbrauch" verhindert (auch solch ein gedankenloses Modewort: Fläche kann man gar nicht verbrauchen, nur anders nutzen) oder gibt es auch noch andere Lösungen? Sind nicht, wie Fürst/Hesse richtig schreiben, die Verdichtungsräume aus der landesplanerischen Steuerung "fast gänzlich ausgenommen"? [Fürst/Hesse 1981:106]

Überlegungen

Abb. 3: Verhältnis Beschäftigte/Erwerbstätige für Ober- und Mittelzentren des LEP in Baden-Württemberg [VZ 87; eigene Auswertung]

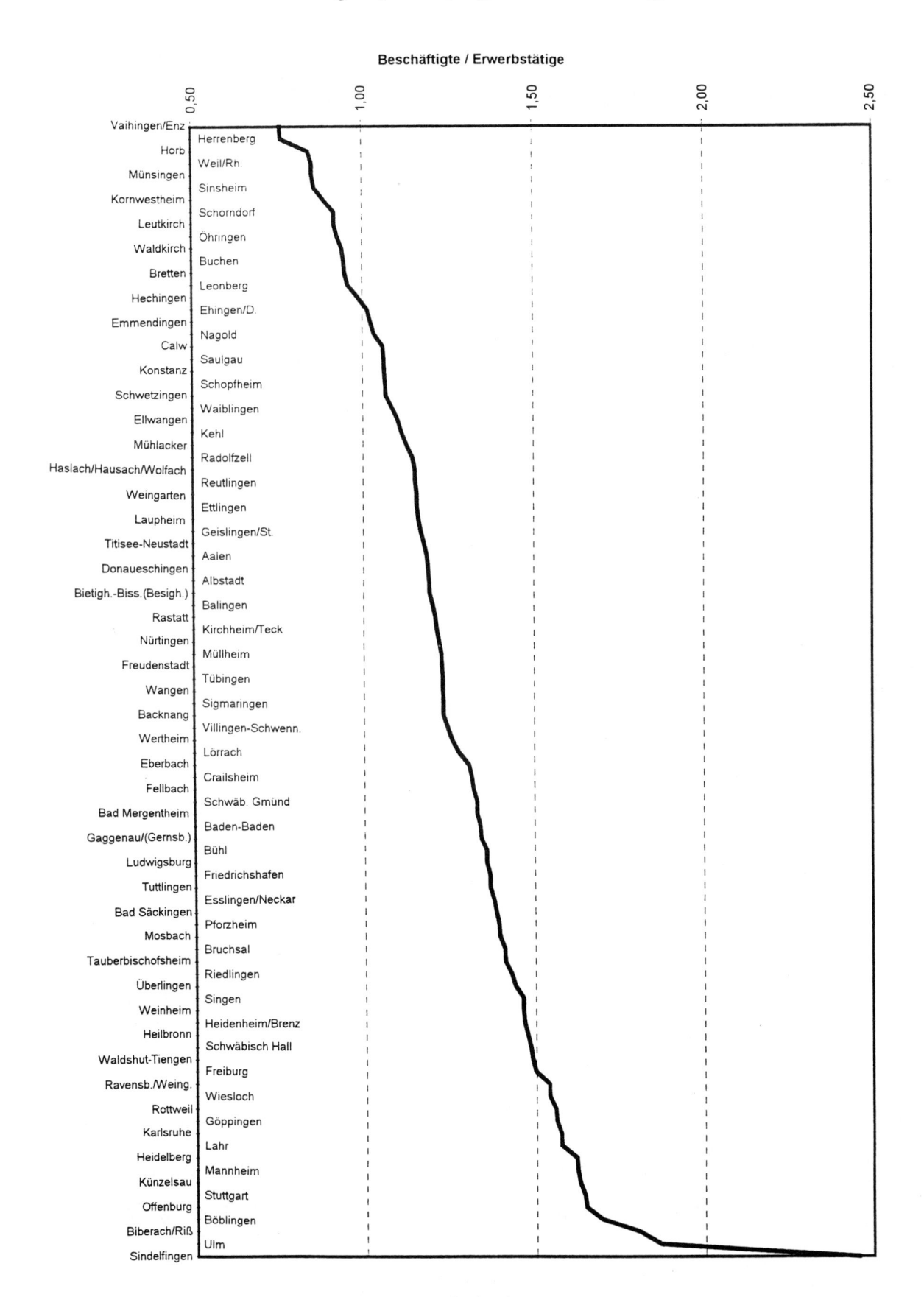

Anregungen

Was ist die Antwort der Landesplanung auf einen Zustand mit künftig über 30 % Einwohnern über 60 Jahren? Was sind deren Bedürfnisse, welche Probleme kommen auf uns zu im Hinblick auf die Gemeinbedarfseinrichtungen und deren Standortgefüge? Meint jemand ernsthaft, die vollmotorisierten älteren Mitbürger schleppen ihre Einkäufe aus der Fußgängerzone nach Hause?

Für solche ganz konkreten Probleme muß der neue LEP Lösungsvorschläge machen. Und die Landesplanung sollte vielleicht, wenn sie denn davon angeht, einen LEP für eine Ewigkeit von 15 Jahren aufzustellen, eine "Eingreiftruppe" einrichten, die kurzfristig Probleme analysiert und Lösungsvorschläge für eine aktuelle Ergänzung, vielleicht im Ein- oder Zweijahresrhythmus, des LEP macht.

3 Anregungen

Die notwendigen Schritte sind bekannt (vgl. auch Linde 1971:102 f]

1. Problemaufhellung (z.B. im Landesentwicklungsbericht)

2. Erste allgemeine, auch noch negativ formulierte Artikulation des Planungsziels (in der Art "das wollen wir nicht")

3. Erarbeitung von denkbaren Lösungsmöglichkeiten und deren Diskussion

4. Übersetzung der Lösungsmöglichkeiten in "praktische, d.h. prozessuale Lösungsentwürfe" unter Bündelung der bis hierher u.U. noch getrennt bearbeiteten Probleme zum Landesentwicklungsplan

5. Ermittlung und Darlegung der mit der Verwirklichung der Lösungsentwürfe verbundenen Folgen für die Problemlösung und die Umgebung (erwünschte und unerwünschte Folgen) als Grundlage für die politische Entscheidung über die Lösungsentwürfe.

Anregungen

Der Landesentwicklungsplan soll sich auf das beschränken, was wirklich Sache der Landesplanung ist und beachten, daß er allgemein verständlich gehalten sein sollte. Da wir künftig landesplanerische Öffentlichkeitsarbeit (als Informationen über Zustände, Veränderungen und Lösungsvorschläge für Probleme) für unverzichtbar halten, wird dies schon allein einen heilsamen Zwang zur Verwendung allgemeinverständlicher Begriffe und Formulierungen haben. Eine erste umweltgerechte Maßnahme wäre es, seinen Umfang von 1122 g um etwa 1000 g zu vermindern und dieser für das Land verbindlichen Problemlösung eine oder zwei Karten des Landes mit wenigen Eintragungen beizufügen.

Es ist Abschied zu nehmen von der Vorstellung, daß man an allen Stellen gleichzeitig etwas Entscheidendes ändern kann. Es ist eine Illusion, da stimme ich Treuner ebenfalls zu, daß eine ausgewogene Verteilung von Entwicklungschancen möglich ist. [Treuner 1994:58] Es ist nutzlos, irgendwelche schönen Bilder, ob sie nun Achsen oder Zentrale Orte oder Dezentrale Konzentration ("Fata Morgana" nach Hübler 1994:69] oder sonstwie heißen mögen, in bunten Karten zu drucken. Dies alles löst keine konkreten Probleme.

Bei den Überlegungen könnte es hilfreich sein, die bisherigen und künftig für unverzichtbar gehaltenen Aussagen im LEP als Lösungsvorschlag für konkrete bezeichnete Probleme auch nach ihrer Diktion zu sortieren und sauber zu trennen: Zuerst wird das Problem benannt, dann folgt die Lösung. Eine "Begründung" ist weder in alter Art noch in neuer Art erforderlich. Solche Diktionen wären z.B.

Landesplanerische Willensbekundung:
   "Deshalb **will das Land**, daß ...."
Landesplanerische Anweisung:
   "Dazu **sollen** ..." (Wünsche, Anweisung an alle) oder

   "Dazu **wird** ... " (Ankündigung, Anweisung nach innen, z.B. Ministerien) oder

   "Dazu **ist** oder **sind** ... " (Anweisung an Regionen, Städte und Gemeinden, Landkreise usw, als endgültige Entscheidung)

Anregungen

Dies könnte in **Stufen** unterteilt werden, so z.B.

"erforderlich" (dringend erforderlich), wenn ein Lücke geschlossen werden soll oder eine Last vermindert,

"erwünscht" (sehr erwünscht), wenn es um eine Abrundung geht oder eine Erleichterung sinnvoll wäre,

"zulässig" (ausnahmsweise zulässig) wenn es schön wäre, so etwas zu schaffen oder auch abzuschaffen.

Gebote mit entsprechender Rechtswirkung könnten sein:

"entlasten und verbessern"

"erhalten und sichern"

"ausbauen und neu schaffen"

wobei jeweils dazu auch Bereiche, Standorte und Trassen anzubieten wären.

Programmatische Aussagen:

soll werden (unter genauer Bezeichnung der Maßnahmen)

Deklamatorische Aussagen (die ohne landesplanerische Konsequenzen sind):

... **ist** (z.B. Stuttgart **ist** Landeshauptstadt)

Standortgebote für steuerfinanzierte und -subventionierte Anlagen und Einrichtungen könnte man sich noch dekretiert vorstellen, nicht aber für die einem Konkursrisiko ausgesetzten Anlagen und Einrichtungen. Sie müßten in einem solchen Fall wenigstens aus der Prüfung alternativer Standortangebote, auch unter wirtschaftlichen Gesichtspunkten, hervorgegangen sein. Nur so kann auch gegenüber potentiellen Nachfragern nachgewiesen werden, daß die besten unter vielen möglichen ausgewählt worden sind.

Anregungen

Sachgerechter ist es aber, solche Standorte klar als **Standortangebote** zu kennzeichnen. Deshalb bestehen erhebliche Bedenken, den alten Begriff "Zentrale Orte" für neue Inhalte etwa dieser Art zu benutzen (wie in Bayern, Niedersachsen und Rheinland-Pfalz). Auch passen die Begriffe "Oberzentrum", "Mittelzentrum" und "Unterzentrum" mit ihrem herrschaftlichen Anspruch auf Über- und Unterordnung nicht mehr in unsere Zeit. Sie stammen wissenschaftlich zudem aus einer nützlichen Theorie, die heute nur noch partiell gültig ist und der das heutige Verhalten im Land aufgrund geänderter Verhältnisse (Sachausstattung!) in vielen Bereichen nicht mehr entspricht[8]. Es geht doch schlicht und einfach um die Tatsache, daß es Standorte für Anlagen und Einrichtungen unterschiedlicher Bedeutung und Reichweite sowie mit unterschiedlichem Bündelungsbedarf[9] gibt, die in die Verkehrsnetze eingebunden sind oder eingebunden werden sollen. Straßennetze sind anders zu beurteilen als Schienennetze und die Bedienungsgüte ist ebenso nicht Sache der Landesplanung wie in anderen Fällen der Ertrag der Ladenkassen. Die erschlossenen oder zu erschließenden Standorte können in Klassen eingeteilt werden, die man z.B. als Standortangebote für Anlagen und Einrichtungen mit landesweiter (L), regionsweiter (R) und kreisweiter (K) Bedeutung bezeichnen könnte. Darüber hinaus darf es aber doch nicht verboten sein, daß aus einem anfänglich kleinen Betrieb ein weltweites Unternehmen wird und sein Standort damit weltweite Bedeutung erhält, wie das Umgekehrte leider zu oft auch vorkommt. Die erfolgreichen Unternehmen müssen doch wohl nicht wegen der Landesplanung ihren Standort verlassen? Und wir akzeptieren auch nicht den Einwand, es handelt sich um "Versorgungseinrichtungen", deren Standorte "festgelegt" werden müßten. Wir leben eben glücklicherweise nicht mehr im Zeitalter der Lebensmittelkarten und der Lebensmittelzuteilung. Nichts und niemand wird "versorgt", sondern es werden von Kommunen und Privaten Angebote gemacht, die an-

---

[8] Hans Linde hat eine Reformulierung der Theorie der Zentralen Orte vorgelegt, in der er zur Identifikation von ZO einen meßbaren Bedeutungsüberschuß benutzt; sie wird aber offensichtlich nicht zur Kenntnis genommen. [Linde 1977]

[9] Nur wenn verhaltensbedingt eine gekoppelte Erledigung in der Form des Besuchs mehrerer Einrichtungen hintereinander verhaltenstypisch ist, ist auch eine standörtliche Bündelung sinnvoll (dieser empirisch untermauerten Erkenntnis bedienen sich viele Zentren auf der 'Grünen Wiese'); ungekoppelt benutzte Einrichtungen können auch an singulären gut erreichbaren Standorten liegen [Dietz 1975:132]

Anregungen

genommen und abgelehnt werden können; Waren können abgeholt und geliefert werden. Auch Strom, Wasser und Gas werden geliefert; nichts und niemand wird "versorgt". Die Demokratisierung aller Lebensbereiche darf doch nicht spurlos an der Planersprache vorbeigehen.

Es muß der Eindruck vermieden werden, daß schon allein mit der Ausweisung von möglichen Standorten der angestrebte Erfolg verbunden ist. Wie wir gesehen haben, benötigt man dazu noch jemanden, der auf diesen Standort gewartet hat und ihn annimmt, und dazu noch viele 'Kunden', die diese Anlagen auch nachhaltig nutzen. Die Standortausweisung setzt also nicht "gleichsam unabwendbar die ersehnten Veranstaltungen in Gang" [Heidemann 1993:19], die das Problem auf Dauer lösen sollen. Es kommt auf den Investor an, ob aus der Planung etwas wird.

Wir brauchen gewiß langfristige **Flächensicherung** für Natur und Landschaft, Wohnen, Arbeiten, Umweltschutzanlagen und -einrichtungen, Katastrophenschutz (gegen Naturgewalten), Verkehr, Freizeit und Tourismus. Da der Sicherungszweck oft an sehr kleinteilige Areale (z.B. Tiere, Pflanzen, Wasser) gebunden ist, müssen Schutz- und Sicherungsflächen im Unterschied zu Standortgemeinden in der Landesplanung (LEP bzw. Regionalplan) genauer definiert werden.

Die Landesplanung muß das Fachwissen der Fachplanung verwenden (mindestens z.B. Verkehrsplanung, s. Verkehrliche Mindestanforderungen 1995). Zur Fachplanung entsteht in der Regel ein Konflikt: regional, finanziell, in den Wirkungen und Nebenwirkungen. Die Landesplanung muß und kann ihn als einzige Planung ausräumen (sonst kann es keiner), aber sie muß führen. Das setzt kenntnisreiche und von den Kolleginnen und Kollegen in der Fachplanung[10] auch für ihr Gebiet anerkannte "Fachleute" in der Landesplanung voraus. Sie müssen auf einem der Gebiete der Fachplanung ebenso gut wie die

---

[10] Wenn man manche amtlichen Schreiben liest und sich über deren rechthaberischen und herrschaftlichen Stil wundert, fragt man sich, welche merkwürdige Verwandlung in Leuten vorgeht, wenn sie ihre Argumente hinter unterschiedlichen Briefköpfen entwickeln, obwohl sie einst im gleichen Hörsaal gesessen haben.

Anregungen

Fachplaner sein (nicht alle auf allen, aber die Mischung macht die Qualität der Mannschaft aus); was sie auszeichnet ist, daß sie eben darüber hinaus Landesplaner sind. Nur so können sie den Anspruch erheben, bei allen landesplanerisch relevanten Fachplanungen von Anfang bis Ende dabei zu sein. Und die Fachplanung muß eben auch lernen, daß sie von der Landesplanung die Hilfe bekommen kann, die sie benötigt, wenn sie ihre Fachplanung nicht beziehungslos 'im Raume hängen lassen' will. Bei Buddha heißt es dazu: "So wie ein Netz aus vielen miteinander verflochtenen Fäden besteht, so ist alles in dieser Welt miteinander durch eine Vielzahl von Fäden verbunden. Wer glaubt, daß eine Masche im Netz eine unabhängige Einheit sei, der irrt." [Budha, Dharma, Kap. 1 II, Nr. 1]

Die neu zu definierenden "Ziele der Landesplanung" müssen als Problemlösungen erkennbar und damit auch revidierbar sein. Wegen der Abhängigkeiten hängt ein Teil der Qualität der Regionalplanung von der Qualität der Landesplanung ab. Aber ansonsten könnten doch die Regionen auch in ihren "Plänen" in Wettbewerb treten, was spricht dagegen? (s.a. Fürst 1990:74: "dezentraler Gestaltungsspielraum")

Es muß nicht überall etwas dargestellt werden. Der neue LEP könnte sich durchaus auf solche Gebiete beschränken, in denen die dortigen Bewohner und ihre gewählten Vertreter etwas verändern wollen. Schäfer hält eine Kombination von "negativen ('Leidensdruck') und positiven Motivationselementen" für besonders wirksam. [Schäfer 1994:86]

Der LEP muß nicht flächendeckend sein. Man könnte sich so etwas wie die §§ 34 und 35 der Landesplanung denken. Es gibt doch keine gesetzesfreien Räume in Deutschland. Es passiert gar nichts, wenn nicht sofort und für jeden Fall ein oft nur zweifelhafter Spruch aus dem LEP zitiert werden kann. Schließlich gelten ja Grundgesetz, Landesverfassung, Baugesetzbuch, Naturschutzgesetz usw. weiterhin!

Literatur

Der LEP muß nicht, aber die Landesplanung muß, zu allen möglichen künftigen Problemen etwas sagen. Deshalb sollte sich der LEP auf wenige wichtige Probleme und Problemlösungen beschränken. Der neue LEP könnte jährlich ergänzt werden.

Hans Linde, kürzlich verstorbener em. Ordinarius für Soziologie an der Fridericiana zu Karlsruhe und ehemals aktiver Landesplaner, von dem ich in seinen Vorlesungen wie in Gesprächen viel gelernt habe, hat seinen damaligen Beitrag wie folgt abgeschlossen:

"Meine Damen und Herren, ich bitte um ihre Nachsicht, daß ich mich so lange bei den mir abträglich erscheinenden Zügen des Arbeitszusammenhangs Raumplanung aufgehalten habe. Ich weiß, daß ich mich in meinen sehr subjektiv und grob belassenen Urteilen der Gefahr der Überspitzung ausgesetzt habe. Ich glaubte der Sache und der Eindeutigkeit der Sache diese Breite und diese Schärfe schuldig zu sein. Jeder Versuch, meine Kritik aus größerer, akademischer Distanz vorzutragen und durch salvierende Zusätze sorgsam zur Rundumverteidigung einzurichten, hätte den Ernst, den ich ihr beimesse, für mich unerträglich verschleiert." [Linde 1971:100] Dem schließe ich mich voll in Bezug auf meine Ausführungen zum Landesentwicklungsplan Baden-Württemberg an. Wir können die Probleme in unserem Land nicht ohne eine problemerhellende, phantasievolle und überzeugende Landesplanung lösen. Aber sie muß anders als bisher in Erscheinung treten. Dafür trete ich ein und davon wollte ich Sie überzeugen.

Literatur

de Bono, Edward, 1987: Konflikte. Neue Lösungsmodelle und Strategien. - Düsseldorf: Econ. 217 S.

de Bono, Edward, 1971: Die 4 richtigen und die 5 falschen Denkmethoden. - München: Heyne. 221 S.

Christaller, Walter, 1933: Die Zentralen Orte in Süddeutschland. Ein ökonomisch-geographische Untersuchung über die Gesetzmäßigkeiten der Verbreitung und Entwicklung der Siedlungen mit städtischen Funktionen. - Jane: Fischer. 331 S. 5 Karten im Anhang.

Dietz, Hans-Ludwig, 1975: Flächenbedarf und Standortgefüge öffentlicher Wohnfolgeanlagen. - Karlsruhe: Institut für Städtebau und Landesplanung. 262 S. (Schriftenreihe, Heft 6)

Literatur

Fürst, Dietrich und Joachim Jens Hesse, 1981: Landesplanung. - Düsseldorf: Werner. VIII, 150 S. 2 Ausschlagtafeln. (Schriften zur Innenpolitik und Verwaltungswissenschaft, Band 1)

Fürst, Dietrich, 1990: Regionalplanung der 90er Jahre. In: Regional- und Landesplanung für die 90er Jahre. Wissenschaftliche Plenarsitzung 1990. - Hannover: ARL, S. 72-78. (Forschungs- und Sitzungsberichte 186)

Heidemann, Claus, 1993: Die Entwicklungsvokabel - Redenschmuck oder Gedankenstütze? - Karlsruhe: Institut für Regionalwissenschaft. 23 S. (IfR Diskussionspapier Nr. 23)

Hübler, Karl-Hermann, 1994: Raumplanerische Hilfestellung zur Verringerung der Interessenkonflikte Brandenburg - Berlin; Anforderungen an eine brandenburgisch - berlinerische Planungskultur. In: Raumordnung in Brandenburg und Berlin, S. 63-77.

Köhl, Werner, 1977: Gleichwertigkeit der Lebensverhältnisse oder von der Gleichstellung der Ungleichheiten. - Karlsruhe: Institut für Regionalwissenschaft.17 S. (Diskussionspapier Nr. 8)

Köhl, Werner, 1994a: Abwägungsmethodik bei Standortentscheidungen für Abfallanlagen: Stand der Wissenschaft und die Praxis, mit Beispielen aus Baden-Württemberg (1994). Vortrag am 30.6. auf der 69. Sitzung der Landesarbeitsgemeinschaft Baden-Württemberg der Akademie für Raumforschung und Landesplanung in Friedrichshafen. - Manuskriptsammlung der ARL, LAG Baden-Württemberg, S. 1-6.

Köhl, Werner, 1994 b: Standortfindung für Deponien. In: Müll-Handbuch. Sammlung und Transport, Behandlung und Ablagerung sowie Vermeidung und Verwertung von Abfällen. Ergänzbares Handbuch für die kommunale und industrielle Abfallwirtschaft. Hg. von G. Hösel, W. Schenkel, B. Bilitewski und H. Schnurer. - Bielefeld: Schmidt. Kennziffer 4518. 34 S.

Landesentwicklungsbericht Baden-Württemberg 1986. Tendenzen und Konsequenzen. Hg. Innenministerium Baden-Württemberg XVI, 226 S. 2 Karten, Schaubilder.

Landesentwicklungsbericht Baden-Württemberg 1994. Raumbedeutsame Entwicklungen in den Bereichen Bevölkerung, Wohnen und Arbeiten. Hg. Wirtschaftsministerium Baden-Württemberg, Abt. 7, Ref. 72 und 71. Stuttgart.234 S.

Landesentwicklungsplan Baden-Württemberg vom 12. Dezember 1983 mit Begründung und Anlagen. Hg. Innenministerium Baden-Württemberg. XI, 309 S., 14 Karten.

Landesentwicklungsplan III. Umweltschutz durch Sicherung von natürlichen Lebensgrundlagen. Zwischenbericht. Entwurf Stand April 1985. Hg. Ministerium für Landes- und Stadtentwicklung Nordrhein-Westfalen.69 S., 5 Bezirkskarten.

Landes-Raumordnungsprogramm Niedersachsen 1994. Gesetz vom 2. März 1994 (Nds. GVBl. S. 130)

Linde, Hans, 1971: Über Zukunftsaspekte in der Raumplanung, insbesondere Leitbilder u.ä. In: Seminar für Planungswesen der TU Braunschweig, H. 8, S. 83 - 104.

Linde, Hans, 1977: Standortorientierung tertiärer Betriebsstätten im großstädtischen Verdichtungsraum (Stadtregion Karlsruhe). In: Beiträge: Band 8 der Akademie für Raumforschung und Landesplanung. Hannover. 103 S.

Müller, Gottfried, 1970: Raumordnung. In: Handwörterbuch der Raumfoschung und Raumordnung. - Hannover: Jänicke, Sp. 2460-2479.

Literatur

Raumordnung in Brandenburg und Berlin. Dokumentation der Raumordnungskonferenz Brandenburg - Berlin am 6./7. Juni in Eberswalde. - Berlin: Institut für Regionalentwicklung und Strukturplanung 1994. 217 S. (Beiträge Nr. 5)

Raumordnungspolitischer Handlungsrahmen. Beschluß der Ministerkonferenz für Raumordnung in Düsseldorf am 8. März 1995. Hg. Bundesministerium für Raumordnung, Bauwesen und Städtebau. 43 S.

Raumordnungpolitischer Orientierungsrahmen. Leitbilder für die räumliche Entwicklung der Bundesrepublik Deutschland. Hg. Bundesministerium für Raumordnung, Bauwesen und Städtebau. - Bonn: 1992

Raumordnungsprognose 2010. Erste Ergebnisse: Bevölkerung, Haushalte und Erwerbspersonen. In: Informationen zur Raumentwicklung, H. 12, S. 815-971. Hg.: Bundesforschungsanstalt für Landeskunde und Raumordnung, Bonn.

Schäfer, Rudolf, 1994: Dezentrale Konzentration: Regionale Entwicklungszentren, Städtekranz und Städtenetz - Schwerpunkt Stadtentwicklungspolitik, Städtenetz in Brandenburg. In: Raumordnung in Brandenburg und Berlin, S. 85-87.

Schirrmacher, Herbert, 1994: Geschichte der Landesplanung. In: Handwörterbuch der Raumordnung. - Hannover: ARL, S. 409-413.

Schmidt, Robert, 1912: Denkschrift betreffend Grundsätze zur Aufstellung eines General-Siedelungsplanes für den Regierungsbezirk Düsseldorf (rechtsrheinisch). Von der Königlichen Technischen Hochschule zu Aachen zur Erlangung der Würde eines Doktor-Ingenieurs genehmigte Dissertation (Referenten: Henrici und Schimpf). Essen. 102 S.

Strassert, Günter, 1995: Das Abwägungsproblem bei multikriteriellen Entscheidungen. Grundlagen und Lösungsansätze unter besonderer Berücksichtigung der Regionalplanung. - Frankfurt am Main: Lang. X, 111 S.

Treuner, Peter, 1994: Regionalentwicklung im Spannungsfeld zwischen Zentrum und Peripherie - Entwicklungsperspektiven für den Gesamtraum Brandenburg-Berlin. In: Raumordnung in Brandenburg und Berlin, S. 57 - 61.

Verkehrliche Mindestanforderungen an die Regional- und Landesplanung in den neuen Bundesländern. Grundlagen für ein entwicklungsfähiges System eines ländlich strukturierten und eines industriellen Bundeslandes. Hg. vom Bundesministerium für Verkehr. Bonn 1995. 122 S. Autoren: Kurt Ackermann, Ursula Beilke, Joachim Krause, Ernst Schöppe, Wolfgang Sperling, Karl-Heinz Breitzmann, Anett Ehlert, Barbara Grötschel, Hans Oberhaus, Carola Schmidt. Wissenschaftliche Beratung: Werner Köhl.

Verkehrsvermeidung. Siedlungsstrukturelle und organisatorische Konzepte. Hg. Bundesforschungsanstalt für Landeskunde und Raumordnung, Bonn, 1995. 123 S. (Materialien zur Raumentwicklung, H. 73)

Thesenpapier zum Thema der Arbeitsgruppe 1

„Städtenetze und regionale Kooperationskonzepte contra Zentrale Orte und Entwicklungsachsen?"

von

Klaus Fischer, Mannheim

Das gestellte Thema dieser Arbeitsgruppe ist vielfältig interpretierbar, nicht nur weil es in Frageform gekleidet ist oder weil sich örtliche und regionale Betrachtungsebenen gegenüberstehen, Planungselemente und Planungsstrategien miteinander mischen. Folgende Interpretationsmöglichkeiten bieten sich an:

Die Aneinanderreihung der Substantiva Städtenetze, regionale Kooperationskonzepte, Zentrale Orte, Entwicklungsachsen unterstellt, daß über all dies einigermaßen begriffliche Klarheit herrscht und daß damit in der Planungspraxis gearbeitet wird oder gearbeitet werden soll.

Die Gegenüberstellung der Begriffspaare könnte allerdings auch so gemeint sein, daß durch die kontradiktorische Formulierung der Aufmerksamkeitswert erhöht wird.

Denkbar wäre auch eine Aufforderung an die Wissenschaft, endlich einmal für neue Entwicklungen auch neue Instrumente bereitzustellen und nicht immer nur die Probleme von morgen mit den Methoden von gestern lösen zu wollen.

Möglich wäre auch ein Appell an die Politik für eindeutige Konzepte und Handlungsrichtlinien Sorge zu tragen, die auch umgesetzt und gegebenenfalls sogar evaluiert werden können.

Schließlich könnte die Titulatur auch ein freundliches <u>Angebot</u> an die Planungspraktiker sein, darüber nachzudenken und zu diskutieren, was denn geschieht, wenn neue Aufgaben und Anforderungen auf alte Strukturen treffen und an anderer Stelle nichts geschieht. Diesen Aspekt möchte ich im folgenden vertiefen. Dann gibt es mehrere Reaktionsmöglichkeiten:

a) Es werden Lösungen gefunden, die den gewandelten Aufgabenkatalog mit dem herrschenden Planungsinstrumentarium erledigen.

b) Es wäre auch denkbar, die geltenden Strukturen umzuformen und die neuen Aufgaben gar nicht in Angriff zu nehmen

c) Es drängt sich aber auch die Frage auf, ob nicht die geltenden Ordnungskonzepte deshalb in Frage gestellt werden müssen, weil sich die Voraussetzungen, unter denen sie erarbeitet worden sind, geändert haben. Dies wiederum müßte nicht unbedingt und überall zu völlig neuen Konzeptionen führen; es kann durchaus sein, daß Fortentwicklungen im System möglich sind, falls sie rechtzeitig erfolgen. Daß aber unterlassene Anpassungen sehr wohl völlig neue Überlegungen provozieren.

These 1: „Zentrale Orte" und „Entwicklungsachsen" haben den Vorteil, daß man i. a. weiß, was man darunter versteht, aber den Nachteil, daß sie - zumindest teilweise - überholt sind.

<u>Begründung:</u> Eine nähere Analyse des geltenden <u>zentralörtlichen Gliederungsprinzips</u> zeigt, daß das vergleichsweise geschlossene und starre System des hierarchischen Aufbaus mit Bezug auf mehr Freizügigkeit und Offenheit weiterentwickelt werden müßte. Die ursprüngliche Identität von Raum und Funktion ist verlorengegangen, und die ursprüngliche hierarchische Zuordnung wird überlagert von Attraktionskräften, die beispielsweise niederrangigere Zentrale Orte dadurch ihres Einzugsbereiches entkleiden, daß sie sich infolge der Sogkraft höherer Zentren diesen unmittelbar zuordnen. Damit werden entweder Versorgungsstufen übersprungen oder es bilden sich eigenständige Zentren (sog. Selbstversorgerorte) ohne Einzugsbereich heraus. So

hat sich die strenge Zuordnung im System der Zentralen Orte im Vorfeld der Verdichtungsräume bereits aufgelöst.

Ähnliches gilt auch für das Ordnungselement der <u>Entwicklungsachsen</u>; auch hier vollzieht sich mit wachsenden Kommunikationsmöglichkeiten der Weg in die Fläche. Die tatsächlichen Nachfragen der Bevölkerung lassen sich immer weniger in den Achsenknotenpunkten realisieren und die Bevorzugung der individuellen Motorisierung macht die Schienenachsen immer obsoleter. (Ich verzichte an dieser Stelle auf quantifizierende Belge über Modal-split-Veränderungen.) In den Verdichtungsräumen wächst der Siedlungsdruck auf die Achsenzwischenräume, und für die ländliche Siedlungsstruktur stellt sich die Frage, ob wenig leistungsfähige ÖPNV-Achsen bei vergleichsweise geringen Siedlungsdichten, bei aktuellen Schüler- und tendentiellen Bevölkerungsrückgängen und zunehmenden Mobilitäten, überhaupt ein geeignetes Ordnungsinstrument sein können.

Dies führt in meiner Schlußfolgerung zu **These 2:**

Beide Ordnungssysteme sind weiterzuentwickeln und dabei strukturräumlich zu differenzieren. Und zwar für „Verdichtungsräume" mit der Maßgabe, das Achsen-System zu straffen und das Zentrale-Orte-System aufzugeben. Für „ländliche Räume" mit der Maßgabe, das Zentrale-Orte-System zu straffen und das Achsen-System aufzugeben.

<u>Begründung:</u> Eine Weiterentwicklung der traditionellen Ordnungssysteme von Zentralen Orten und Achsen müßte gewährleisten, daß

- zeitbezogener Entwicklungsstatus und raumbezogene Problemlage des zu behandelnden Ortsteiles oder der Gemeinde mehr als bisher beachtet werden,
- neben der Schwerpunktsetzung in Punkt- und Bandstrukturen ein entsprechendes Flächenäquivalent eingeführt wird,

- veränderte Erreichbarkeiten und gewachsene Verflechtungsintensitäten, komplexere Organisationsformen und ein insgesamt höheres Anspruchsniveau berücksichtigt werden,
- der idealtypischen, notwendigerweise statischen Leitvorstellung ein dynamisches, die ortsspezifischen Gegebenheiten und Möglichkeiten berücksichtigendes logistisches Element zugeordnet wird,
- Vielfältigkeitsprinzip und Prinzip der Wahlfreiheit beachtet werden und auch dem „Unplanbaren" ein gewisser Spielraum belassen wird.

These 3: "Städtenetze" (Christaller 1933, Lösch 1939) sind zwar im Prinzip nichts Neues, aber gleichwohl nicht definiert. Sie können horizontal (Versorgungsprinzip, Verkehrsprinzip, Abschließungs- oder Verwaltungsprinzip) verknüpft oder vertikal (zentralörtliche Stufung) miteinander verbunden sein. Es kann sich um „funktionale" Städtenetze, um „technisch-infrastrukturelle" oder um „strategische" Netzwerke handeln.

Städtenetze könnten ein Element und Instrument einer neu verstandenen regionalen Raumordnung sein. Oder anders formuliert: Aktive Regionalentwicklung ist nicht ohne Koordination und Kooperation in Netzwerken betreibbar.

Dies bedeutet aber auch, daß geeignete Formen für den ländlichen Raum definiert werden müssen.

Begründung: Im raumordnungspolitischen Orientierungsrahmen von 1993 gehören die „Städtenetze" zu den zentralen Leitvorstellungen der siedlungsstrukturellen Entwicklung: Durch eine gezielte, räumlich-funktionale Vernetzung von Städten soll eine geeignete Verstärkung von ökonomischen und infrastrukturellen Effekten erreicht werden.

Die Städtenetze des raumordnungspolitischen Orientierungsrahmens legen die Überlegung nahe, daß es sich bei diesem Konzept eigentlich eher um eine Metastruktur handelt, die „oberhalb" des bisherigen oberzentralen punktaxialen Netzes angesiedelt ist. Dafür spricht der Hinweis (Seite 6), daß

- „Stadtregionen ihre Standortvorteile am besten entfalten können,

- es zu einer besseren Nutzung der großräumigen Infrastruktur kommt,
- zusätzliche Entwicklungsimpulse über die engeren Regionalgrenzen hinaus gegeben werden und
- für den Ausbau der Städtenetze in den neuen Ländern die höherwertige Infrastruktur zu bündeln und zeitlich vorzuziehen ist."

Die städtischen Netze im Sinne des raumordnungspolitischen Orientierungsrahmens liefern definitionsgemäß keinen Beitrag zur Entwicklung der peripheren Standorte. Es müßte das Prinzip der Netzwerke erweitert und verallgemeinert, der Planungstypus der Städtenetze durch ein Netzwerk ergänzt werden, das auch für kleinere Gemeinden gilt. Neben dieser Übertragung das Gedankens von den zentralen Räumen auf die peripheren Räume gilt es auch, den Netzwerkgedanken nicht nur als funktionierendes physisches Netzwerk zu verstehen, sondern auch als ein Netzwerk, das durch Kooperationsachsen und Funktionsstränge gebildet ist, wobei auf diesen virtuellen Verbindungslinien auch Information (und Desinformation) transportiert werden. Hinweis: Neben Straßenachsen haben auch Machtachsen ihre Bedeutung.

Dies führt zu einer ersten Integrationsstufe, nämlich von punktaxialen Systemen und Städtenetzen und damit zur **These 4:**

Als zukunftsorientiertes Ordnungsprinzip sollten „kommunale und regionale Netzwerke" vorgesehen werden, die die gängigen Zentrale-Orte- und Achsenkonzeptionen miteinander modelltheoretisch verknüpfen und konzeptionell verbinden.

Alle praktischen Erfahrungen sprechen dafür, daß weder punktartig noch bandartig organisierte Siedlungsstrukturkonzeptionen getrennt voneinander entwickelt und planerisch festgelegt werden können. Auch wenn punktbezogene Systeme (Zentrale Orte) mehr in den peripheren ländlichen Räumen und linienbezogenen Systeme (Achsen) mehr in den verdichtungsnahen Räumen ihre Berechtigung haben, so gewinnen doch beide Systeme ihre eigentliche Bedeutung erst durch Verknüpfung und Verbindung zu Punkt-Band-Systemen und durch Weiterentwicklung zu „Punkt-Band-Flächen-Systemen".

Begründung: Bislang gibt es keine Raumordnungstheorie über die Notwendigkeit, Funktionsfähigkeit und Systematik solcherart Netze. Wachsende Mobilität und Standortunabhängigkeit unterstreichen und fördern die Bildung solcher Netzwerke aber ebenso wie (räumlicher) Maßstabswandel und (gesellschaftlicher) Wertewandel. Dazu kommt die Tatsache, daß die Fläche als ökologisches (meist restriktiv wirkendes) Planungselement an Bedeutung zugenommen hat und dabei als Ordnungselement nicht unberücksichtigt bleiben darf.

Am konkreten Beispiel erläutert bedeutet dies: Das zentralörtliche Spinnennetz wird durch ein (vermaschtes) Rastersystem ersetzt, die Verkehrsbeziehungen vollziehen sich nicht mehr im Verlaufe direkter Hauptbelastungsströme, sondern in einem vermaschten Netz. Dabei wird der Individualität des Ortes und des Benutzers insoweit Rechnung getragen, als je nach Bedarf sowohl Öffentlicher Personennahverkehr (ÖPNV) wie individuelle Motorisierung (IV) genutzt werden, je nach Zweckmäßigkeit zwischen Verkehrsmittel und „Zu-Fuß-Gehen" abgewogen wird. Was geschieht denn eigentlich mit den nachfragebezogenen, linear ausgelegten ÖPNV-Strukturen, wenn sich mit Hilfe der Informations- und Kommunikationstechniken die Fläche öffnet und an die Stelle hierarchischer Strukturen offenere Systeme treten. Oder was bewirkt eigentlich die Ausweisung von Zentralen Orten in oder am Rande von Verdichtungsräumen?

These 5: Auch „Regionale Kooperationskonzepte" sind im Prinzip nichts Neues. Kooperationen, freiwillig oder erzwungen, gibt es schon länger, allerdings auch systematisches „Nebeneinanderherwursteln". Koordination und Kooperation müssen zu den Leitelementen eines neuen Verwaltungshandelns werden, die bisherige Regionalplanung zu einer Art von Verhandlungsplanung weiterentwickelt werden.

Begründung: Der raumordnungspolitische Handlungsrahmen von 1995 fordert anstelle kommunaler Einzellösungen „verstärkt interkommunale Zusammenarbeit und regionale Verbundlösungen" (S.2). Der Regionalplanung wird - neben ihrer eigentlichen Aufgabe der Planerstellung - die „räumliche, organisatorische und finanzielle Konzeption zur Lösung von Schwerpunktaufgaben" einschließlich ihrer Umsetzung zugewiesen.

Dies führt zu neuen Planungsphilosophien und Planungskulturen, die ihren Niederschlag in den geltenden Gesetzen bislang noch nicht gefunden haben. Als Stichworte seien genannt: Die Moderatorenfunktion der Planer selbst, die Konferenzen und Foren der Planungsbeteiligten, das Planungsmanagement als höhere Verwaltungskunst oder paradiplomatische Formen kommunaler Außenpolitik.

Die Konsequenz daraus ist auch die rechtlich-organisatorische interkommunale Zusammenarbeit, sei es in losen Netzwerken, in kommunalen Arbeitsgemeinschaften oder Zweckverbänden, sei es in intensiveren Kooperationsformen wie Raumordnungs-, Kommunal- oder Umlandverbänden.

Dies führt zu einer zweiten Integrationsstufe, nämlich von räumlichen Ordnungsfiguren (Orte, Achsen, Netze) und strategischen Handhabungen (Konzepten) und damit zur

These 6: Das „Netzwerkprinzip", so wie ich es verstehen möchte, müßte mehrdimensional angelegt sein; es verknüpft das erweiterte punktaxiale Ordnungssystem mit <u>Handlungsanweisungen</u> hinsichtlich einer verbesserten und systematisch betriebenen Koordination und Kooperation. Dabei ist der Grundgedanke eines derartigen Netzwerkprinzips einfach; es könnte aus zwei Teilelementen bestehen:

- einem Rahmen setzenden Ordnungsgerüst, gebildet aus (notwendigerweise starren) Schwerpunktorten, Schwerpunktlinien und Schwerpunktflächen und
- einem logistischen Element, nämlich einem individuellen Aktivitätenkatalog, abgeleitet aus dem (variablen) gebietsinternen oder ortsspezifischen Entwicklungspotential.

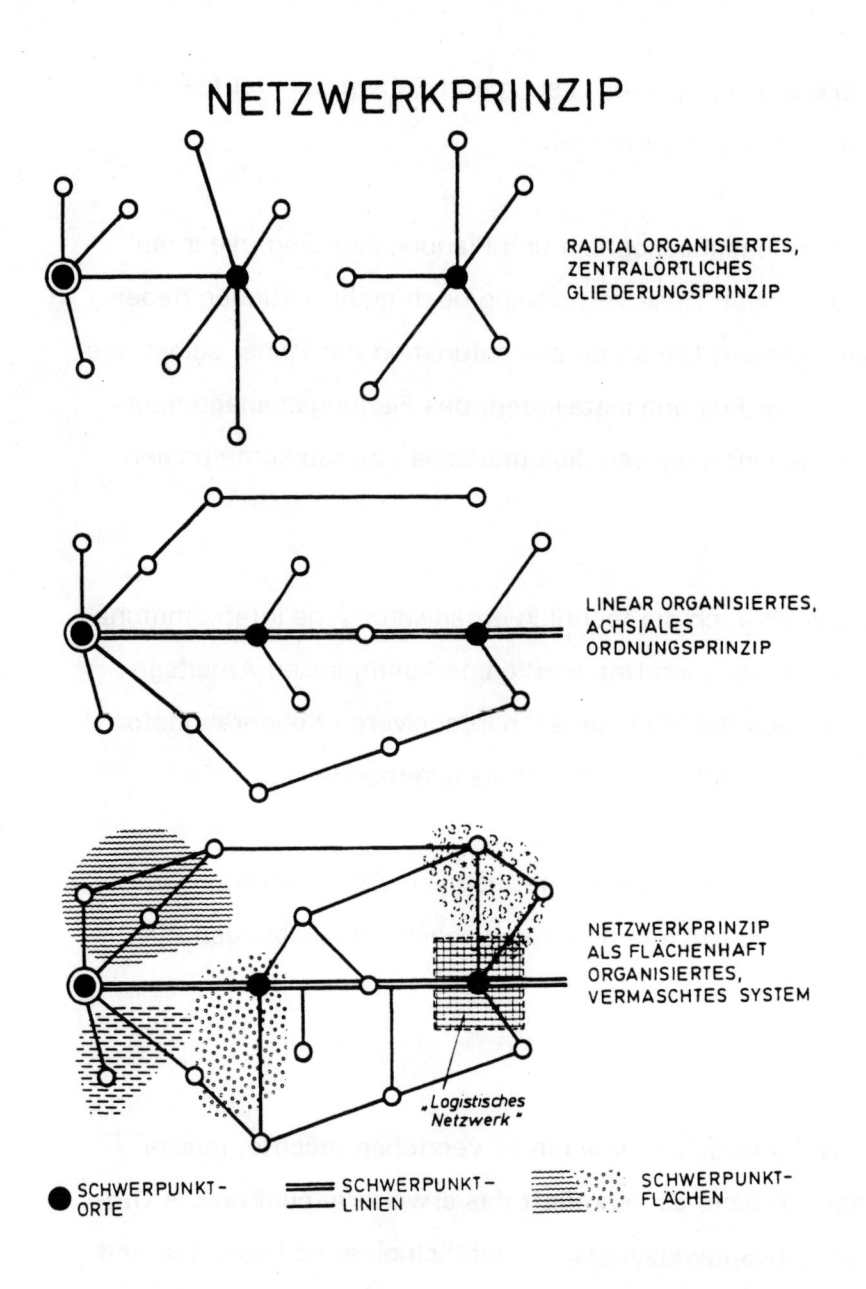

NETZWERKPRINZIP

RADIAL ORGANISIERTES, ZENTRALÖRTLICHES GLIEDERUNGSPRINZIP

LINEAR ORGANISIERTES, ACHSIALES ORDNUNGSPRINZIP

NETZWERKPRINZIP ALS FLÄCHENHAFT ORGANISIERTES, VERMASCHTES SYSTEM

„Logistisches Netzwerk"

● SCHWERPUNKT-ORTE
═ SCHWERPUNKT-LINIEN
▨ SCHWERPUNKT-FLÄCHEN

Netzwerke als neues Ordnungsprinzip, bestehend aus einem vermaschten System von Punkten, Linien und Flächen sowie dem ortsspezifischen Gestaltungswillen. Die Schemaskizze verdeutlicht die Weiterentwicklung von dem bisherigen, starren Zentral-Orte- und Achsenprinzip zu einem auch die Fläche berücksichtigenden, flexiblen Verbund der einzelnen Ordnungselemente (»Logistisches Netzwerk«).

Begründung: Bisher war das landes- bzw. regionalplanerisch vorgegebene Achsensystem und Zentrale-Orte-Gefüge bestimmend für die jeweilige Ausbaukonzeption. Der Achsentypus beispielsweise lieferte die Ausbaugrundlagen, ein Ausstattungskatalog bestimmte über die erforderlichen Infrastrukturmaßnahmen. Das Ordnungsprinzip kommunaler und regionaler Netzwerke legt dagegen den Schwerpunkt auf die <u>Verknüpfung von Ordnungsgerüst und Planungslogistik</u>: das (entfeinerte) Netz der Zentralen Orte und Achsen ist durch jeweils örtliche Sonderuntersuchungen derart zu ergänzen, daß sich das Ausstattungsoptimum nicht allein aus Richtwerten, sondern auch aus logistischer Überlegung ergibt. Rahmensetzendes Ordnungsgerüst und genius loci als ortsspezifischer Gestaltungswille müssen sich ergänzen.

Solcherart Netzwerke ermöglichen eigenständige <u>kommunale Entwicklungskonzepte</u>. In diesen Netzwerken wird zwar ein Infrastrukturrahmen gesetzt, sie bleiben aber gleichwohl einer Einzelfallbeurteilung zugänglich. Über die Bedeutung als planerisches Ordnungsprinizip hinaus, könnte mit dieser Netzwerk-Logistik ein altes Problem besser gehandhabt werden, der (vermeindliche) Widerspruch nämlich zwischen Leitbildern „von oben" und Alternativvorstellungen „von unten", den abstrakten Visionen des Idealzustandes und der örtlichen Besonderheit, - jeweils Elemente, die für ein zukunftsweisendes Planungskonzept in gleicher Weise erforderlich sind.

Dies führt schlußfolgernd zur <u>These 7:</u> Die genannten Stichworte Städtenetze , regionale Kooperationskonzepte, Zentrale Orte und Entwicklungsachsen lassen sich durchaus in einem konsistenten Planungssystem zusammenführen und im Sinne von <u>kommunalen und regionalen Netzwerken</u> planungsmethodisch verknüpfen. Dies bedeutet allerdings eine Umorientierung der traditionellen Ordnungskonzepte und zwar fort von starren, hierarchischen, mobilitäts- und freiheitshemmenden Strukturen hin zu flexibleren, gleichwohl rahmensetzenden Ordnungsprinzipien. Hierbei geht es um

- die Verknüpfung von Zentrale-Orte- und Achsenkonzepten und ihre Weiterentwicklung und raumspezifische Ausdifferenzierung,
- die Verknüpfung von räumlichen und logistischen Systemen und
- die Übertragung derartiger Verfahren von zentralen auf periphere Räume, auch von großen auf kleine Einheiten, die Ergänzung von formalen Organisationsstrukturen durch planungsstrategische Handlungsweisen.

Auf eine Begründung wird verzichtet und statt dessen auf die Ausführung verwiesen, die vom Verfasser anläßlich des Internationalen Kongresses für Architektur und Städtebau im Jahre 1987 in Stuttgart vorgetragen worden sind.

Literaturhinweise:

1. Klaus Fischer: „Von Zentralen Orten und Achsen zum Netzwerkprinzip."
   In: Der Landkreis. 1988/Heft 4.

2. Klaus Fischer: „Was nach der Planung kommt ..." In: Vermessungswesen
   und Raumordnung. 1995/Heft 1.

Städtenetze und regionale Kooperationskonzepte

contra Zentrale Orte und Entwicklungsachsen?

von

Ekkehard Hein, Heilbronn

Die einleitende Frage lautet:
Taugen die raumordnerischen Zielsetzungen der Zentralen Orte und Entwicklungsachsen noch oder müssen diese ersetzt werden durch Städtenetze und regionale Kooperationsformen?

Einleitend versuchte Prof. Dr. Klaus Fischer eine Synthese in 7 Thesen, die hier stark verkürzt wiedergegeben werden:

1. Zentrale Orte und Entwicklungsachsen bedürfen der Weiterentwicklung, z. B. sind zentrale Orte überlagert von Attraktionskräften.

2. In den Verdichtungsräumen sollten die Entwicklungsachsen gestrafft werden und die Zentralen Orte könnten entfallen. Demgegenüber sollten in den ländlichen Räumen die Zentralen Orte gestrafft werden und die Entwicklungsachsen könnten entfallen.

3. Die Städtenetze der Metropolen stellen eine stärker horizontale Verbindung her, die funktional, technisch und verkehrlich bedingt ist.

   Eine aktive Raumentwicklung wäre machbar über Kooperation und Koordination.

4. Das punktaxiale System sollte eigentlich und besser als Punkt-Band-Flächensystem verstanden werden.

   Dies könnte als Ergänzung mit dem Städtenetz ein kommunales und regionales Netzwerk bilden, d. h. ein vermaschtes Rastersystem also besser ein Netz statt Zentraler Ort mit spinnennetzähnlichen Einzugsbereichen.

5. Die regionalen Kooperationskonzepte sind als Kooperation und Koordination im Sinne von Verhandlungsplanung zu denken, d. h. neben einem zu erarbeitenden Plan würde die Umsetzung zur Lösung von Schwerpunktaufgaben stärker in den Vordergrund treten, wobei der Planer stärker als Moderator auftritt im Sinne eines Planungsmanagements.

6. Das räumliche Ordnungsprinzip (Rahmen, Plan) der punktaxialen Systeme wird durch Handlungsanweisung ergänzt, also durch möglichst individuelle und ortsspezifische Aktivitäten.

7. Ein konsistentes Planungssystem ermöglicht die Verknüpfung von Städtenetzen und regionalen Kooperationskonzepten sowie von Zentralen Orten und Entwicklungsachsen.

In der Diskussion schien sich zunächst ein Kontrast abzuzeichnen:

A Möglichst Beibehaltung der Zentralen Orte im Ländlichen Raum.

B Möglichst neue Instrumente im Verdichtungsraum oder zumindest neue Begriffe.

In der weiteren Diskussion kristallisierten sich doch schärfer die differenzierenden Unterschiede heraus:

- Die Zentralen Orte im Ländlichen Raum sollten als Ordnungselemente beibehalten werden.
- Im Verdichtungsraum sollten unterschiedliche Zentrale Orte ausgewiesen bleiben und
- Achsen sollten als Nahverkehrs- und Siedlungsachsen zur Steuerung von Siedlung und Verkehr ausgewiesen werden.

Zu den Städtenetzen wurde aus der Region Schwarzwald-Baar-Heuberg das Modell des dortigen regionalen Städtenetzes vorgestellt:

Der Antrag lautete ursprünglich die Förderung des Oberzentrums und der vier Mittelzentren im Rahmen von drei Themenbereichen. Einmal sollte ein regionales Gewerbegebiet von ca. 100 ha vorgesehen werden, zum anderen war ein Netz von Gründerzentren und Technologietransferzentren im Antrag enthalten und schließlich war ein ÖPNV-Verbund avisiert.

Die Ergebnisse zu den Vorhaben sind noch offen, zumindest kann soviel gesagt werden, daß das Zentrale-Orte-System nicht lupenrein zu diesen drei Aufgaben paßt. Der Begriff Städtenetz wurde als "Brei-Begriff" definiert, er bringe neue Dynamik in die Diskussion, um alle in ein Boot zu holen. In der Diskussion wurde dann noch klarer herausgestellt, daß der Begriff "Städtenetz" nicht den Begriff der "Zentralen Orte" ersetzt, sondern Städtenetze stärker als Instrument der Umsetzung zu verstehen seien.

Abschließend war sich die Arbeitsgruppe relativ einig:

- Zentrale Orte und Siedlungsachsen bleiben in weiterentwickelter Form und
- Städtenetze sind Instrumente, nicht Ziele.

Die Städtenetze sind zur Zeit ein nicht räumlich ausformbares Planungselement sondern Teil der Umsetzung im Sinne von Kooperation, regionalpolitischer Moderation und Kommunikation.

Ein Diskussionsteilnehmer zeichnete den Begriff "Städtenetze" als "mentales Fördermittel".

Wie schon in den einleitenden Thesen von Fischer wurde klar, daß Zentrale Orte und Städtenetze keine feindlichen Brüder seien, sondern die Städtenetze als räumliche und logistische Elemente mit regionalen Besonderheiten zu verknüpfen seien. Aus der grenzüberschreitenden Planung im Raum Basel wurde allerdings eingewandt, daß das Instrument "Städtenetze" weniger praktikabel war als das Instrument der "regionalen Kooperation".

Freiraumentwicklung, Änderung und Erweiterung des Instrumentariums im LEP.

von

Jens Kück, Pforzheim

Meine Damen und Herren, liebe Kolleginnen und Kollegen,

Gut 18.500 Hektar jährlich an Wohnbaulandbedarf ist soeben von der BfLR für Deutschland errechnet worden. Jährlich, bis 2010. Das sind rund 300.000 Hektar. Der höchste Bedarf wird für Ein- und Zweifamilien Häusern vorhergesagt.

Hinzu kommen Flächeninanspruchnahmen für Arbeitsplätze im gewerblichen und Dienstleistungsbereich sowie für Freizeiteinrichtungen und Infrastrukturen.
Verkraftet der Freiraum in den Regionen diese Ausweitungen ?
Quousque tandem - wie lange noch ?
Mit welchen Folge - Wirkungen ?

Wir wollen, daß der Freiraum in den Regionen als **Wert an sich** von der Bevölkerung und den Entscheidungsträgern erkannt und akzeptiert wird. In der Umsetzung sind wir davon allerdings meilenweit entfernt.

Von Anbeginn, also seit 1974, bemüht sich der Regionalverband Nordschwarzwald (RV NSW) um die Erhaltung und Entwicklung der großen Freiräume in der Region. Freiwilligkeit statt gesetzlicher Vorschriften ist dabei unsere Devise. Die Bandbreite reicht vom Naturpark (1974) bis zum Nationalpark (1991). Schutzgebiete nach den einschlägigen Gesetzen und schutzbedürftige Bereiche in den Regionalplänen gehören dazu.

Für mich ist es ein positives Zeichen, daß der RV NSW von verschiedenen Seiten gebeten wurde, die **Koordinierung** zur Erarbeitung eines Rahmenkonzeptes für den Naturraum zu übernehmen. Die Neutralität, fachliche Kompetenz und die Legitimation durch ein politisches Gremium mögen dafür ausschlaggebend gewesen sein.

Der Bedarf für einen umfassenden Freiraumschutz wird anerkannt, von allen Disziplinen, Institutionen und Verbänden. Denn: ein starker Siedlungsdruck herrscht nach wie vor, trotz jahrelanger Vertröstungen auf Stagnation. Und der Druck bleibt.

Im Statistisch - Prognostischen Jahresbericht 1995 für Baden- Württemberg sind die "Geber" und die "Nehmer" im Wohnungsbau, und damit für Baulandinanspruchnahmen, benannt.
Die räumlichen Verlagerungen kommen besonders aus Stuttgart, Mannheim, Karlsruhe, Heidelberg und Freiburg. Sie sind die sogenannten **Abgabegebiete**.
Entlastungsgebiete werden u.a. sein: Heilbronn-Land, Tübingen, Schwäbisch Hall, Böblingen, Bodenseekreis, Hohenlohe, Enzkreis, Calw.

Es ist also höchste Eisenbahn, daß dem Freiraum ein angemessener, ein vernetzter Schutz zukommt.

Dazu die folgenden **10 Thesen**.

1. Der umfassende Schutz des Freiraumes in den Regionen ist Grundlage für eine Verbesserung der Standortgunst für Arbeiten, Wohnen und Freizeit. Der LEP legt dazu übergeordnete Ziele fest, die in den Regionen nach Naturräumen und Raumordnungskategorien zu konkretisieren sind.

Wir müssen wegkommen von der Negativ Planung, von der Verbotsplanung hin zu einem positiven Image des Freiraumes. Er ist **die** Voraussetzung für gesundes Wohnen und Arbeiten. Wenn Jeder versteht, daß ein einigermaßen intakter Freiraum die Standortgunst der Region verbessert, dann ist schon viel erreicht. Argumentationshilfe muß der LEP leisten. Dazu ist erforderlich, daß der LEP überhaupt die Inhalte des Landschaftsrahmenprogrammes 1983 zur Kenntnis nimmt und die Ergebnisse der laufenden Fortschreibung einarbeitet.
So wird es bei den Regionalplänen analog gehandhabt.
Der LEP sollte sich aber nicht in Details verstricken, sondern seinen Rahmencharakter wahren. Dadurch müßten die Regionen ihre spezifischen Antworten geben.
(Falsch wäre es, wenn z.B. explizit Planziele für innerstädtische Grünflächen genannt würden).
Im analysieren sind wir Weltmeister. Es gibt hervorragende Materialien über Umweltdaten im Land, zu Landschaftsplanungen, es liegen Gutachten und Würdigungen viel Dutzendfach vor.
Doch : was schließen wir daraus ?

2. Es sind große und zusammenhängende regional bedeutsame Bereiche in den Raumordnungskategorien abzugrenzen, in denen der Freiraumschutz Vorrang hat vor anderen Inanspruchnahmen.

Wir kennen gesetzliche Instrumente zum Schutz verschiedener freiraumwirksamer Funktionen. Sie reichen vom herkömmlichen Naturschutz und enden noch lange nicht mit dem Wasserschutz. Naturdenkmale und Naturparke gehören auch dazu. Schutzbedürftige Bereiche werden in den Regionalplänen festgesetzt. Regionale Grünzüge und Grünzäsuren sind zu einem schlagkräftigen Instrument in den Entwicklungsachsen herangewachsen. Sie gehören alle dazu.
Was fehlt, ist für die Naturräume ein großflächiger Freiraumschutz insgesamt. Kein Stückwerk also.
Hierzu sollte der LEP ein Instrument definieren.
Denkbare Abgrenzungskriterien dafür sind: Naturraum, Raumordnungskategorien, Mindestgröße, regionale Bedeutsamkeit, Zusammenhängendes Gebiet. Dazu könnten die Regionalpläne Ziele formulieren.
Der Freiraumschutz ist im Sinne der ersten These positiv belegt. Er genießt Vorrang vor anderen, für ihn nachteilige, Nutzungen.

3. Das Freiraummanagement wird von den Regionalverbänden in enger Abstimmung mit den zuständigen Stellen und den Gebietskörperschaften organisiert.

Unbestritten ist, daß sich sehr viele Institutionen, die Gebietskörperschaften und Organisationen privater Art um den Schutz der Landschaft oder spezieller Naturgüter kümmern. Es fehlt aber an einer durchschlagenden Gestaltung des Freiraumschutzes. Der Ansatz muß querschnittsorientiert sein. Das gilt auch für einen fachübergreifenden Ansatz im LEP.
Als neues Instrument im LEP sollte das regionale Freiraummanagement eingeführt werden. Eine Daueraufgabe des Koordinierens, kein TÖB - Verhalten. Auf regionaler Ebene sollten für die einzelnen Freiraumfunktionen Umweltqualitätsziele festgelegt werden. Räumliche Grundlage dafür sind die Naturräume und die Verwaltungsräume als Flächennutzungs - Plan - Einheiten.

4. In den Regionen sind großräumige Biotopverbund - Systeme auszuweisen und mit der raumordnerischen Entwicklung abzustimmen.

Ziel ist es, das naturraumbedingte Arteninventar weitestgehend zu sichern. Derzeit sind die meisten Ansätze noch zu kleinräumig ausgefallen. Sie umfassen Gemeinden, in einigen Fällen Teile von Landkreisen. Auch hierfür sind die Naturräume die möglichen Einheiten.

5. Zum Schutz des Bodens und zur Vermeidung ansteigender Inanspruchnahmen der Kulturlandschaft durch Siedlungstätigkeit und Infrastrukturmaßnahmen sind regional bedeutsame Schwerpunkte für Wohnen, Gewerbe und Dienstleistungen auszuweisen. Dichtere Bauformen sind zu bevorzugen.

Der LEP sollte den Bodenschutz als zentrale Aufgabe einer gesunden Weiterentwicklung im Lande hervorheben. Dazu ist erforderlich, daß im ganzen Land, und nicht nur in Teilen, die regionalen Schwerpunkte für Wohnen und Gewerbe flächenscharf ausgewiesen werden.

Die kommunalpolitische Konkurrenz zwischen Entwicklung im Innenbereich und Entwicklung an den Siedlungsrändern ist in der Vergangenheit überwiegend zugunsten neuer Gebiete im ehemaligen Außenbereich entschieden worden. Aus kommunalpolitischer Sicht mag es nachvollziehbar sein, da neue Baugebiete draußen einfacher zu überplanen und zu erschließen sind. Jede Innenentwicklung bedarf ungleich größerer Anstrengungen. Dabei hat sie viele Vorteile. In der Regel ist die Erschließung, inclusive Ver- und Entsorgung und ÖPNV, vorhanden. Meist brauchen keine Planungskapazitäten abgerufen und bezahlt zu werden, bis auf die reine Baugenehmigung. Auf der anderen Seite wird nicht nur ein Teil des Freiraumes vor Überplanung geschont, sondern die Kommune spart darüberhinaus erhebliche Finanzmittel für Erschließung und sonstige Folge - Infrastrukturen.

Kleines Beispiel: Im Oberzentrum Pforzheim mit 118.000 Einwohnern sind heute unbestrittene Baulandreserven für gut 10.000 Wohnungen oder für 20.000 bis 25.000 Einwohner vorhanden. Diese Zahl hat sich seit drei Jahren nicht verändert, trotz 3.841 fertiggestellter Wohnungen im gleichen Zeitraum. Nachverdichtungen sind bei den Reserven aber nicht berücksichtigt. Der Zugriff auf das Bauland hängt natürlich von den Eigentumsverhältnissen ab. Der Baulandpreis schwankt im Oberzentrum zwischen 500 und 1.100 DM je qm.
Der Schluß ist zulässig, daß für die nächsten 10 Jahre kein neues Wohnbaugebiet am Stadtrand von Pforzheim erforlich ist. Ein weiterer Bedarf dürfte kaum zu belegen sein. Das nutzt dem Freiraum.
Dichtere Bauweisen sind auch im Ländlichen Raum zu bevorzugen. Sie sind die unabdingbare Voraussetzung, um einen akzeptablen Schutz des Bodens zu erreichen.
Eine Aufgabe für den LEP zu landesweiten Überlegungen.

6. In den Regionen sind landschaftsbezogene Konzepte für Erholung und Fremdenverkehr in enger Abstimmung mit den zuständigen Stellen und den Gebietskörperschaften zu erarbeiten, um die wirtschaftliche Grundlage für das Tourismusland Baden - Württemberg zu sichern.

Die Fremdenverkehrsorganisationen im Lande haben hervorragende Marketing - Konzepte. Woran es mangelt sind griffige, überzeugende Ideen und Konzepte, wo und wie welcher Fremdenverkehr entwickelt oder zurückgedrängt werden soll. Stärkung des herkömmlichen Gewerbes als sogenanntes zweites Bein oder Zusammenarbeit in interkommunalen Gewerbeschwerpunkten ? Einzelvorstellungen liegen vor. Für das gesamte Land aber ist Fehlanzeige zu vermelden. Auch für unseren Nordschwarzwald. Der Regionalverband wurde kürzlich durch die Fremdenverkehrsorganisationen zur Erarbeitung von Vorstellungen ermuntert. Beleg genug für ein entsprechendes Ziel im LEP als Legitimation und

Handlungsinstrument für die Regionen. Themen auch: stadtnahe Erholung, Auffangräume, Schwerpunkte oder gleichmäßige Verteilung, aktive und stille Erholung.

7. Die Rohstoffsicherung für die regionale Wirtschaft ist verbrauchsnah und unter Berücksichtigung von Raumordnung und Landesplanung - auch der benachbarten Regionen - durchzuführen.

Das Rohstoffsicherungs Konzept des Landes sollte in den LEP eingearbeitet werden. Die Vorkommen müssen gesichert werden. Aber es mangelt landesweit an Bedarfsschätzungen für die Stufen 1 und 2. Dabei spielen Recyclingraten auch eine Rolle. Zu Substitutionen von z.B. Kies wird bislang keine Aussage getroffen. Auch auf die temporäre Nutzung mit ausgesprochen interessanten Folgeentwicklungen ist abzuheben. Es besteht die Gefahr, das regionalspezifische Lösungen erarbeitet werden, die auf unterschiedlichen Annahmen aufbauen. Die Folgen bei Verbänden und in der Öffentlichkeit kann man sich leicht ausmalen.

8. Zur Minderung der zunehmenden Hochwasserschäden sind dezentrale Rückhalteräume nachzuweisen und zu sichern. In ihnen soll ein generelles Bauverbot herrschen. In Ausnahmefällen sind Standorte für Großspeicher zulässig.

Die Hochwässerschäden haben nach dem zweiten Weltkrieg besonders stark zugenommen. Die Bürger erfahren z.T. hautnah die Folgen von Fehlentscheidungen. Die Ursachen sind vielschichtig. Teilweise können sie durch die Raumordnung beeinflußt werden. In Retentionsräumen sollte ein generelles Bauverbot ausgesprochen werden. Direkter Objektschutz ist bei unmittelbarer Gefährdung erforderlich. An den Oberläufen der Flüsse müssen dringend die noch fehlenden gesetzlichen Überschwemmungsgebiete rechtskräftig festgesetzt werden. Das reicht jedoch nicht aus.
Deshalb sollte der LEP dezentrale Rückhalteräume nachweisen oder durch die Regionalverbände nachweisen lassen. Punktuelle Lösungsansätze sind in der Regel unbrauchbar. Gefordert werden flächendeckende Rückhaltekonzepte für die einzelnen Einzugsgebiete der Flüsse. Geeignete Grundlagen sind die sogenannten Flußgebietsmodelle, wie sie zwischenzeitlich in mehreren Bereichen im Lande durch private Ingenieurbüros vorgelegt worden sind.
Der LEP muß Farbe bekennen, ob und wo zentrale Groß - Lösungen als Ausnahmen vertretbar sind.

9. Landwirtschaft und Forstwirtschaft müssen in ihren vielfältigen Freiraumfunktionen besonders geschützt werden. Weitere Zerschneidungen ihrer Großräume sollen vermieden werden.

Die Inanspruchnahme für Siedlung und Infrastruktur ging in der Vergangenheit fast ausschließlich zuungunsten landwirtschaftlicher Flächen. Der Wald war und ist fast sakrosankt.
Der LEP muß regeln, daß sich eine mögliche zukünftige Inanspruchnahme nach den naturräumlichen Gegebenheiten zu richten hat. Ziel sollte es sein, daß ein Verteilungsmuster erreicht wird, daß allen Landschaftsfunktionen gerecht wird. Dieses Ziel ist umso eher erreichbar, wenn These 5 zum Bodenschutz durchgreift. Die Erfahrung zeigt, daß die Forstverwaltungen bei plausiblen und nachvollziehbaren Abwägungen mit der Raumordnung konform gehen können. Keinesfalls sollte es zu weiteren Zerschneidungen von großen zusammenhängenden Gebieten in Wald und Flur kommen.

10. Der Freiraum in den Regionen ist als Wert an sich in seiner Substanz zu erhalten und weiter zu entwickeln, damit er seine Wohlfahrtsfunktionen für den Menschen erfüllen und weiterhin Grundlage für die Funktionen Boden, Luft, Wasser und Landschaftsbild sein kann.

Die positiven Wirkungen des Freiraumes für den Wirtschaftsstandort Baden - Württemberg müssen im LEP deutlich herausgearbeitet und überzeugend begründet werden. Boden, Luft, Wasser, Klima, Biotope und Arten und nicht zu vergessen das Landschaftsbild als visueller Erlebniswert sind Einzelfaktoren. Jeder für sich ist wichtig und hat seinen Stellenwert. Die Summe aller Faktoren ist aber das entscheidende Kriterium.

Am Ende könnte im LEP ein baden - württembergisches **Leitbild** für den Freiraum entworfen werden, daß den Forderungen des Landschaftsrahmenprogrammes und der Landschaftsrahmenpläne genügt.
Es muß überzeugen - dann wird es greifen.

Lassen Sie uns daran gemeinsam arbeiten, an einer Paket - Lösung pro Freiraum !

Vielen Dank.

„Freiraumentwicklung: Änderung und Erweiterung des Instrumentariums im Landesentwicklungsplan?

- Ergebnisbericht aus der Arbeitsgruppe 2 -

von

Helmut Andrä, Pforzheim

1. Ausgangslage

Die Neuaufstellung des Landesentwicklungsplanes bietet die
- einmalige - Chance, ökologische und evtl. auch gestalterische
Visionen auf Landesebene zu entwerfen und wenigstens in Teilbereichen als Grundsätze und Ziele für alle im Raum planerisch
Tätigen z.B. in Form von Plansätzen zu fixieren.

Von Herrn Dipl.-Ing. J. Kück, leitender Planer beim Regionalverband Nordschwarzwald, wurden eine Reihe von Thesen aufgestellt,
die Ausgangspunkt der Beratungen waren.

Die Diskussion in der Arbeitsgruppe mußte zwangsläufig sehr
heterogen verlaufen und in vielen Punkten an der Oberfläche
bleiben. Der Zeitrahmen war eng begrenzt. Die Themenvielfalt
hingegen breit gefächert und die zu bearbeitende Fläche riesengroß. Immerhin umfaßt der "Freiraum" in Baden-Württemberg rund
88% der Landesfläche, die Siedlungsfläche dagegen 12 %; also
ein Vielfaches der Fläche, die die Arbeitsgruppe 3 Siedlungsentwicklung zum Gegenstand hat.

2. Definition Freiraum

Die Diskussion um den Begriff "Freiraum" zeigte in aller Deutlichkeit die Komplexität des Themas auf. Aus Sicht mancher
Kommunen und Kommunalpolitiker mag der "Freiraum" ein disponibler

...

Raum sein; eben ein freier, offener Raum der noch nicht bebaut ist. Ein freier Raum um die Siedlungen herum mit viel Platz für die verschiedensten baulichen Interessen.

Für Planer und Fachvertreter hingegen ist klar, daß der "Freiraum" kein Raum ist, der frei von etwas ist, sondern vielmehr besetzt ist mit Nutzungen der verschiedensten Art. Dahinter stecken immer ganz konkrete Landschaftsfunktionen, meistens mehrere auf einer Fläche gleichzeitig, oft stockwerkartig übereinander gestapelt. Beispiel: Grundwasserleiter - fruchtbarer Boden - Grundwassereinzugsgebiet - Erholungsfläche - Biotop - Kaltluftentstehungsfläche.

Die Spanne der Definitionsversuche mag diese Vielschichtigkeit umreißen: Freiraum ist ...

- Summe aller Landnutzer
- Ressourcenschutz, Ressourcennutzer
- Kulturlandschaft
- Naturlandschaft
- disponible Masse für Bauinteressen
- Erholungsraum
- Synonym für nicht besiedelt/von Bebauung freigehalten
- Gliederungselement
- Bodenschutz
- Imageträger für den Fremdenverkehr
- weicher Standortfaktor für Wohnen und Gewerbe
- Flächenbereitsteller für Dritte
- Naturhaushalt
- Ausgleichsraum für den besiedelten Raum
- auch Teil der Siedlungen
- gestaltbarer Raum
- Produktionsraum für Nahrungsmittel, Holz, Rohstoffe, ...
- Vielfachfunktionsraum
- ....

3. Definition Entwicklung

Für andere Fachgebiete wie Siedlung und Verkehr bedeutet Entwicklung neben Ordnung vor allem ein Mehrzuwachs gegenüber dem vorgefundenen Status Quo. Für die Freiraumentwicklung kann dieses

...

Ziel offensichtlich nicht gelten. Bekannte Stichworte wie Landschaftsverbrauch belegen dies zur Genüge. Die besiedelte Fläche wird täglich größer, die nicht besiedelte Fläche (der "Freiraum") täglich kleiner. Entwicklung stellt beim "Freiraum" also nicht wie im herkömmlichen Sprachgebrauch oft üblich, eine quantitative Aufgabenstellung dar.

Was ist dann der Gegenstand von Freiraum_entwicklung_?

Erhaltung, also wenigstens die Beibehaltung des Status Quo bezüglich der Fläche? Tatsache ist, der Freiraum wird, wie oben genannt, stetig kleiner. Es ist nicht erkennbar, wie der Istbestand erfolgreich verteidigt werden kann. Was bleibt, ist ein qualitativer Handlungsspielraum:
- Wenn schon Freiflächenverluste, dann wenigstens Einfluß darauf nehmen, wo diese stattfinden sollen. Die alternative Suche nach dem "günstigsten" (= umweltverträglichsten?) Standort ist Alltagsgeschäft der Regionalplanung.
  Kriterien für eine solche Standortsuche sind:
    Die Erhaltung vorhandener großer, zusammenhängender (Rest-)Freiräume.
    Die Vermeidung von zusätzlichen Zerschneidungen.
- Mitzuwirken, den Landschaftsverbrauch wenn schon nicht zu stoppen, wenigstens zu verlangsamen.

Neben dieser "Verteidigung" von Flächen mit Vorrangbedeutung für die Freiraumentwicklung gibt es einen zweiten qualitativen Aufgabenbereich:
- Die Umweltgüte _innerhalb_ des verbliebenen (Rest-)Freiraumes. Stichworte hierzu sind die oft ungünstige Wald-Feld-Verteilung (Aufforstungsproblematik), Bodenbelastungen durch die Landwirtschaft, Belastungen durch Freizeit und Erholung, Biotopverbesserungen, ... Die Abwägung und Abstimmung _innerhalb_ der Ressorurcennutzer müssen und können noch verbessert werden.
- Verbundsysteme _innerhalb_ des verbliebenen (Rest-)Freiraumes herstellen. Dies gilt für den Biotop- und Artenschutz, aber auch für die Erholung.

4. Bisherige Instrumente und Sachverhalte

Das Landesplanungsgesetz nennt als Mittel der Raumordnung und Landesplanung den Landesentwicklungsplan und die Regionalpläne. In beiden Planwerken sind Zielformulierungen für die Freiraumentwicklung enthalten. So finden sich im LEP '83 Aussagen zum Hochwasserschutz, die sich gerade heute nach den Hochwasserereignissen der letzten Jahre sehr modern ausmachen:
Plansatz 2.7.71: Siedlungen und Verkehrsanlagen sind nur in hochwasserfreiem Gelände zu errichten.
Freirauminstrumente in den Regionalplänen sind Grünzüge, Grünzäsuren, Schutzbedürftige Bereiche von Freiräumen und Sicherungsbereiche von Wasser- und Rohstoffvorkommen. Zusammen ergibt das ein ganzes Bündel an Lenkungsinstrumenten. Die Diskussion um die zentrale Frage, warum diese Instrumente nicht oder nicht voll gegriffen haben, mußte offen bleiben. Vielleicht ist eine wichtige Antwort darin zu suchen, daß die Fachplanungen diese Mittel der Landesplanung zu wenig (aus)genutzt haben?!

5. Freiraummanagement

Die Arbeitsgruppe hielt es für sinnvoll und notwendig, zu einem Freiraummanagement, insbesondere auf regionaler Ebene, zu kommen. Regionales Freiraummanagement wird dann funktionieren, d.h. Erfolg haben, wenn es sich auf Leitbilder auf Landesebene berufen kann. Siehe hierzu Punkt 6.
Welches könnten die Merkmale eines Managements des Freiraums sein:
- Flexibel reagieren können, setzt eine fundierte Datengrundlage und konkrete Leitbilder voraus.
- Weg von Negativ-/Verteidigungsimage: Hier darf man nicht ...
- Positives vermitteln. Statt: Im Grünzug darf man nicht ... besser: Im Grünzug müssen Landwirtschaft, Forstwirtschaft, Biotop, Erholung stattfinden.
- Über das reine Sammeln von Fachplanungen hinausgehen: Koordinieren, Interessen ausgleichen.
- Darlegen, dass viele Freiraumfunktionen und -nutzungen standortgebunden und nicht beliebig verschiebbar sind.

- Hingegen flexibel sein, wenn Freiraumfunktionen und -nutzungen ersetzbar bzw. wiederherstellbar sind. Dabei die Kriterien Standortqualität und Zeit beachten.
- Die Prinzipien von Vorsorge und Nachhaltigkeit herausstellen (z.B. bei der Sicherung ertragreicher Böden).
- Versuchen, den Gegensatz von Freiraum und Siedlung aufzuheben. Das bedeutet nicht, das Freiraummanagement der Erleichterung und Umsetzung von baulichen Nutzungsansprüchen dient.
- Handlungsschwerpunkte voraus zu sehen.
- Entwicklung vorrangig als Qualitätsverbesserung und Eindämmung des Landschaftsverbrauches zu verstehen.
- Die Dynamik von natürlichen Landschaftsveränderungen anerkennen.
- Den Wertewandel von Freiraumnutzungen herausstellen (Beispiel Landwirtschaft: Ersatz der Produktion von Nahrungsmitteln durch die Produktion von "schönen" Landschaftsbildern).
- Nicht warten und reagieren, wenn andere eingreifen wollen (z.B. über den Flächennutzungsplan). Werte und Qualitäten des Freiraumes vorher dokumentieren und herausstellen.

Zur Umsetzung dieser Grundsätze steht mit der Landschaftsplanung ein gesetzliches Instrument für alle Planungsebenen zur Verfügung. Als Umsetzungsstrategie bietet sich folgende Vorgehensweise an:
- Entwickeln von großräumigen Leitbildern/Zielen auf der Basis von Naturräumen (fachliche Ebene).
- Flexibles Umsetzen auf der Basis von Verwaltungseinheiten bzw. Fachverwaltungen (pragmatische Ebene).

Als besonderer Mangel ist die gelegentlich geringe Akzeptanz von Raumordnung und Landesplanung durch die Fachverwaltungen zu werten. Da es keine offzielle Freiraumbehörde gibt, versuchen die Regionalverbände, diese Lücke zu füllen. Gleichzeitig ist die Lobby der einzelnen Freiraumnutzer mehr oder minder schwach, ausgenommen des Forstes. Deshalb die - vielleicht - wichtigste Voraussetzung:
- Erfolgreiches Freiraummanagement braucht das Bündnis aller Freiraumnutzer untereinander und mit der Landes- und Regionalplanung. Das gegenseitige Anerkennen von Interessen ist dabei wichtig.

Freiraum ist in Mitteleuropa weitgehend identisch mit den Kulturlandschaften (die kaum Platz lassen für spezielle Ziele des Naturschutzes wie dem Prozeßschutz). So wie wir diese Kulturlandschaften heute erleben, sind sie Ausdruck aller auf die ursprüngliche Landschaft einwirkenden Faktoren von Gesellschaft, Politik und Kultur (z.B. die Erbfolgeregelung). Kulturlandschaft ist wandelbar, soweit es die Standortvoraussetzungen zulassen. Für ein Freiraummanagement bedeutet dies eine Gratwanderung zwischen den aktuellen gesellschaftlichen Ansprüchen, dem Prinzip der nachhaltigen Nutzung und der Leistungsfähigkeit bzw. Belastbarkeit des Naturhaushaltes.

6. Weitere Anregungen für den Landesentwicklungsplan

Den Beitrag für ein Freiraummanagement auf Landesebene liefert das Landschaftsrahmenprogramm nach dem Naturschutzgesetz. Die Integration in den LEP kann durch das Aufzeigen von Risiken/ Konflikten mit anderen Raumansprüchen und deren Ausräumung im Zuge des Aufstellungsprozesses erfolgen.

Im Gegensatz zum LEP '83 liegen heute weit mehr Aktivitäten des Landes im Umweltbereich vor. Beispiele sind das Ökologieprogramm und das Bodenschutzprogramm. Diese Programme gilt es zu überprüfen und Vorschläge für eine Weiterentwicklung zu machen. Als Umsetzungsinstrumente müssen sie im neuen LEP erkennbar sein. Über die Schärfe der Vorgaben durch den LEP muß diskutiert werden. In Betracht kommen z.B. Leitbilder für die Naturräume und Regionen des Landes.

Für ein regionales Freiraummanagement wird es sinnvoll sein, Arbeitsschwerpunkte zu setzen. Hierzu einige Vorschläge, welche Vorgaben die Landesplanung leisten könnte:
- Sicherung möglichst großer, zusammenhängender Freiflächen. Beitrag der Landesplanung: Ausweisung von Landesteilen, wo dies möglich und erforderlich ist.
- Aufbau regionaler Biotopverbundsysteme. Beitrag der Landesplanung: Ausweisung von Landesteilen, in denen großräumiger Biotopverbund bislang fehlt.

- Ausgleichsmaßnahmen nach § 8a Naturschutzgesetz. Beitrag der Landesplanung: Vorgabe einer Regelung, die in der Praxis einen großen räumlichen und sachlichen Spielraum für Ausgleichsmaßnahmen - möglichst auf Verwaltungsraumebene - läßt.
- Standortwahl für Freizeit- und Erholungseinrichtungen in der Landschaft. Beitrag der Landesplanung: Entwicklung landesweit gültiger Beurteilungskriterien für derartige Einrichtungen.
- Standorte für Windenergieanlagen. Beitrag der Landesplanung: Aufnahme geeigneter Landesteile in den LEP.
- Hochwassermanagement. Beitrag der Landesplanung: Landeseinheitliche Festlegung des anzustrebenden Schutzgrades.
- Gewässerentwicklung. Beitrag der Landesplanung: Darstellung von Fließgewässerabschnitten, die renaturiert werden sollen.
- Offenhaltung der Landschaft. Beitrag der Landesplanung: Ausweisung von Landesteilen, für die die Erhaltung einer Mindestflur aus ökologischen Gründen und aus Gründen der Erholungsvorsorge erforderlich ist.
- Künftiges Erscheinungsbild der Kulturlandschaft/Zukunft der Landschaftspflege. Beitrag der Landesplanung: Regelungen, die eine Erhaltung der Kulturlandschaft durch Nutzung ermöglichen und eine externe Landschaftspflege soweit wie möglich überflüssig machen.
- Stärkung des Bodenschutzes. Beitrag der Landesplanung: Integration des Bodenschutzprogrammes. Stärkung des Stellenwertes ertragreicher Böden zur Ernährungssicherung.

Regionales Freiraummanagement kann nur dann erfolgreich sein, wenn schnell und flexibel auf neue Entwicklungen reagiert werden kann. Hierzu bietet sich der Aufbau regionaler Geoinformationssysteme an, welche die erforderlichen Informationen - besser als im Regionalplan herkömmlicher Art - in Karte und Datenbank jederzeit aktuell bereithalten können.

7. Ausblick

Die Diskussion über die Inhalte des neuen Landesentwicklungsplanes zum Freiraum hat erst begonnen. Im Rahmen der Tagung konnten keine runden Lösungen erarbeitet werden. Die Thematik Freiraum erfordert dies aber.

Folgende weitere Schritte sind denkbar:

- Die Regionalverbände sind nicht nur zuständig für die Raumordnung und Landesplanung auf regionaler Ebene (= Regionalpläne), sondern auch für die Fachpläne zur Freiraumentwicklung (= Landschaftsrahmenpläne). Diese Konstruktion ermöglicht die Aufstellung realistischer Freiraumziele und deren Integration in die Regionalplanung. Vielleicht kann dieses Vorgehen Vorbild für die Landesplanung sein.
- Als eine Plattform für weitere Diskussionen bietet sich die Arbeitsgruppe der Landschaftsplaner bei den Regionalverbänden an.

**Vorgaben zur Steuerung der Siedlungsentwicklung
- Zwischen Eigenentwicklung und Mindestdichte -
Einleitende Thesen**

von

Rainald Enßlin, Stuttgart

A. **Grundlagen**

1. Regionalplanung ist mit allen Nutzungen und Funktionen befaßt, durch die insbesondere auf lange Frist oder dauernd Raum in Anspruch genommen wird sowie die Qualität, Nutzung und Entwicklung des Raumes beeinflußt werden.

2. Regionalplanerischer (positiver) Steuerung bedürfen insbesondere die für die Grundbedürfnisse notwendigen, in ihrem Raumanspruch und ihren Standorterfordernissen sowie nach Menge und Qualität und Zeitdauer besonders bedeutsamen und besonders dynamischen Raumnutzungen; dazu gehören vor allem die Siedlungsnutzungen.
Regionalplanerischer (restriktiver) Sicherung bedürfen vor allem besonders empfindliche und auf lange Frist unentbehrliche Raumnutzungen; dazu gehören vorwiegend Bereiche für Freiraumfunktionen aber auch für langfristig erforderliche Infrastrukturen.

   These:

   Die Art und Intensität der Steuerung muß sich den gewünschten Zwecken und den durch Zeitablauf und je nach örtlichen Verhältnissen unterschiedlichen Gegebenheiten und Bedürfnissen anpassen.

3. Siedlungsnutzungen ergeben sich insbesondere für die Funktionen
   - des Wohnens
   - des Arbeitens und der Wirtschaft
   - der Versorgung mit sozialen und technischen Dienstleistungen
   - der Kommunikation und des Verkehrs
   - der Freizeitgestaltung und Erholung

   Die Siedlungsnutzungen stehen untereinander in enger Beziehung.
   Weitere Siedlungs-/Freiraumnutzungen ergeben sich für Sonderfunktionen, z.B. Landesverteidigung und Forschung. Einigermaßen anwendbare Planinstrumente zur Steuerung sind derzeit nur für Wohnen und Arbeiten gegeben.

   These:

   Es genügt nicht, nur eine Einzelnutzung z.B. das Wohnen zu steuern, vielmehr ist es wichtiger die Steuerung der Einzelnutzungen, d. h. auch der Fachplanungen (!) aufeinander abzustimmen.
   Strategische Steuerung statt Einzelsteuerung!

4. Siedlungsentwicklung tritt auf einerseits als Auswahl oder Änderung der Qualität (Standortentscheidung, Art der Nutzung, Zusammensetzung der Nutzungen, Dichte, städtebauliche Gestalt, Baukonstruktion) der Standorte, andererseits als Änderung der Quantität und der Zeitdauer der Inanspruchnahme von Raum.

These:

Die Steuerung der Siedlungsentwicklung kann sich nicht nur auf Standortgebote/-verbote sowie den quantitativen „Zuwachs" beschränken sondern muß auch die Änderung des Bestandes in seiner Quantität und Qualität umfassen.

5. Die selbständige, eigenverantwortliche Entscheidung der einzelnen Planungsebenen sowie der Ressortzuständigkeit sind ebenso zu beachten wie umgekehrt die Belange der Raumordnung und Landes-/Regionalplanung.

Verbindliche Steuerung der Siedlungsentwicklung durch die Raumordnung und die Regionalplanung kann nur innerhalb von deren rechtlichem und organisatorischem Rahmen (Zuständigkeit) geschehen.

Darüber hinaus ergeben sich aufgrund der fachübergreifenden, breiten Informationsbasis und Koordinierungsmöglichkeit der Regionalplanung weitere Wege der beratenden und informativen Steuerung. Diese „weichen Instrumente" sind insgesamt so wirkungsvoll wie normative Vorgaben.

Thesen:

5.1 Ziel der Steuerung ist nicht die Restriktion baulicher Entwicklung sondern die auf lange Frist angelegte Sicherung und Verbesserung gesunder Lebens- und Arbeitsbedingungen und natürlicher Lebensgrundlagen.

5.2 Die Steuerung soll mit wenigen, positiv und klar formulierten Zielen und Grundsätzen der Raumordnung erfolgen; sie muß notwendig und plausibel begründet sein und ist den jeweiligen Verhältnissen anzupassen. Dabei ist Gestaltung statt Restriktion nötig.

5.3 Differenzierte und kleinmaßstäbliche raumordnerische Steuerung ist Aufgabe der Bauleitplanung. Je mehr Einzelregelungen, desto mehr örtliche Entscheidung.

5.4 Durch die politisch und öffentlich wirksame Darstellung wichtiger Fakten z.B. in Form von Kurzberichten wird ein besserer Informationsstand hergestellt, der die <u>verbindliche</u> und die <u>beratende</u> Steuerung erleichtert.
Die Träger der Raumordnung erstellen jährliche <u>Kurzberichte</u> über die besonders relevanten räumlichen Entwicklungen.
Die Kurzberichte sollen z. B. die Entwicklung der Siedlung, einzelne Siedlungsnutzungen oder den Stand der Sicherung von Freiräumen oder einzelner Freiraumfunktionen beleuchten, beispielsweise durch vergleichende Tabellen und grafische Darstellung.

B. Einzelfragen

1. Wichtigste Fragen zur Steuerung der Siedlungsentwicklung sind:
   Was? - Wo? - Wieviel? - Wann ?

   These:

   Steuerung der Siedlungsentwicklung muß die Steuerung der Art und Zusammensetzung der Hauptnutzungen, die Standortwahl, die Quantität des Zuwachses, des Rückbaus, der Nutzungsänderung und den zeitlichen Ablauf der Rauminanspruchnahme umfassen also auch auf Veränderung angelegt sein.

2. Für welche Aufgaben und Funktionen sollen Siedlungen entwickelt werden?
   In welchem qualitativen und quantitativen Verhältnis stehen diese Funktionen untereinander, wie sind sie vernetzt?
   Ausgeglichene Entwicklung von Funktionsräumen als Zielsetzung.

   These:

   Ein nach Menge und Qualität ausgewogenes Gefüge der einzelnen Nutzungen und Funktionen im Raum (Region) sowie in den größeren Teilräumen und Einzelstandorten ist notwendig (z.B. Zahl der Wohnungen / Zahl der Arbeitsplätze / Versorgungseinrichtungen / Erholungsflächen). Die Abstimmung der einzelnen Nutzungen und Funktionen untereinander und auf die Tragfähigkeit des Gesamtraumes ist wichtiger als die Bestimmung der Quantität und Qualität im einzelnen Standort. In den Raumordnungsplänen sind hierfür Grundsätze zu entwickeln sowie durch Kombination von Symbolen in der Karte eine Darstellung zu ermöglichen.

3. Wo soll Siedlungsentwicklung stattfinden und wo nicht?

   Thesen:

   a) Als verbindliche Planelemente sind vorzusehen:
   - Siedlungsbereiche der Entwicklungsachsen und zentraler Orte
   - Gemeinden mit Eigenentwicklung
   - Standortbereiche für regionalbedeutsame zentrale Versorgungseinrichtungen (Bereiche wo ggf. innerhalb großer Flächengemeinden oder übergemeindlich zentrale öffentliche Versorgungseinrichtungen ihren Standort finden)
   - Schwerpunkt für Wohnungsbau
   - Schwerpunkt für Arbeitsstättengebiete
   - Nicht zu besiedelnde Freiräume als Grünzüge, Grünzäsuren und zu sichernde Freiräume.
   - Zu sichernde Bereiche für regionalbedeutsame Infrastrukturen.

   b) Siedlungsentwicklung soll vorrangig außerhalb zu sichernder Freiräume oder mit einem Minimum an Eingriffen, in günstiger Zuordnung zu leistungsfähigen Versorgungseinrichtungen hoher Qualität und erschließbar mit leistungsfähigem ÖV stattfinden.
   Die bevorzugten Siedlungsbereiche und Standortbereiche sind ortsteilscharf zu bezeichnen, zu sichernde Freiräume sind bereichsscharf zu bezeichnen. Schwerpunkte für Wohnungsbau sowie für Industrie und für Dienstleistungseinrichtungen

sind in Regionalplänen bereichsscharf zu bezeichnen; Bestandsflächen können einbezogen werden.

c) Intensivere Nutzung, Umnutzung und Wiedernutzung bereits besiedelter Flächen hat in der Regel Vorrang vor Inanspruchnahme von Freiflächen. Bei bereits vorhandenem Defizit an Freiflächen ist die Rücknahme von Überlastungen oder von Bäuflächen notwendig. Ein Planinstrument zur Bezeichnung der Bereiche für Sanierung, Umnutzung und Wiedernutzung ist vorzusehen.

4. In welchem Umfang soll insgesamt und in den Teilräumen Siedlungsentwicklung stattfinden?
Festlegung des Bedarfs insgesamt.
Differenzierung nach Eigenbedarf und Wanderungsgewinn.
Baulandbilanz und Dichten festschreiben.
Freiraumsicherung hat Vorrang vor „Eigenentwicklung", in Verdichtungsräumen ist „Eigenentwicklung" sonst eine Garantie für völlige Zersiedelung.

Thesen:

a) Die Qualität und Menge der Siedlungsentwicklung soll sich insgesamt an der absehbaren Bevölkerungs- und Haushaltsentwicklung orientieren. Im Regionalplan wird die absehbare Bevölkerungs- und Haushaltsentwicklung insgesamt dargestellt und differenziert für natürliche Entwicklung und Wanderungen. Außerhalb der Siedlungsbereiche der Entwicklungsachsen sowie der Zantralen Orte soll keine Fläche für Wanderungsgewinne ausgewiesen werden.

b) Alle Gemeinden erstellen eine Flächenbilanz über Nutzungsmöglichkeiten im Bestand und noch freies Bauland sowie über das für den Flächennutzungsplan vorgesehene, zusätzliche Bauland.
Die Flächenbilanz legt das vorgesehene, neue Bauland für einen 10 Jahreszeitraum in seiner Größe verbindlich fest.

c) In den Flächennutzungsplänen wird die für B-Pläne anzustrebende GfZ eingetragen.

d) Der Schutz der zu sichernden Freiräume hat auch Vorrang vor der Ausweisung neuer Bauflächen für den „Eigenbedarf".

5. (Bis) wann und wie lange soll oder kann Siedlungsentwicklung stattfinden?
Koppelung an Herstellung der Infrastruktur.
Koppelung an festes Freiraumsicherungskonzept

These:

Eine Siedlungsentwicklung kann nur in Angriff genommen werden, wenn die erforderliche Infrastruktur, insbesondere öffentliche Verkehrseinrichtungen, im Planungszeitraum ebenfalls erstellt werden kann bzw. vorhanden ist.

Eine Siedlungsentwicklung kann nur geplant werden, wenn gleichzeitig die zu sichernden Freiräume und ihre Funktion festgelegt werden.

„Vorgaben zur Steuerung der Siedlungsentwicklung?

Zwischen Eigenentwicklung und Mindestdichte"

Bericht der Arbeitsgruppe

von

Kristine Schuff, Karlsruhe

EINLEITUNG:

Ziel der Diskussion der Arbeitsgruppe "Vorgaben zur Steuerung der Siedlungsentwicklung", die unter der Leitung von Frau Schulz , Tübingen, stand, war es,

- auf der Grundlage der von Herrn Enßlin, Stuttgart, vorgetragenen Thesen zu den wichtigsten Fragen zur Steuerung der Siedlungsentwicklung
- und anhand der im Umgang mit den vorhandenen Instrumenten der Regionalplanung bislang gemachten Erfahrungen

herauszuarbeiten, ob sich die zur Verfügung stehenden Instrumente bewährt haben.

Im Hinblick auf das Tagungsthema "Anforderungen an die Fortschreibung des Landesentwicklungsplans Baden-Württemberg" sollte bilanziert werden, ob die Instrumente den veränderten Anforderungen an die Raumplanung gerecht werden, ob einige eventuell verzichtbar wären und welche zusätzlichen Instrumente wünschenswert und notwendig wären. Die Zielsetzung, hiermit konkrete Hinweise für die Fortschreibung des Landesentwicklungsplans geben zu können, wurde wohl nur z. T. erreicht.

Erfahrungen im Umgang mit regionalplanerischen Instrumenten

Die Mitglieder der Arbeitsgruppe benannten anhand von Beispielen aus der Planungspraxis folgende Problempunkte, die die Notwendigkeit zur Überarbeitung von regionalpanerischen Leitbildern und sogar den Verzicht einzelner Instrumente nahelegen:

Dies waren

- Schwierigkeiten im Umgang mit den Bevölkerungsrichtwerten und dem System der Zentralen Orte.

Die Bevölkerungsrichtwerte, die in zahlreichen Fällen von unvorhersehbar hohen Wanderungsgewinnen durch die tatsächliche Bevölkerungsentwickung noch vor ihrem Zieljahr überholt wurden und dann einer flexiblen Handhabung bedürfen.

Das zentralörtliche System der Regionalpläne das, nicht mehr allein unter siedlungsstrukturellen Gesichtspunkten gesehen werden kann sondern in Vernetzung mit vielfältigen Funktionszusammenhängen betrachtet werden muß. Es wurde insbesondere auf die unverzichtbare Anpassung an die Infrastruktur (verkehrserzeugende Maßnahmen sollten vermieden werden), und auf ein anzustrebendes Gleichgewicht zwischen Wohn- und Arbeitsstätten hingewiesen.

- Die Zunahme der Bedeutung ökonomischer Kriterien bei der Siedlungsentwicklung. Dies kann von den regionalplanerischen Leitbilder nicht mehr außer Acht gelassen werden. Vielmehr sollten Kriterien zur Beurteilung von Standorten für die Siedlungsentwicklung überdacht werden. Verstärkte Bedeutung erlangen hierbei beispielsweise die Standortfaktoren "verkehrliche Erschließung" und "Baulandpreise".

- Probleme bei der Analyse des Wohnungsbedarfs im Hinblick auf den Umfang der künftig notwendigen Flächenausweisungen für die Siedlungsentwicklung. Verschiebungen in der Bevölkerungsstruktur sowie sich verändernde Ansprüche und Bedürfnisse in bezug auf Wohnraum erfordern auch hier ein Umdenken und eine differenziertere Betrachtungsweise, um planerische Konsequenzen ziehen zu können.

- Ein Manko bei der Durchsetzbarkeit interkommunaler Gewerbegebiete, da kein entsprechendes regionalplanerisches Instrument vorhanden ist.

- Die mangelnde Akzeptanz bei Kommunen und anderen Planungsträgern gegenüber der Raumordnung, führt zu Konflikten bei der Umsetzung regionalplanerischer Instrumente. Um so wichtiger ist es deshalb, den Kommunen die Konsequenzen einer Siedlungsentwicklung anhand der komplexer werdenden Nutzungskonflikte aufzuzeigen.

Quintessenz aus der Diskussion der vorgetragenen Thesen

Als wesentlich für die Einschätzung der vorhandenen Steuerungsinstrumente hinsichtlich der Siedlungsentwicklung wurden folgende Punkte erachtet:

- Die einseitige Konzentration auf die Betrachtung einzelner Raumnutzungen, ohne Beachtung übergeordneter Funktionszusammenhänge kann kein Lösungsweg sein, wenn die vorhandenen Steuerungsinstrumente problemorientiert eingesetzt werden sollen.

- Anstelle der ausschließlichen Festsetzung von Restriktionen gegenüber einer Siedlungsentwicklung in den Regionalplänen sollten verstärkt Steuerungskriterien im Sinne einer aktiven Gestaltung positiv formuliert werden.

- Ein Vorgehen nach dem Grundsatz "weniger ist mehr", d. h., der Einsatz weniger wichtiger regionalplanerischer Instrumente, ist von effektivem Nutzen für die Umsetzung regionalplanerischer Zielsetzungen.

Fazit

Zusammenfassend kam die Arbeitsgruppe zu dem Ergebnis, daß

- mit den "harten" regionalplanerischen Instrumenten der Regionalen Grünzüge und der Grünzäsuren brauchbare Steuerungsmittel zur Verfügung stehen, die sich in der Praxis zur indirekten Einflußnahme der Raumordnung auf die Siedlungsentwicklung bewährt haben,

- auf regionalplanerische Leitbilder wie die Bevölkerungsrichtwerte und die Eigenentwicklung von Orten verzichtet werden könnte und vielmehr die Analyse der Funktionszusammenhänge zwischen Siedlungsentwicklung, zu schützender Freiraumstruktur und Infrastruktureinrichtungen bei der Beurteilung von akzeptabler Quantität und notwendiger Qualität künftiger Siedlungsentwicklung ausschlaggebend sein sollte,

- die Möglichkeiten des Einsatzes der "weichen" Steuerungsinstrumente der Regionalplanung, d. h. die Abstimmung von Planungen vor Ort und eine verbesserte Öffentlichkeitsarbeit, verstärkt genutzt werden sollten, um mehr Akzeptanz bei Kommune und anderen Planungsträgern für raumordnerische Zielsetzungen zu erlangen.

Aktuelle Gesamtfortschreibung des Landesentwicklungsprogramms Bayern

von

Konrad Goppel, München

1. Das Landesentwicklungsprogramm Bayern (LEP Bayern); Einführung

Das Landesentwicklungsprogramm Bayern (LEP Bayern) ist das landesplanerische Gesamtkonzept der Bayerischen Staatsregierung für die räumliche Entwicklung und Ordnung Bayerns und seiner Teilräume zur Schaffung und Erhaltung gleichwertiger und gesunder Lebens- und Arbeitsbedingungen in allen Landesteilen. Es ist mittel- bis langfristig (etwa 10 Jahre) angelegt, gemäß dem Bayerischen Landesplanungsgesetz fortwährend zu überprüfen und der weiteren Entwicklung anzupassen. Dementsprechend kann sich etwa bei einzelnen Zielen infolge sich ändernder planerischer Grundlagen schon kurzfristig ein Fortschreibungsbedarf ergeben; dagegen sind Gesamtfortschreibungen in der Regel nur in größeren Zeitabständen bei wesentlicher Änderung der Rahmenbedingungen für die räumliche Entwicklung Bayerns geboten.

1.1 LEP Bayern hat sich durchgesetzt und erfährt weitreichende Akzeptanz

Das LEP Bayern wurde seit seiner erstmaligen Aufstellung im März 1976 und seiner ersten weitreichenden Fortschreibung 1984 durch die bayerische Landesplanung so gut "verkauft", daß es heute große Akzeptanz in Politik, Wirtschaft und Gesellschaft findet. Damit hat sich das LEP Bayern als zentrales, erfolgreiches und mittlerweile klassisches Instrument bayerischer Landesentwicklungspolitik durchgesetzt. Einerseits in seiner unmittelbaren Verbindlichkeit gegenüber öffentlichen Planungsträgern aller Planungsebenen, wie z.B. gegenüber den Fachressorts bei der Infrastrukturplanung (Krankenhausbedarfsplanung, Bundesverkehrswegeplan, Standortsicherungsplan) oder gegenüber den Gemeinden bei der Aufstellung und Änderung von Bebauungsplänen; andererseits gegenüber der Wirtschaft und privaten Planungsträgern, für die das LEP Bayern zuverlässige Orientierungshilfe und Maßstab ist (z.B. bei Fragen zu Einzelhandelsgroßprojekten oder Kiesabbauvorhaben). Des weiteren sind bei Raumordnungsverfahren die Ergebnisse dieser Raumverträglichkeitsprüfung von raumbedeutsamen Einzelvorhaben auf der Grundlage von Zielen des LEP nicht nur berücksichtigungspflichtig im Zulassungsverfahren, sondern auch entscheidende Hürden bei der öffentlichen Meinungsfindung und Akzeptanz.

Großer Erfolg muß dem LEP Bayern vor allem bei der Verwirklichung des obersten Prinzips bayerischer Landesentwicklung, gleichwertige und gesunde Lebens- und Arbeitsbedingungen in allen Landesteilen zu schaffen und zu erhalten, und insbesondere bei der Durchsetzung des hieraus abgeleiteten und seit Jahrzehnten konsequent angewendeten Erschließungsprinzips zugesprochen werden. So verfügt der Freistaat Bayern, der Deutschlands größter Flächenstaat ist, heute landesweit und flächendeckend über eine moderne und leistungsfähige Infrastrukturausstattung. Damit wurde wesentlich zur Entwicklung Bayerns vom Agrarstaat zum hochmodernen High-Tech-Industrie- und Dienstleistungsland beigetragen. Bayern hat im langjährigen Vergleich mit den anderen Ländern in Deutschland die niedrigste Arbeitslosenquote - auch wenn zur Zeit infolge der gesamtwirtschaftlichen Lage Erschwernisse zu bewältigen sind -, verfügt über eine große Wirtschaftskraft und hat zugleich die Schönheit, Einzigartigkeit und Vielfalt seiner Natur- und Kulturlandschaft bewahrt.

1.2 Gesamtfortschreibung aufgrund veränderter Rahmenbedingungen

Die mit Beginn der 90er Jahre eingeleitete jüngste Gesamtfortschreibung des LEP Bayern ist vor dem Hintergrund der sich in dieser Zeit erheblich geänderten raumwirksamen nationalen und internationalen Rahmenbedingungen und Entwicklungstrends zu sehen. Dies betrifft vor allem die Folgerungen aus der deutschen Einheit, der Grenzöffnung im Osten und der zunehmenden europäischen Integration, insbesondere des EU-Binnenmarktes

Große Herausforderungen - aber auch Chancen - sind (verstärkt für den ostbayerischen Grenzraum) etwa die zusätzliche Konkurrenz durch Teilräume mit hohen Kostenvorteilen (z.B. Tschechische Republik), aber ambivalent auch etwa für bayerische Unternehmen neue kostengünstige Produktionsstandorte "vor der Haustür", wodurch sich z.B. Möglichkeiten einer internationalen Arbeitsteilung und Auslagerung lohnintensiver Fertigungen bieten (allerdings keine Abwanderung ganzer Betriebe). Auch wenn damit im bayerischen Grenzland insbesondere gering qualifizierte Arbeitsplätze verloren gehen, so werden aufgrund von Stabilisierung oder sogar Expansion zahlreicher Unternehmen, die zumeist Leitungs- und Distributionsaufgaben auf bayerischer Seite belassen, höherwertige Arbeitsplätze - insbesondere im bayerischen Grenzraum - gesichert, manchmal sogar geschaffen. Zumindest langfristig ist davon auszugehen, daß sich in diesem Sinne die Grenzöffnung für die bayerische Seite auch betriebs-, arbeitsmarkt- und steuerwirtschaftlich bezahlt machen wird. Derzeit allerdings wirkt sich erschwerend etwa die unmittelbare Nachbarschaft zu Gebieten mit Höchstfördersätzen in den neuen Ländern aus.

Weitere wichtige Rahmenbedingungen sind die Internationalisierung und Globalisierung der Märkte, der europaweite Trend zur Konzentration von Wirtschaft und Infrastruktur auf große Agglomerationen und Entwicklungsachsen, die Umsetzung internationaler Vereinbarungen, wie z.B. der Beschlüsse von Rio (nachhaltige Entwicklung) und verringerte finanzielle Handlungsspielräume aufgrund hoher finanzieller Belastungen für die neuen Länder, für die Europäische Union und weltweiter Verpflichtungen.

Darüber hinaus stellen sich neue gesellschaftliche Anforderungen an die räumliche Entwicklung, wie z.B. stärkere Gewichtung des Schutzes der natürlichen Lebensgrundlagen, nachdrücklichere Einforderung regionaler Kompetenz und Selbstverantwortung, gestiegene Wertschätzung räumlicher Vielfalt und Eigenständigkeit und Wiederbetonung des Wertes der Heimat.

Die bayerische Landesplanung hat hierauf schnell und umfassend reagiert. Mit der Neufassung des LEP Bayern, die seit 1. März 1994 in Kraft ist und in die auch die bereits unmittelbar nach der Grenzöffnung erstellte Sonderfortschreibung "Bayerischer Grenzraum" integriert ist, hat der Freistaat Bayern als erstes der alten Länder nach der politischen Zäsur und dem Umbruch in Deutschland und Europa sein Entwicklungsleitbild neu ausgerichtet.

1.3 Aufstellungsverfahren

Innerhalb von nur rund zweieinhalb Jahren wurde die aktuelle Gesamtfortschreibung des LEP Bayern bewerkstelligt; wesentliche Eckdaten sind:

- Ab Mitte 1991: Erstellung eines ersten Entwurfs im Benehmen mit den Ressorts.

- Ab Sommer 1992 bis Frühjahr 1993: Befassung des Landesplanungsbeirats, in dem alle gesellschaftlichen Gruppierungen in Bayern vertreten sind. Umfassende Anhörung aller zu beteiligenden kommunalen Spitzenverbände, der regionalen Planungsverbände, der Bezirke, der Behörden des Bundes im Land, der Nachbarländer und -staaten sowie des Bundesministeriums für Raumordnung, Bauwesen und Städtebau.

  Darüber hinaus wurden die Inhalte des Entwurfs auch bei vielen eigenen Diskussionsveranstaltungen, z.B. von Parteien und Mandatsträgern behandelt - mit erfreulich positiver Resonanz und Akzeptanz; es wurden Gesprächsrunden bereits in einem sehr frühen Stadium mit allen Abgeordneten der Regierungsbezirke unter der Leitung des Bayerischen Staatsministers für Landesentwicklung und Umweltfragen geführt, um auch die "regionalpolitischen" Anliegen in die Planaufstellung einzubeziehen, aber auch um beizeiten Interesse für die neuen landesplanerischen Ziele zu wecken und Motivation für deren Umsetzung zu schaffen.

- Sommer 1993: Billigung des überarbeiteten Fortschreibungsentwurfs des LEP Bayern durch den Bayerischen Ministerrat und anschließend Übermittlung an den Bayerischen Landtag zur Zustimmung und an den Senat zur Kenntnisnahme.

- Herbst 1993: Befassung des Bayerischen Landtags mit der Fortschreibungsentwurf in allen Ausschüssen und im Plenum; breite Zustimmung zu den neuen Ansätzen. Damit wurden die Anliegen der Raumordnung auch im politisch-parlamentarischen Raum "vervielfacht" und nachhaltig verfestigt.

- Januar 1994: Beschlußfassung des Bayerischen Ministerrats über die Maßgaben des Landtags zur Gesamtfortschreibung des LEP Bayern und zur Inkraftsetzung zum 1. März 1994.

2. Inhaltliche Grundzüge des LEP Bayern

Auch wenn das LEP Bayern inhaltlich praktisch neu ist, so wurde selbstverständlich das weithin bewährte oberste Leitziel bayerischer Landesentwicklung, nämlich Erhaltung und Schaffung landesweit gleichwertiger Lebens- und Arbeitsbedingungen, beibehalten. Damit ergeht eine eindeutige Absage an die gegenläufige Tendenz auf Bundesebene und in Europa, im Sinne einer großräumigen "funktionalräumlichen Gliederung" den Verdichtungsräumen Vorrang bei der Entwicklung einzuräumen und damit ein Zurückbleiben der ländlichen Räume in Kauf zu nehmen. Im Verhältnis Verdichtungsräume/ländlicher Raum haben in Bayern ländliche Gebiete auch künftig Entwicklungspriorität; allerdings wird erstmals unter dem Aspekt "gleichwertige Lebens- und Arbeitsbedingungen" auch verstärkt spezifischen Entwicklungserfordernissen der Verdichtungsräume Rechnung getragen.

2.1 Neue Leitziele

Untermauert wird das oberste Prinzip bayerischer Landesentwicklung durch zwei herausragende neue Leitziele:

2.1.1 Sicherung des Standortes Bayern und der Wettbewerbsfähigkeit des Landes sowie seiner Teilräume nach außen

Die Konkurrenzfähigkeit Bayerns soll unter Wahrung der gewachsenen und überschaubaren dezentralen Raum- und Siedlungsstruktur Bayerns gewährleistet werden. So soll insbesondere durch Kooperation und Vernetzung der Teilräume des Landes miteinander zu leistungsfähigen Standortgemeinschaften ein Gegengewicht zu den großen europäischen Metropolen und Entwicklungsachsen geschaffen werden, die Bayern nicht hat und auch nicht will. Kooperation und Vernetzung zielen auf Verknüpfung von Standorten und Teilräumen, von Kommunen, Landkreisen und Regionen ab, z.B. durch umweltverträgliche und leistungsfähige Verkehrssysteme, durch neue Informations- und Kommunikationstechnologien, durch Zusammenarbeit im Forschungs- und Bildungsbereich und bei der wirtschaftlichen Entwicklung. Mit dem Prinzip der Kooperation und Vernetzung hat das Erschließungsprinzip eine zeitgerechte Ergänzung erfahren.

Auch wenn sich die Aufgaben für Kooperation und Vernetzung in erster Linie an die kommunalen Entscheidungsträger richten, so ist auch der Staat selbst angesprochen, diese im Rahmen der jeweiligen Fachaufgaben zu unterstützen. Erste Umsetzungserfolge sind z.B. die Städtekooperationen im südbayerischen Wirtschaftsraum München-Augsburg-Ingolstadt (MAI) und Landshut-Rosenheim-Salzburg (LAROSA), die Städtekooperationen von Würzburg und Schweinfurt sowie das sächsisch-bayerische Städtenetz Bayreuth-Hof-Plauen-Chemnitz und die Kooperation "Donaustädte".

Des weiteren sollen im europäischen Wettbewerb verstärkt die weichen und vor allem ökologischen Standortvorteile, wie attraktive Natur- und Kulturlandschaft, Kleinteiligkeit und Überschaubarkeit der Siedlungsstruktur, die hohe kulturelle Attraktivität sowie die Nutzungsvielfalt der Frei- und Siedlungsflächen als ökonomische Standortfaktoren genutzt werden. Ein konkretes Umsetzungsinstrument dafür ist das neu geschaffene Regional- und Imagemarketing, durch welches die Standortvorteile Bayerns und seiner Teilräume sowohl für die eigene Bevölkerung und Wirtschaft wie auch für ansiedlungswillige Unternehmen bewußt gemacht werden. Im Vordergrund steht die Inwertsetzung insbesondere der historischen, kulturellen, wirtschaftlichen und ökologischen Werte des jeweiligen Raumes. Konkrete Projekte hierzu sind z.B. Regionalmarketingmaßnahmen für den Landkreis Kronach, für Ober- und Mainfranken sowie für Schwaben.

2.1.2 Gewährleistung der räumlichen Funktionsfähigkeit im Innern

Die Wettbewerbsfähigkeit des Landes und seiner Teilräume nach außen wird um so effektiver gestaltet werden können, je besser die Teilräume im Innern funktionieren. Dies erfordert spezifische landesplanerische Ziele, um den besonderen Entwicklungs- und Ordnungsproblemen der Teilräume noch besser Rechnung zu tragen. Die im LEP Bayern enthaltene neue Gebietsgliederung - mit erstmals weitreichender problemorientierter, d.h. mit speziellen Entwicklungs- und Ordnungszielen versehener Unterteilung der beiden großen klassischen Raumkategorien Verdichtungsräume und ländlicher Raum - bietet hierzu eine sachgerechte Grundlage. So wurden z.B. in den Verdichtungsräumen und im ländlichen Raum jeweils Stadt- und Umlandbereiche abgegrenzt. Damit soll eine besonders intensive Abstimmung zwischen den Kernstädten und den Umlandgemeinden, z.B. bei der Siedlungsentwicklung, beim Ausbau des ÖPNV, bei der Sicherung von Freiflächen oder bei der Festlegung von Standorten für Ver- und Entsorgungsanlagen erreicht werden.

Des weiteren bestehen für Verdichtungsräume nunmehr ausdrücklich auch Entwicklungsziele, teilweise mit spezifischen Ausformungen für die sog. großen Verdichtungsräume München, Nürnberg-Fürth-Erlangen und Augsburg im Hinblick auf ihre Aufgaben als Impulsgeber für Bayern insgesamt, etwa als die adäquaten Standorte im neuen großräumigen Wettbewerb in Deutschland und Europa.

Im ländlichen Raum wurden neben den bereits erwähnten Stadt- und Umlandbereichen vier weitere Teilkategorien auch mit jeweils ganz spezifischen Entwicklungszielen bestimmt. Im einzelnen sind das die Gebietskategorien:

- "Allgemeiner ländlicher Raum", der unter Berücksichtigung seiner naturräumlich-landschaftlichen, siedlungsstrukturellen und kulturellen Eigenart und gewachsenen Struktur durch weitere Verbesserung der infrastrukturellen, ortsgestalterischen, wirtschaftlichen, ökologischen, sozialen und kulturellen Verhältnisse als eigenständiger gleichwertiger Lebensraum bewahrt und weiterentwickelt werden soll.

- "Ländlicher Teilraum im Umfeld der großen Verdichtungsräume" mit besonderen Zielen zur Bewahrung der ländlichen Siedlungsstruktur, um einem weiteren Ausufern der Verdichtungsräume entgegenzuwirken und auf die Erhaltung der ländlichen Identität der angrenzenden Gebiete hinzuwirken, sowie mit besonderen Zielen zur Freiflächensicherung und zum Ausbau des ÖPNV.

- "Ländlicher Teilraum, dessen Entwicklung nachhaltig gestärkt werden soll" mit Zielen insbesondere für die Gebiete, in denen trotz insgesamt positiver Entwicklung in einzelnen wirtschaftsstrukturellen Bereichen Nachholbedarf besteht oder in denen neue Herausforderungen zu bewältigen sind, etwa in der Konkurrenz zu benachbarten Höchstfördergebieten oder Niedriglohnländern. Ihnen wird deshalb höchste Priorität eingeräumt, etwa bei der Schaffung, Sicherung und qualitativen Verbesserung von Arbeitsplätzen, bei der weiteren regionalen und innerregionalen Verkehrserschließung sowie bei der Einrichtungen der beruflichen Bildung.

- "Alpengebiet", wo sich insbesondere durch erhebliche Bevölkerungszuwächse, starke Siedlungstätigkeit, hohes überregionales und regionales Verkehrsaufkommen sowie Fremden- und Naherholungsverkehr die Konflikte mit ökologischen Erfordernissen verstärken. Die Ziele für das Alpengebiet stellen deshalb auf eine besonders behutsame Entwicklung ab, d.h. unter besonderer Berücksichtigung der herausragenden ökologischen Bedeutung für Bayern und darüber hinaus.

Mit diesen neuen konkreten, d.h. problembezogenen Zielsetzungen werden wesentliche Voraussetzungen geschaffen, die einzelnen Teilräume in Bayern auch in Zukunft als ökologisch und ökonomisch funktionsfähige und attraktive Lebensräume zu erhalten und weiter zu entwickeln.

2.2 Zentralörtliche Gliederung und Entwicklungsachsen

Im Spektrum raumstruktureller Instrumente mißt Bayern auch künftig den landesplanerischen Konzepten "zentrale Orte" und "Entwicklungsachsen" große Bedeutung bei. Durch das Landesentwicklungsprogramm und durch die Regionalpläne war in Bayern bereits ein dichtes flächendeckendes Netz zentraler Orte geschaffen worden. Diese sind nachdrücklich entwickelt und zielstrebig ausgebaut worden. Heute gewährleisten sie den Bürgern ihrer Verflechtungsbereiche eine insgesamt gute Ausstattung an zentralörtlichen Einrichtungen in zumutbarer Entfernung und haben einen entscheidenden Beitrag bei der Verwirklichung des Leitziels gleichwertiger Lebens- und Arbeitsbedingungen gerade auch im ländlichen Raum geleistet. Inzwischen erfolgte Entwicklungen in der zentralörtlichen Ausstattung und neue Anforderungen an die zentralen Orte in der Zukunft haben jedoch eine weitreichende Überprüfung und Anpassung des Sytems erforderlich gemacht. Dies gilt analog für die Entwicklungsachsen, dem Verbindungsnetz zentraler Orte.

2.2.1 Einstufungen zentraler Orte

Als Maßstab für die Überprüfung des grundsätzlich beibehaltenen 4-stufigen Systems (Kleinzentren, Unterzentren, Mittelzentren, Oberzentren sowie die Zwischenstufen mögliche Mittelzentren und mögliche Oberzentren) wurden landesweit einheitliche Kriterien festgelegt, wobei die Bestimmung der Kleinzentren wie bisher der Regionalplanung obliegt. Im einzelnen waren Grundlage:

- Einzelhandelsumsätze als Maßstab für die Einkaufszentralität,

- Zahl nichtlandwirtschaftlicher Arbeitsplätze als Maßstab für die Arbeitsplatzzentralität,

- Ausstattung mit zentralitätstypischen Einrichtungen als Maßstab für die Versorgungszentralität.

Für jedes der drei Kriterien wurden ein Schwellen- und ein Mindestwert bestimmt in unterschiedlicher Höhe je nach Zentralitätsstufe. Die einzelnen Städte und Gemeinden wurden dann der Stufe zugeordnet, für die sie entweder zwei Schwellen- oder alle drei Mindestwerte erreichten. Um eine objektive Beurteilung nach landesweit einheitlichen Grundlagen und Daten zu erreichen, mußten z.T. bereits länger zurückliegende Erhebungszeitpunkte (z.B. Volkszählung 1987) in Kauf genommen werden. Allerdings wurde den Gemeinden die Möglichkeit eingeräumt, Sonderentwicklungen anhand eigener neuerer Erhebungen geltend zu machen, die aber an entsprechend extrapolierten Mindest- und Schwellenwerten gemessen wurden.

Für die Beurteilung der Tragfähigkeit der Verflechtungsbereiche wurden Einwohnerrichtwerte zugrundegelegt.

Im Ergebnis wurde das Netz der zentralen Orte insbesondere qualitativ weiterverdichtet. So konnte das landesplanerische Prinzip einer möglichst wohnortnahen Versorgung der Bevölkerung mit überörtlichen Infrastruktureinrichtungen wesentlich verfestigt werden. Statistisch gesehen enthält das neue LEP Bayern 101 Mittelzentren (zuvor 76), 48 mögliche Mittelzentren (zuvor 35), 166 Unterzentren (zuvor 118) und 48 Siedlungsschwerpunkte (zuvor 36). Dies ist Ausdruck eines erreichten deutlich erhöhten Ausstattungsniveaus aber auch Zielsetzung dafür, daß dieser Standard gesichert und ausgebaut wird. Dort, wo eine Verbesserung des Versorgungsniveaus noch erforderlich war, wurden zentrale Orte auch dann festgelegt, wenn die jeweiligen Gemeinden die o.g. Kriterien nicht erfüllten; diese wurden mit dem Zusatz "(E)" gekennzeichnet, d.h. sie sind bevorzugt zu entwickeln, um möglichst schnell das in den anderen zentralen Orten ihrer Stufe schon vorhandene Versorgungsangebot zu erreichen. Des weiteren wurden im Hinblick auf eine verstärkte Kooperation mit den neuen Ländern Sachsen und Thüringen sowie mit der Tschechischen Republik und Österreich und in Erwartung zusätzlicher Entwicklungsimpulse für die nord- und ostbayerischen Grenzräume gemeinsame grenzüberschreitende zentrale Orte festgelegt; diese sind

- die Mittelzentren Neustadt b. Coburg/Sonneberg, Waldsassen/Eger, Furth i.Wald/Taus, Simbach a.Inn/Braunau a.Inn

- sowie die möglichen Mittelzentren Ludwigsstadt/Probstzella.

Was die oberzentralen Orte betrifft, wurden völlig neue Wege gegangen und bewußt von der starren, rein statistischen Grenze von 100.000 Einwohner der einschlägigen MKRO-Entschließung abgerückt. Es wurden stattdessen qualitative Merkmale eingeführt, vor allem zukünftige Aufgaben oberzentralen Gewichts für die Sicherung und Entwicklung des Standortes Bayern.

- Sicherung bayerischer Positionen im Westen gegenüber großen ausufernden Agglomerationen im EG-Maßstab,

- Stärkung bayerischer Zentren als Impulsgeber für neue räumliche Entwicklungen im Verhältnis zu und in den neuen Ländern sowie zur Tschechischen Republik,

- Geltendmachung der Bedeutung Münchens für die Gesamtentwicklung Bayerns im Europäischen Binnenmarkt durch Kooperation mit benachbarten leistungsfähigen großen Zentren im Sinne einer konkurrenzfähigen, vernetzten Standortgemeinschaft,

- Schaffung neuer Brücken im erweiterten europäischen Maßstab nach Italien, Österreich und zum weiteren Donauraum.

Konkret wurden im Bezug auf die neuen, aktualisierten Oberzentren alle bisherigen möglichen Oberzentren zu Oberzentren aufgestuft, so daß nunmehr insgesamt 24 bayerische Städte (dabei im Raum Nürnberg die Städteverbindung Nürnberg/Fürth/Erlangen) dieser höchsten Zentralitätsstufe angehören. Ergänzt wird das Netz der Oberzentren durch acht neue mögliche Oberzentren.

Die weitere selbständige und eigenverantwortliche Entwicklung der übrigen Gemeinden wird durch die zentralörtliche Gliederung nicht berührt. Dies wird durch ein eigenes Kapitel "Gemeinden" im LEP Bayern hervorgehoben und durch die Ziele im einzelnen klargestellt. Alle Gemeinden sollen in ihrer kulturellen, sozialen und wirtschaftlichen Bedeutung weiterentwickelt, gefördert und in ihrer Planungshoheit gestärkt werden. Die Ausstattung aller Gemeinden mit Versorgungseinrichtungen zur Deckung des örtlichen Bedarfs soll gewährleistet werden. In allen Gemeinden ist in der Regel eine organische Siedlungsentwicklung sowohl im Wohnungsbau wie im gewerblichen Bereich möglich. Schließlich können auch Gemeinden ohne zentralörtliche Einstufung überörtliche Versorgungseinrichtungen bereitstellen, wenn deren Auslastung gesichert ist und benachbarte zentrale Orte mit einschlägigen Aufgaben nicht wesentlich beeinträchtigt werden.

2.2.2 Ausweitung des Netzes der überregionalen Entwicklungsachsen

Auch wenn die Entwicklungsachsen als Ordnungs- und Entwicklungsinstrument nicht mehr die Bedeutung wie noch in den 70er Jahren haben, ist unbestritten, daß durch die Verknüpfung der zentralen Orte über Entwicklungsachsen und durch den in deren Verlauf angestrebten weiteren Ausbau der Bandinfrastruktur, wie etwa der Verkehrswege Straße und Schiene, die Standortqualität Bayerns und seiner Teilräume und die Verbindung mit den benachbarten Wirtschafts- und Lebensräumen - insbesondere im Grenzland - noch verbessert wird.

Neben dem aktualisierten und überarbeiteten Zentrale-Orte-System wurde deshalb auch das Netz der überregionalen Entwicklungsachsen überprüft und durch einige neue Achsen - insbesondere im Grenzland - ergänzt. Hervorzuheben ist ferner die Ausweisung einer eigenen überregionalen Entwicklungsachse "Main-Donau-Wasserstraße" aufgrund ihrer europaweiten Bedeutung als Verkehrsachse.

3. Schwerpunkte fachlicher Entwicklungs- und Ordnungsvorgaben des LEP Bayern

Die überfachlichen landesentwicklungspolitischen Zielsetzungen werden konkretisiert durch neue fachliche Entwicklungs- und Ordnungsvorgaben, wie etwa durch die Ziele:

- Verbesserung der Wirtschaftsstruktur zur Bündelung der Wachstumskräfte Bayerns.

- Verbesserung der Wettbewerbssituation der Landwirtschaft durch z.B. effizientere Partnerschaft mit dem Naturschutz und der Landschaftspflege, insbesondere zur Sicherung der bäuerlichen Agrarstruktur als wichtiger Faktor einer weiterhin stabilen Entwicklung des ländlichen Raumes sowie als Garant für die bayerische Kulturlandschaft.

- Sicherung und Verbesserung der bisherigen Standortqualitäten im Bereich Abfallentsorgung durch Verfestigung der aktuellen bayerischen Initiativen und Konzepte zur Abfallvermeidung, -verwertung, -behandlung, -lagerung und zur Schadstoffminimierung.

- Ausbau der Verkehrsinfrastruktur zur verbesserten großräumigen Anbindung Bayerns und seiner Teilräume sowie nachhaltige generelle Stärkung des Verkehrsträgers Schiene zur Entlastung des Straßenverkehrs, insbesondere auch aus Umweltschutzgründen, etwa zur Luftreinhaltung.

- Verstärkter Einsatz erneuerbarer Energien, eigener neuer Zielabschnitt, in dem neben der besonders zukunftsweisenden Solarenergie auch die klassische Wasserkraft sowie die Energie aus nachwachsenden Rohstoffen, insbesondere Holz, festgeschrieben sind.

- Harmonisierung von Wohnen und Gewerbe, insbesondere im Verdichtungsraum München sowie im angrenzenden Flughafenumland, zur Verkehrsvermeidung und zur Schaffung zusätzlichen Wohnraums.

- Vernetzung von Natur- und Lebensräumen, um die Funktionsfähigkeit des Naturhaushalts noch besser gewährleisten zu können.

In allen Bereichen des LEP Bayern hat die Ökologie als "durchgängiges Prinzip" bzw. als "grüner Faden" als Antwort auf das Erfordernis einer nachhaltigen Entwicklung eine stärkere Gewichtung erfahren, zur Sicherung der natürlichen Lebensgrundlagen, aber auch im Hinblick auf die zunehmende Bedeutung eines intakten Lebensumfeldes als ökonomischer Standortfaktor für die weitere Entwicklung Bayerns.

4. Umsetzung des LEP Bayern

Entsprechend der durch das Raumordnungsgesetz bundesrechtlich einheitlich geregelten Bindungswirkung der Ziele des LEP Bayern sind die öffentlichen Planungs- und Maßnahmenträger auf Bundes-, Landes- und kommunaler Ebene gehalten, die für sie verbindlichen neuen Ziele zu beachten; darüber hinaus begründen Ziele, die die Bauleitplanung betreffen, sogar eine Anpassungspflicht.

Die Beachtenspflicht richtet sich zunächst an den Staat selbst, also insbesondere an die Behörden des Bundes und des Freistaates Bayern. In diesem Zusammenhang war bereits bei der Erörterung des LEP Bayern im Anhörverfahren ein wesentlicher Aspekt die Forderung nach konsequenter Umsetzung der neuen Ziele im Verwaltungsvollzug und eine hierauf abstellende staatliche Förderpolitik. Hierfür erging eigens ein Beschluß des Bayerischen Ministerrats, wonach der Bayerische Staatsminister für Landesentwicklung und Umweltfragen beauftragt wurde, im Einvernehmen mit den anderen Ressorts zu prüfen, inwieweit zur Verwirklichung des Landesentwicklungsprogramms Verwaltungsvorschriften, insbesondere Förderrichtlinien, angepaßt oder ergänzt werden sollten.

Nach Vorlage des entsprechenden Berichts 1994 sind vielfältige Umsetzungsaktivitäten in den verschiedenen Fachressorts zu verzeichnen, wie z.B.:

- Anpassung der Richtlinien des Wirtschaftsressorts zur Durchführung der bayerischen regionalen Förderungsprogramme für die gewerbliche Wirtschaft an einschlägige LEP-Ziele.

- Orientierung der Richtlinien des Innenressorts zur Durchführung des bayerischen Wohnbaulandprogramms bzw. der Fördergebietskulisse und -kategorien an den raumstrukturellen Festlegungen des LEP.

- Untersuchungen des Finanzressorts dahingehend, ob und inwieweit im kommunalen Finanzausgleich die im LEP bestimmten "strukturschwachen Räume" als Gebietskulisse beim Umbau des bisherigen Grenzlandansatzes in einen "Strukturansatz" herangezogen werden können.

Es liegt auf der Hand, daß sich das Bayerische Staatsministerium für Landesentwicklung und Umweltfragen als oberste Landesplanungsbehörde in besonderer Weise die Umsetzung des LEP auf die Fahne geschrieben hat; dabei sind insbesondere auch die neuen Wege und Ansatzpunkte hervorzuheben:

- Regionales Management zur Effizienzsteigerung der Raumordnung, indem die konzeptionelle Aufgabe der Regionalplanung - die selbst inhaltlich und organisatorisch gestrafft und neustrukturiert wurde - ergänzt wird durch umsetzungsorientierte Initiierungs-, Koordinations-, Moderations- und Promotertätigkeit - allerdings nicht durch unmittelbare Projektträgerschaft (kein Schritt in die Verwaltungsregion).

- Teilraumgutachten, die für Gebiete mit besonderen Entwicklungs- und Ordnungsproblemen ausgearbeitet werden und die somit wichtige projekt- und umsetzungsorientierte Grundlage für die Fortschreibung der Regionalpläne und für eine nachhaltige Regionalentwicklung sind. Als Prototyp eines Konzepts integrierter ökologisch ausgerichteter zukunftsweisender Regionalentwicklung haben sie sich inzwischen zu einem viel beachteten Instrument der bayerischen Landes- und Regionalplanung entwickelt. Bei der Mehrzahl der mittlerweile 16 Teilraumgutachten ist die grundlegende Fragestellung, wo Ökologie und Umwelt noch Wirtschafts- und Siedlungsentwicklungen zulassen und wo im Interesse einer langfristigen Sicherung der natürlichen Lebensgrundlage weitere Entwicklungen unterbleiben sollen.

- Aufstellung grenzüberschreitender teilräumlicher Entwicklungskonzepte für Gebiete des bayerisch-tschechischen und des bayerisch-thüringischen Grenzraums mit dem Ziel, die jeweiligen Teilräume zu eigenständigen, in die Nachbarräume ausstrahlenden attraktiven Lebens- und Wirtschaftsräumen zu entwickeln. Die Hauptansätze sind die Nachhaltigkeit durch den Vorrang von Ökologie, gesicherte Standortplanung für die Wirtschaft und eine Vielzahl raumbezogener grenzüberschreitender Modellprojekte mit unmittelbarem Wirtschaftsbezug und mit Umweltrelevanz.

- Durchführung von Maßnahmen des Regionalmarketings, wie bereits unter 2.1.1 angesprochen.

Auch organisatorisch wurde der Umsetzungsaspekt besonders gewichtet, indem im Bayerischen Staatsministerium für Landesentwicklung und Umweltfragen ein eigenes Referat für die Umsetzung von Zielen der Raumordnung und Landesplanung eingerichtet wurde.

5. Fazit

Bayern hat mit dem neuen LEP ein umfassendes aktuelles Leitbild der künftigen Entwicklung geschaffen. Dessen konsequente Verwirklichung steht nunmehr im Mittelpunkt. Neben den öffentlichen Planungs- und Maßnahmenträgern auf Bundes-, Landes- und kommunaler Ebene sind dabei aber auch die Wirtschaft, die gesellschaftlichen Gruppierungen bis hin zum einzelnen Bürger aufgerufen. Dieses Zusammenwirken von Staat und Gesellschaft war eine entscheidende Voraussetzung für die großen Fortschritte, die Bayern in den vergangenen Jahrzehnten in der Landesentwicklung erreicht hat; und dies ist gerade auch im Hinblick auf die künftigen neuen Herausforderungen zu betonen.

Landes-Raumordnungsprogramm Niedersachsen 1994 (LROP)

Neue Ziele und Instrumente

von

Eckhard Pollak, Hannover

1. Vorbemerkung

Um Struktur und Inhalt des niedersächsischen LROP im Vergleich zu den Raumordnungsprogrammen und -plänen der anderen Flächenländer richtig einschätzen zu können, bedarf es folgenden Hinweises auf eine in Deutschland einmalige Konstellation:

Mit Wirkung vom 1.Januar 1978 wurde in Niedersachsen die Aufgabe der Regionalplanung den Landkreisen und kreisfreien Städten als Angelegenheit des **eigenen Wirkungskreises** übertragen, ausgenommen die Großraumverbände Hannover und Braunschweig, die bereits Träger der Regionalplanung waren. Die Pflicht zur Aufstellung eines Regionalen Raumordnungsprogramms (RROP) wurde jedoch nur für die Landkreise eingeführt; für die kreisfreien Städte „ersetzt" der Flächennutzungsplan das RROP.

Zu dem Zeitpunkt lagen flächendeckend für ganz Niedersachsen Regionale Raumordnungsprogramme vor, für die damals noch existierenden acht Regierungs- bzw. Verwaltungsbezirke und die beiden Großraumverbände. Dieser Zustand wurde nach dem 1.Januar 1978 nicht wieder erreicht. Acht Landkreise verfügen noch immer nicht über ein geltendes RROP.

Der Gedanke, der dieser Zuständigkeitsverlagerung aufgrund des bereits Ende 1973 geänderten Niedersächsischen Gesetzes über Raumordnung und Landesplanung (NROG) zugrundelag, war, daß Planung auch wesentliche politische Entscheidungen bedingt. Deswegen sollten für die Ebene des LROP das Landesparlament und für die Ebene der RROP die **regionalen** Vertretungskörperschaften in planerische Entscheidungen über die räumliche Entwicklung einbezogen werden. Zudem bedeutete dieser Schritt die Integration der Regionalplanung in eine vollzugsorientierte Verwaltung, die in weiten Teilen umweltorientiert, zugleich aber auch für die wirtschaftliche Entwicklung ihres Zuständigkeitsbereichs verantwortlich ist.

Die Befürchtung, daß der enorme Vertrauensvorschuß des Landes gegenüber der kommunalen Ebene enttäuscht werden und die Chance einer modernen, integrativen Regionalentwicklung nicht genutzt werden könnte, war es wohl in erster Linie, die dem 1978 in Neuaufstellung befindlichen LROP inhaltlich und hinsichtlich der Bindungswirkung gegenüber den Trägern der Regionalplanung völlig neue Konturen verlieh.

Das 1982 in Kraft getretene LROP unterschied sich von früheren Programmen des Landes insbesondere dadurch, daß es neben einem Gesetzesteil mit Grundsätzen und allgemeinen Zielen zur räumlichen Entwicklung des Landes in der zeichnerischen Darstellung des zweiten Teils mit Verordnungscharakter die für die Entwicklung des Landes besonders wichtigen Gebiete und Standorte als **Vorranggebiete bzw. -standorte** oder Gebiete mit besonderer Bedeutung (heute: Vorsorgeggebiete) enthielt, die als Ergebnis eines Abwägungsprozesses räumlich-konkrete und verbindliche Vorgaben für die Träger der Regionalplanung darstellten. Diese hatten die Aufgabe, die neuen Kategorien der Gebiets- und Standortsicherung in den RROP zu konkretisieren, d.h. räumlich näher festzulegen (und durch regionale Ziele zu ergänzen). Solange dies nicht geschehen war, galt das LROP für alle öffentlichen Planungsträger direkt.

2. Anlaß der Neuaufstellung des LROP

Das Erfordernis, die Ziele und Instrumente der Raumordnung und Landesplanung, wie sie im LROP '82 festgelegt waren, zu überdenken, ergaben sich in erster Linie aus neuen Herausforderungen durch die in den 90er Jahren erheblich veränderten politischen, gesellschaftlichen, wirtschaftlichen und ökologischen Rahmenbedingungen. Den eigentlichen Anstoß gab jedoch die 1990 neu gebildete rot-grüne Landeregierung, die nach 14 Jahren christdemokratisch bestimmter Landespolitik einen spürbaren politischen Umschwung einleitete. In ihrer Koalitionsvereinbarung schrieben die beiden Koalitionspartner u.a. eine ökologische Umgewichtung des LROP fest, verbunden mit allgemeinen aber auch sehr konkreten fachlichen Änderungszielen. Außerdem nahmen sie sich vor, die Neuaufstellung des LROP in der laufenden Legislaturperiode zum Abschluß zu bringen.

3. Zielsetzung für die Neuaufstellung des LROP

Das Verfahren zur Neuaufstellung des LROP wurde im Mai 1991 eingeleitet. Zielsetzung war, die Voraussetzungen für die **nachhaltige** Sicherung der natürlichen Lebensgrundlagen und für einen umwelt- und sozialverträglichen wirtschaftlichen und technologischen Strukturwandel zu schaffen sowie gesellschaftspolitische Aspekte stärker in die Planungsziele zu integrieren. Wegen der für die Neuaufstellung knapp bemessenen Zeit von tatsächlich nur zwei Jahren, aber auch mit Rücksicht auf die Träger der Regionalplanung sollte das bewährte landesplanerische Instrumentarium beibehalten werden. Dies betraf in erster Linie die raumstrukturellen Ordnungskategorien (Ordnungsräume, Ländliche Räume), das Zentrale Orte-Konzept und das Konzept der Vorrangfestlegungen.

Die ökologischen und regionalen Potentiale sollten Ansatzpunkte sein für eine Stärkung des Vorsorge- und Entwicklungsprinzips der Raumordnung in Niedersachsen. Teilräumliche Besonderheiten, regionsspezifische Potentiale und die Entwicklung regionsangepaßter Lösungen sollten im LROP verstärkt Berücksichtigung finden; unter anderem dadurch, daß

- der Regelungsgehalt auf die aus Landessicht bedeutsamen Festlegungen beschränkt wurde,
- sachliche Zusammenhänge in ihrer spezifischen teilräumlichen Ausprägung herausgearbeitet wurden,
- der Planungsauftrag der Regionalplanung dahingehend gestärkt wurde, daß aus Landessicht unterschiedliche teilräumliche Zusammenhänge über regionale Planungsgrenzen hinaus besser berücksichtigt und abgestimmt werden können. Dies gilt insbesondere für naturräumliche Zusammenhänge und für räumliche Bezüge der funktionalen Arbeitsteilung und interkommunalen Zusammenarbeit.

4. Grundstruktur des LROP

Das NROG ist ein Organisations- und Verfahrensgesetz. Es enthält keine räumlichen und sachlichen Grundsätze und Ziele. Diese sind ausschließlich im LROP zu finden. Die seit 1982 bewährte Grundstruktur des LROP mit seiner Differenzierung zwischen Grundsatzteil (Teil I), der vom Landtag als Gesetz beschlossen wird, und dem Zielteil (Teil II), der Rechtsverordnung ist, wurde beibehalten.

In Teil I des Programms sind die Grundsätze der Raumordnung festgelegt. Es handelt sich nicht um eine Wiederholung derjenigen aus dem ROG, sondern um landesspezifisch sachbezogene Grundsätze. Sie sind nicht abschließend abgewogen und gelten daher gleichrangig nebeneinander. Sie bilden zusammen das umwelt- und gesellschaftspolitische räumliche Planungsleitbild für die Entwicklung Niedersachsens. Ferner enthält Teil I „Ziele der Raumordnung zur allgemeinen Entwicklung des Landes". Dabei handelt es sich nicht um räumlich- bzw. fachlich-konkrete Ziele, sondern - dem Charakter des Teiles I entsprechend - um übergeordnete Aussagen zu Zielen und Instrumenten, die für das gesamte Landesgebiet von Bedeutung sind und in Teil II Anwendung finden.

In Teil II werden für einzelne räumliche und fachliche Teilbereiche die aus den Grundsätzen zu entwickelnden Ziele textlich und zeichnerisch konkretisiert.

5. Neue Ziele und Instrumente im LROP (Auswahl)

Die programmatische Umgewichtung des LROP hin zu einer umwelt- und sozialverträglichen räumlichen Planung lehnt sich inhaltlich und systematisch an die Prüfung der Umweltverträglichkeit nach dem UVPG an.

Dieses Umweltverständnis und die damit verbundene integrierende Betrachtungsweise der ökologischen und sozialen Auswirkungen menschlichen Handelns kommen in der neuen inhaltlichen Konzeption des LROP zum Ausdruck. Neben einem Textblock mit
- Zielen und Instrumenten zur Entwicklung der räumlichen Struktur des Landes

wird klar unterschieden zwischen
- Zielen und Instrumenten zum **Schutz natürlicher Ressourcen** und
- Zielen und Instrumenten zur **Nutzung und Entwicklung natürlicher und raumstruktureller Standortvoraussetzungen.**

5.1 Umweltbezogener koordinierender Planungsansatz

Die Ziele der Landesplanung und ihre instrumentelle Ausformung in früheren Programmen war vor allem darauf gerichtet, den Raumbedarf einer stetig wachsenden Bevölkerung und einer wachsenden Wirtschaft geordnet zu befriedigen und entwicklungspolitisch zu lenken. Kontinuierliche materielle Wohlstandssteigerungen und damit verbundene wachsende Flächenansprüche waren dabei zu berücksichtigen.

Das LROP '94 hat sich davon gelöst und dem umweltbezogenen koordinierenden Planungsansatz zugewandt:
- Es sichert Umweltpotentiale, die ökologisch besonders wertvoll, gegenüber Beeinträchtigungen besonders sensibel und die für die künftigen Generationen existenzielle Lebensgrundlagen sind (Vorrangfestlegungen).
- Es knüpft Art und Intensität der Nutzung natürlicher und gesellschaftlicher Potentiale an den Maßstab der Umwelt- und Sozialverträglichkeit.
- Es verfolgt eine räumliche Strukturentwicklung, die möglichst ressourcensparend und wenig umweltbelastend ist und die sicherstellt, daß in allen Teilräumen gesunde Lebens-, Wohn- und Arbeitsbedingungen erreicht werden.

5.2 Nachhaltige Sicherung der natürlichen Lebensgrundlagen

Das LROP enthält zahlreiche Grundsätze bzw. Ziele zum Schutz, zur Pflege und Entwicklung der natürlichen Lebensgrundlagen, der Kulturlandschaften und kultureller Sachgüter. Für die Lösung von Nutzungskonflikten gilt, daß „den Erfordernissen des Umweltschutzes ... Vorrang eingeräumt werden soll, wenn die Gesundheit der Bevölkerung oder die natürlichen

Lebensgrundlagen gefährdet sind." Damit sollen Entwicklungen nicht etwa verhindert werden, sondern Planungen und Maßnahmen, die sich im genannten Sinne gefährdend auswirken, so modifiziert werden, daß sie den Erfordernissen des Umweltschutzes gerecht werden.

5.3 Ziele und Instrumente zur Entwicklung der räumlichen Struktur

Für die räumliche Struktur des Landes gilt nach wie vor das **Konzept der zentralörtlichen Bündelung** von Funktionen, Versorgungsleistungen, Arbeitsplätzen und Wohnstätten in zentralen Standorten des hierarchischen Systems von Ober-, Mittel- und Grundzentren. In den RROP werden die zentralen Orte als **Standorte innerhalb der Gemeinden mit zentralörtlicher Funktion** festgelegt. Die räumlich-konkrete Abgrenzung bleibt Aufgabe der Gemeinden im Rahmen der Bauleitplanung.

Das Instrument der **Städtenetze** wurde noch nicht im LROP verankert, weil sich die Diskussion über diese Netzwerke seinerzeit noch im Anfangsstadium befand und die theoretische Fundierung noch schmal war. Sie wurden und werden aber immer nur als Ergänzung zum Zentrale Orte-System verstanden, das zu keiner Zeit in Frage gestellt wurde (Anm.: In Niedersachsen sind die Städtenetze „Städtequartett Damme-Diepholz-Lohne-Vechta" und „EXPO 2000" Modellvorhaben des ExWoSt-Forschungsfeldes Städtenetze).

Vor der Ausweisung neuer gewerblicher Bauflächen sollen **verfügbare Altgewerbe- und Altindustriegebiete** vorrangig in Anspruch genommen werden.

Neue raumordnerische Instrumente zur **Siedlungsentwicklung in Ordnungsräumen** sind vor allem

- **Vorranggebiete für Siedlungsentwicklung,** soweit sich diese auf innerhalb von Ordnungsräumen gelegene zentralörtliche und/oder schienenerschlossene Siedlungsbereiche (oder auf Mittelzentren der Ländlichen Räume) beziehen.
- **Vorranggebiete für Freiraumfunktionen** in und zwischen dicht besiedelten und stark beanspruchten Gebieten in Ordnungsräumen (Erhaltung ihrer ökologischen und sozialen Funktionsfähigkeit im Hinblick auf das Klima, für Natur und Landschaft, für Erholung sowie für die Siedlungsstrukturgliederung).

Zur Verbesserung der Voraussetzungen für eine ausgewogene Entwicklung im ganzen Land wird eine **Intensivierung der regionalen Kooperation und kreisgrenzenübergreifenden Zusammenarbeit** angestrebt sowie eine Verknüpfung der Ziele zur räumlichen Strukturentwicklung mit den Handlungsmöglichkeiten der Strukturpolitik verfolgt. Darauf basierend bestehen mittlerweile in Niedersachsen fast in allen Landesteilen regionale Kooperationen unterschiedlicher Art, deren Bildung von der Landesregierung mit dem Anstoß und der Begleitung von Regionalkonferenzen gefördert wurde. Neben der raumordnerischen Regionalplanung mit ihren etablierten Strukturen und festen räumlichen Bezügen mit abstrakter Konzeptsteuerung arbeiten die neuen regionalen Gebilde räumlich und organisatorisch in flexibleren Formen. In **Regionalen Entwicklungskonzepten** (REK) werden nunmehr regional- und strukturpolitisch besonders bedeutsame Handlungsfelder und Entwicklungsschwerpunkte erarbeitet und zu schlüssigen Entwicklungsstrategien für die Regionen verschmolzen.

5.4 Ziele und Instrumente zum Schutz natürlicher Ressourcen

Generelles Ziel ist, die Funktionsfähigkeit und Leistungsfähigkeit der natürlichen Ressourcen zu erhalten. Das bedeutet, mit ihnen schonend umzugehen, sie nachhaltig zu nutzen sowie Eingriffe und Gefährdungen zu minimieren.

Naturgüter und Funktionen, deren Vorkommen, Qualität, Gefährdung und ökologische Wirksamkeit von landesweiter Bedeutung sind, werden durch **Vorrangfestlegungen** vor konkurrierenden Nutzungsansprüchen und Veränderungen geschützt bzw. sind unter Vorsorgeaspekten bei der künftigen Entwicklung besonders zu berücksichtigen. Im LROP sind Vorranggebiete zeichnerisch festgelegt für
- Natur und Landschaft
- Grünlandbewirtschaftung, -pflege und -entwicklung
- Trinkwassergewinnung
- Rohstoffgewinnung.

Neu eingeführt wurden teilräumliche **Zielaussagen für Naturräume.** Damit erfuhr erstmals der teilräumliche Ökosystemschutz eine Verankerung im LROP. Die diesbezüglichen Vorrang- und Vorsorgefestlegungen im LROP bzw. in den RROP zusammen bilden künftig das Ökoverbundsystem für Niedersachsen.

Neu aufgenommen wurden in das Programm textliche Zielaussagen zum **Bodenschutz** und zum **Schutz des Klimas und der Erdatmosphäre.**

Nur in einem Falle begibt sich das LROP in die Maßstabsebene der Regionalplanung. Um die Entwicklungsfähigkeit des für die Landesentwicklung sehr bedeutenden Verkehrsflughafens Hannover durch die Verhinderung des Heranwachsens von Wohnsiedlungen zu erhalten, zugleich aber die Menschen in den umliegenden Wohngebieten vor **Fluglärm** zu schützen, ist ein **Siedlungsbeschränkungsbereich** im Maßstab 1:50.000 festgelegt worden. Er wurde so berechnet wie derjenige für den Flughafen München II, eine Vorgehensweise, die inzwischen vom Länderausschuß für Immissionsschutz in der „Leitlinie zur Beurteilung von Fluglärm" ausdrücklich befürwortet wird.

5.5 Ziele und Instrumente zur Nutzung und Entwicklung natürlicher und raumstruktureller Standortvoraussetzungen

Im Vordergrund stehen **Ziele zur umwelt- und sozialverträglichen Umstrukturierung und Weiterentwicklung der Wirtschaft,** der **Ressourcenbewirtschaftung** und zur **Koordination unterschiedlicher Nutzungsansprüche,** insbesondere solcher, die eine Abwägung ökonomischer und ökologischer Belange erforderlich machen.

Für die gewerbliche Wirtschaft und den Fremdenverkehr gilt es nach dem LROP, die **regions- und standortspezifischen Vorteile** zu sichern und zu nutzen. Instrumente dafür sind die Festlegungen zu Vorranggebieten und Vorrangstandorten, z.B. **Vorranggebiete für hafenorientierte industrielle Anlagen** im LROP bzw. **Vorranggebiete für industrielle Anlagen** sowie die Festsetzung von Standorten mit der **Entwicklungsaufgabe „Fremdenverkehr"** und **„Erholung"** in den RROP.

Im Energiebereich wurden die bestehenden **Vorrangstandorte für Großkraftwerke** überprüft und entsprechend der geänderten energiepolitischen Zielrichtung der Landesregierung (Abkehr von der Kernenergie) neu bestimmt. Um die Nutzung der Windenergie zu fördern, wurde die Ausweisung von **Vorrangstandorten für Windenergienutzung** in den RROP in dafür besonders geeigneten Gebieten bestimmt. Dem Ziel der Landesregierung entsprechend, bis zur Jahrtausendwende 1000 MW Windenergieleistung zu installieren, enthält das LROP Leistungsvorgaben für die in Frage kommenden Landkreise.

Im Verkehrsbereich konzentrieren sich die Festlegungen im LROP auf das zentrenverbindende Grundnetz der Hauptverkehrswege (Schiene, Straße, Wasserstraße). Die textlichen Ziele richten sich - im Einklang mit dem Verkehrswegeprogramm Niedersachsen - auf **Verkehrsminderung,** auf bessere **Verknüpfung der verschiedenen Verkehrsträger** und auf eine **Förderung umweltfreundlicher Verkehre.** Gegenwärtig wird das LROP ergänzt um die Festlegung von **Vorrangstandorten für Güterverkehrszentren.**

Für die **Rohstoffgewinnung** wurde ein sehr weitgehender raumordnerischer Abgleich der ökonomischen und ökologischen Interessen vorgenommen. Dies gilt insbesondere für die Torfwirtschaft. Im übrigen wurden großflächige Rohstoffgewinnungsgebiete von überregionaler volkswirtschaftlicher Bedeutung als **Vorranggebiete für Rohstoffgewinnung** räumlich festgelegt, kleinflächige wurden textlich bestimmt. Es gilt der Grundsatz der sparsamen Nutzung, der ökologischen und gestalterischen Wiedereingliederung in die Landschaft, die vorrangige Nutzung möglicher Substitute sowie die Nutzung von Möglichkeiten des Einsatzes nachwachsender Rohstoffe.

Wie schon bei Aufstellung des LROP '82 forderte die Landwirtschaft auch bei der letzten Neuaufstellung die Festlegung von Vorranggebieten für Landwirtschaft. Diese hätten aber ungefähr 65% der Landesfläche eingenommen. Abgesehen von den allein daraus resultierenden Problemen gehört die Landwirtschaft nicht zu denjenigen Nutzungen, die absolut **ortsgebunden** sind wie Lagerstätten, Trinkwasservorkommen oder schutzwürdige Naturpotentiale. Und nur wenn diese Voraussetzung erfüllt war, erschien die Festlegung eines Vorranges gerechtfertigt. Anknüpfend an den entsprechenden Grundsatz des ROG hat der Erhalt der natürlichen Ertragsqualität der Böden und der Schutz der besonders „fruchtbaren Böden" für die Landwirtschaft besondere Bedeutung. Böden mit hoher natürlicher Ertragsqualität sind daher in den RROP als **Vorsorgegebiete für Landwirtschaft** festzulegen. Eine weitere Vorsorgekategorie sieht das LROP für die **ökologischen und ökonomischen Funktionen der Landwirtschaft**, ihre **Funktionen für die Erhaltung des Ländlichen Raumes** und für den **Erhalt der Kulturlandschaft** (z.B. Grünlanderhaltung) zur Festlegung in den RROP vor. Auch die **Forstwirtschaft** wird über die Festlegung von Vorsorgegebieten auf der Regionalebene abgesichert. Für sie gelten die Ziele der nachhaltigen Bewirtschaftung und flächigen Bestandssicherung. Die **Nutz-, Schutz- und Erholungsfunktion des Waldes** ist damit in Einklang zu bringen.

6. Räumlich-konkrete Festlegung von Zielen

6.1 Vorranggebiete und Vorrangstandorte

In der zeichnerischen Darstellung des LROP sind - was in anderen Ländern üblicherweise der Regionalebene vorbehalten ist - die landesweit bedeutsamen Vorranggebiete und Vorrangstandorte festgelegt. Für sie hat - wie anfangs bereits erwähnt - eine intensive inhaltliche und flächenmäßige Abwägung mit entgegenstehenden Nutzungsansprüchen bei der Aufstellung des LROP stattgefunden. Sie sind je nach dem Grad ihrer Aussageschärfe - etwa wegen der generalisierten Darstellung im Maßstab 1:500.000 - konkretisierungsfähig, können jedoch nicht im Wege der Abwägung mit regionalen Belangen bei der Aufstellung der RROP in Frage gestellt werden.

6.2 Vorsorgegebiete

Im Gegensatz zum LROP '82 sind die mit den damaligen „Gebieten mit besonderer Bedeutung" gleichzusetzenden Vorsorgegebiete nicht in der zeichnerischen Darstellung des LROP festgelegt. Dies erfolgt jetzt ausschließlich in den RROP, weil - wie die Erfahrung mit dem

LROP '82 gezeigt hat - eine sachgerechte Abwägung auf der Landesebene unverhältnismäßig aufwendig wäre.

Die in sieben Beikarten des LROP dargestellten Gebiete, die aus Landessicht für eine Festlegung von Vorsorgegebieten in den RROP in Betracht kommen, bringen jeweils die fachliche Vorstellung des Landes zu Lage, Inhalt und Umfang zum Ausdruck. Sie betreffen die Fachbelange

- Natur und Landschaft
- Grünlandbewirtschaftung, -pflege und -entwicklung
- Trinkwassergewinnung
- Rohstoffgewinnung
- Erholung
- Landwirtschaft
- Forstwirtschaft.

Die Träger der Regionalplanung sind verpflichtet zur vollständigen Einbringung der Beikarteninhalte in die Abwägung untereinander sowie mit regionalen Vorrang- und Vorsorgeansprüchen. Im RROP festgelegte Vorsorgegebiete haben den Charakter von Abwägungsdirektiven. Das LROP bestimmt dazu: „Bei der Abwägung konkurrierender Nutzungsansprüche ist der festgelegten besonderen Zweckbestimmung ein hoher Stellenwert beizumessen; im Einzelfall ist jedoch eine abweichende Entscheidung möglich."

Anschrift des Verfassers: Ministerialrat Eckhard Pollak, Niedersächsisches Innenministerium, Lavesallee 6, 30169 Hannover

Programme und Pläne anderer Länder:

Das Landesentwicklungsprogramm Rheinland-Pfalz (LEP III)

- Neue Grundlagen für Landes- und Regionalplanung

von

Diethard Osmenda, Mainz

I.

Das Landesentwicklungsprogramm Rheinland-Pfalz wurde nach 1968 und 1980 neu aufgestellt. Eine grundlegende Neukonzeption erschien angesichts der Herausforderungen der nächsten 10 bis 15 Jahre dringend geboten:

- Die Vereinigung Deutschlands und der Europäische Binnenmarkt verändern die räumlichen und qualitativen Konkurrenzen in Deutschland und Europa; für die Stärkung des Wirtschaftsstandortes Rheinland-Pfalz werden hiermit „die Karten neu gemischt".
- Der Naturhaushalt ist bereits an vielen Stellen irreversibel gestört; die Flächen für weitere Entwicklungs- und Strukturmaßnahmen sind daher zum Teil begrenzt.
- Die Konversion und ihre räumlichen und arbeitsmarktpolitischen Folgen sind in den betroffenen Teilräumen sowohl Herausforderung als auch Chance für den regionalen Strukturwandel.
- Soziale Veränderungen in der Gesellschaft wie die Altersentwicklung und die Wanderungsbewegungen erfordern eine Überprüfung und Anpassung des erreichten Standes sozialer und technischer Infrastruktureinrichtungen.

Um durch die erwartete weitere Zunahme der Nutzungsdichte des Raumes durch Verkehr, Siedlungsfläche oder Freizeitanlagen die Leistungsfähigkeit der natürlichen Ressourcen nicht zu überfordern, strebt das Landesentwicklungsprogramm Rheinland-Pfalz eine nachhaltige Gesamtentwicklung des Landes an, d.h. eine dauerhafte Sicherung der natürlichen Lebensgrundlagen und der ökonomischen Leistungsfähigkeit.

II.

Das Landesentwicklungsprogramm baut daher auf dem Leitbild einer dezentralen und funktionsteiligen Gliederung der Siedlungsstruktur und der Raumnutzung auf, das gleichzeitig die Grundlage bildet für flexible raum- und sachbezogene interkommunale und regionale Kooperationen.

Diese angestrebten überörtlichen Kooperationen sollen das Land und seine Teilräume stärken, um die Interessen von Rheinland-Pfalz im Rahmen der fortschreitenden europäischen Integration wirksam zu vertreten und positive Standortbedingungen zu nutzen und auszubauen.

Die Probleme und Entwicklungserfordernisse sind in den Teilräumen des Landes unterschiedlich. Um dem raumordnerisch künftig besser Rechnung tragen zu können, wurden im Rahmen der Raumstrukturgliederung fünf siedlungsstrukturelle Raumtypen als Grundlage für die räumliche Differenzierung von Zielen unterschieden.

Erstmalig wurden in Rheinland-Pfalz unterschiedliche ländliche Teilräume identifiziert und abgegrenzt. Die Ziele zu den ländlichen Räumen gehen von eigenständigen Lebensräumen aus; die stereotypen Vorstellungen des "ländlichen Raumes" als Rest- oder Ergänzungsraum zu stärker verdichteten Gebieten ist künftig für Rheinland-Pfalz ausgeräumt. Die Abgrenzung dieser unterschiedlich strukturierten ländlichen Räume ermöglicht es, differenzierte Lebensbedingungen und damit verbundene räumliche Entwicklungspotentiale planerisch zu berücksichtigen. In den dünn besiedelten ländlichen Räumen, insbesondere in den dünn besiedelten ländlichen Räumen in ungünstiger Lage, müssen die regionalen Eigenkräfte durch gezielte Entwicklungsmaßnahmen sowie durch verstärkte Kooperation der Akteure in die Lage versetzt werden, den Auftrag zur Versorgung der Bevölkerung mit Einrichtungen und Dienstleistungen zu erfüllen. Damit soll einer passiven Sanierung der dünn besiedelten ländlichen Räume vorgebeugt werden.

Die verdichteten Gebiete entlang des Rheines sowie die Verdichtungskerne in den ländlichen Teilräumen sind weiterhin zu stabilisieren und so zu entwickeln, daß sie als wirtschaftliche Leistungszentren überregionale Bedeutung erhalten und im nationalen und internationalen Wettbewerb mit anderen Wirtschaftsräumen eine konkurrenzfähige Position erreichen.

Diese qualitative Grundorientierung der Raumstruktur ermöglicht es, die regional unterschiedliche Ausgangslage zu nutzen und mit differenzierten Instrumenten
- übermäßigen Konzentrationstendenzen zu begegnen,
- lebendige Siedlungsstrukturen zu stabilisieren und
- überschaubare Lebensräume durch eine raumbezogene und zugleich ganzheitliche Problemsicht zu erhalten und zu bewahren.

Aus diesem Grund wird auch das System der zentralen Orte als bewährtes Strukturelement der Entwicklung und Versorgung erhalten und fortentwickelt. Sie leisten als Schwerpunkte der Versorgung mit öffentlicher Infrastruktur wie Krankenhäusern, Schulen, Verknüpfungspunkten im ÖPNV, einen unverzichtbaren Beitrag zum Abbau regionaler Ungleichgewichte, insbesondere in den ländlichen Räumen. In diesem Zusammenhang wird besonderer Wert gelegt auf den Abbau von Raumnutzungskonflikten zwischen zentralen Orten und Gemeinden ihres Umlandes. Das Landesentwicklungsprogramm führt das Instrument des „Funktionsraums" neu ein als Hinweis auf Bereiche, in denen Gemeinden zur intensiven Zusammenarbeit verpflichtet sind. Dieses neue Instrument hat durchaus experimentellen Charakter und dient dem Interessenausgleich. Es kann nur dann Erfolg haben, wenn es von den regionalen Planungsgemeinschaften und den in Frage kommenden kommunalen Gebietskörperschaften kooperativ im Interesse der Nutzung gemeinsamer Entwicklungschancen aufgegriffen wird. Die Regionalplanung hat ergänzend die Aufgabe, Grundzentren zur Versorgung mit wohnortnahen öffentlichen und privaten Dienstleistungen auszuweisen.

Die Verbindung der zentralen Orte untereinander wird über ein funktionales Verkehrsnetz gewährleistet, das nach Schienen- und Straßenverbindungen differenziert ist. Das LEP III weist erstmals keine Achsen aus; die Verkehrsinfrastruktur in den Achsen des LEP'80 ist im wesentlichen vollständig. Das Landesentwicklungsprogramm weist nur die Netzkategorien „großräumig" und „überregional" aus: die Regionalplanung hat die Aufgabe, dieses Netz zu verdichten. Darüber hinaus setzt das Landesentwicklungsprogramm verstärkt auf ÖPNV und Verkehrsverlagerung. So muß der ÖPNV in den größeren Städten und ihrem Umland Vorrang vor dem Individualverkehr erhalten; in den ländlichen Räumen ist eine Mindestbedienung, ergänzt um alternative Bedienungsformen, sicherzustellen. In den hochverdichteten Räumen soll sich die Siedlungsstruktur an dem System des ÖPNV orientieren.

Die Landesregierung legt besonderes Gewicht auf eine umfassende Standortvorsorge für Industrie- und Gewerbeflächen. Ein landesweit attraktives Angebot von geeigneten Gewerbe- und Industrieflächen ist unverzichtbar, wenn es zur Schaffung neuer Arbeitsplätze kommen soll. Vorhandene Erschließung und wirtschaftsnahe Infrastruktur sowie weitere Fühlungsvorteile begründen den Vorrang, bestehende Gewerbestandorte weiterzuentwickeln oder wieder zu nutzen. Auch die Umsetzung planerischer Flächenreserven und eine gewerbliche Nutzung geeigneter Konversionsflächen genießen Vorrang vor dem Entwickeln neuer Standorte. Die Darstellung "landesweit bedeutsamer bestehender und zu entwickelnder Gewerbestandorte" kennzeichnet auf Landesebene ein nach wirtschaftlichen und räumlichen Gesichtspunkten ausgewogenes Netz geeigneter Gemeinden. Dieses Netz ist in den regionalen Raumordnungsplänen unter den jeweiligen regionalen Belangen weiter zu verdichten. Darüber hinaus werden weitere besondere Entwicklungsimpulse in einzelnen Teilräumen des Landes erwartet. Im Rahmen der Regionalplanung sollen diese Entwicklungsimpulse in die räumliche Planung, insbesondere in Form von "Vorrangflächen" für Wohnen und Gewerbe, umgesetzt werden. Diese Entwicklungsimpulse setzen insbesondere auf die Erreichbarkeit als Schlüsselgröße der Wirtschaftsentwicklung.

III.

Dem Schutz der Umwelt und der natürlichen Lebensgrundlagen wird erstmals in Rheinland-Pfalz und in der Bundesrepublik über ein flächendeckendes „Leitbild für den Ressourcenschutz" Rechnung getragen, das nach den Medien Boden, Grundwasser, Klima/Luft, Pflanzen und Tierwelt sowie landschaftsgebundene Erholung differenziert ist. Dieser ökologische Beitrag zum Landesentwicklungsprogramm zielt vor allem auf den langfristigen Schutz der an Freiflächen gebundenen Regulations- und Regenerationsleistungen des Naturhaushaltes ab. Das bedeutet sowohl die quantitative Erhaltung von Freiflächen wie auch die qualitative bzw. funktionale Verbesserung und Wiederherstellung ihrer Leistungsfähigkeit, also Sanierung einschließlich Entwicklung.

Flächendeckend für Rheinland-Pfalz wurden auf der Grundlage von Naturräumen das ökologische Konfliktpotential bzw. die Empfindlichkeit der natürlichen Ressourcen ermittelt. Diese Vorgehensweise ermöglicht eine differenzierte, sowohl die Leistungsfähigkeit des Naturraumes als auch die siedlungsstrukturellen Gegebenheiten beinhaltende Bewertung, die die räumlichen Unterschiede der Bedeutung des Freiraumes und die Möglichkeiten seiner Sicherung aufzeigen. Damit ist die Voraussetzung geschaffen, Räume zu identifizieren, in denen die Qualitätsziele Sicherung, Sanierung und Entwicklung von Naturraumpotentialen und Freiraumfunktionen mit Mitteln der räumlichen Planung sichergestellt werden können. Darauf aufbauend wurde ein zweistufiges Konzept entwickelt, das gleichermaßen den Charakter eines Informationssystems wie die Funktion eines raumplanerischen Instruments besitzt: das Leitbild für den Ressourcenschutz.

Zunächst informiert dieses Leitbild über den aktuellen Zustand der natürlichen Ressourcen und ihre Bewertung und vermittelt in dieser Form einen Wissensstand, der landesweit einen tragfähigen Konsens über die Steuerung knapper Ressourcen sicherstellen soll. In generalisierter Form werden räumlich differenzierte Aussagen über Sicherung, Sanierungs- und Entwicklungsbedarf im Rahmen der „ökologischen Raumgliederung" dargestellt. Sie basiert auf einer Zusammenfassung der einzelnen Ressourcenbewertungen und entspricht somit landespflegerischen Leitzielen für die siedlungsstrukturelle Raumgliederung, die das Land in verdichtete und ländliche Räume differenziert. Die generalisierte Typisierung von Räumen unterschiedlicher ökologischer Qualität verdeutlicht beispielsweise, daß ländliche Räume keine Ausgleichs- bzw. Komplementärräume sind, sondern über eigenständige ökologische Profile verfügen.

Räumlich konkret und nach Medien differenziert, formuliert das Leitbild allgemeine Leitvorstellungen bzw. Handlungsempfehlungen zur Sicherung, Sanierung und Entwicklung der Umweltqualität. Darüber hinaus definiert das Landesentwicklungsprogramm Instrumente, die zur Sicherung überörtlich bedeutsamer Freiräume im Rahmen der Regionalplanung anzuwenden sind. So stehen bei monofunktionalen Instrumenten die Sicherung einer Funktion im Vordergrund. Multifunktionale Instrumente schützen zusammenfassend mehrere Freiraumfunktionen.

Es ist Aufgabe der landespflegerischen Fachplanung, auf der Grundlage des Leitbildes für Ressourcenschutz, konkrete Zielvorstellungen zu formulieren, die sich inhaltlich mit den Instrumenten der Regionalplanung umsetzen lassen. Zentrales Instrument ist der „Vorrangbereich für den Ressourcenschutz". Der Vorrangbereich kennzeichnet Gebiete, die sowohl zur Erhaltung als auch zur Sanierung und Entwicklung regional bedeutsamer Ressourcen von besonderer Bedeutung sind. Die Ausweisung eines Vorrangbereichs kennzeichnet die abschließende Abwägung mit konkurrierenden Belangen.

Diese auf die einzelnen Funktionen des Naturhaushaltes ausgerichteten Instrumente des regionalen Raumordnungsplanes werden ergänzt durch regionale Grünzüge als multifunktionale Instrumente. Diese bezwecken in erster Linie die Freihaltung der Landschaft von Besiedlung und dienen damit mehreren Freiraumfunktionen außerhalb von Siedlungs- und Verkehrsflächen.

IV.

Das Landesentwicklungsprogramm hat somit die Funktion einer Gesamtkonzeption zur räumlichen Weiterentwicklung des Landes als ganzem und seiner Teilräume. Es bildet als Orientierungsrahmen mit Ordnungsfunktion die Grundlage für den Auftrag von Landes- und Regionalplanung, die Nutzungsansprüche an den Raum überörtlich und vorsorgend zu koordinieren.

Aufgrund dieses Rahmencharakters werden durch das Landesentwicklungsprogramm selbst keine unmittelbar raumverändernden Prozesse und Aktivitäten in Gang gesetzt. Die Verantwortung für die Ausfüllung dieses Programms und damit die Verwirklichung raumordnerischer Ziele liegt entscheidend bei den die Raumstruktur verändernden Akteuren selbst. Es ist Aufgabe der weiteren Planungsebenen, vor allem der Regionalplanung, aber auch der kommunalen Bauleitplanung sowie den einzelnen Fachplanungen, das Landesentwicklungsprogramm zu vertiefen und zu konkretisieren.

Diese Planungsträger müssen sich an den differenziert ausgewiesenen Zielen und Grundsätzen des Landesentwicklungsprogramms orientieren. Ziele haben landesplanerischen Letztentscheidungscharakter. Sie sind einer späteren Abwägung entzogen und können lediglich noch weiter konkretisiert werden. Grundsätze dagegen sind einer Abwägung in den weiteren Planungsebenen zugänglich. Sie können daher untereinander Konflikte aufweisen; die Konfliktbereinigung erfolgt erst im Abwägungsprozeß der Regionalplanung, ggf. der Bauleit- oder verbindlichen Fachplanung.

Das Landesentwicklungsprogramm formuliert nicht nur inhaltliche Ziele; es nennt auch die zu seiner Umsetzung notwendigen Instrumente. Es ist insbesondere für die Regionalplanung der „Instrumentenkasten". Grundsätzlich ist das bewährte Instrumentarium, insbesondere die zentralen Orte und die besonderen Funktionen der Gemeinden, beibehalten worden. Sie wurden ergänzt und zum Teil neu profiliert im Hinblick auf die gestiegenen Anforderungen räumlicher Konfliktlösungen. Dies betrifft u.a. die Notwendigkeit, die besonderen Funktionen Wohnen und Gewerbe künftig in hochverdichteten Räumen als „Vorrangbereiche", d.h. gebietsscharf als Ziel auszuweisen.

Die Umsetzung des Landesentwicklungsprogramm im Rahmen der Regionalplanung stellt künftig veränderte und erhöhte Anforderungen an alle an diesem Prozeß Beteiligten. Die kommunalen Mitglieder des Trägers der Regionalplanung sind aufgefordert, konkrete Ziele zu entwickeln und sie mit anderen Belangen bereits auf der überörtlichen Ebene abzuwägen. Die Notwendigkeit, überörtliche Ziele zu bestimmen, erfordert Strategien und Vorgehensweisen, die künftig stärker auf Kooperation und Konsens ausgerichtet sind.

Das Landesentwicklungsprogramm eröffnet darüber hinaus der Regionalplanung Möglichkeiten, Ordnungselemente mit handlungs- und umsetzungsorientierten Entwicklungsaspekten zu verknüpfen.

In Ergänzung und Vertiefung zum an Verfahrens- und Verbindlichkeitsnormen gebundenen regionalen Raumordnungsplan sollen Raumnutzungskonzepte erarbeitet werden. Raumnutzungskonzepte sind informelle Planwerke mit flexiblen Verfahrensweisen. Der Bezugsraum wird problemorientiert abgegrenzt. Eine formale Verbindlichkeit fehlt; die Überzeugungsstärke seiner Lösungen sowie die Selbstbindung kommunaler Gebietskörperschaften sind entscheidend. Die Erarbeitung von Raumnutzungskonzepten kommt vor allem für Teilräume mit besonders konfliktreichen Nutzungen in Betracht.

Dies erfordert, Probleme frühzeitig wahrzunehmen, systematisch Stärken und Schwächen zu analysieren, auf das Problem bezogene Lösungskonzepte anzustoßen, und die Kooperation der betroffenen Akteure zu organisieren. Dieses Vorgehen öffnet den Prozeß der räumlichen Planung, so daß neue Entwicklungen und Erfahrungen aufgenommen und flexibel gesteuert werden können.

Das Landesentwicklungsprogramm Rheinland-Pfalz (LEP III) leistet daher einen gewichtigen Beitrag zur Erhaltung und Stärkung der wirtschaftlichen und ökologischen Standortqualität von Rheinland-Pfalz unter Wahrung seiner räumlichen Vielfalt.